HENRI TROYAT

DE L'ACADÉMIE FRANÇAISE

LES HÉRITIERS DE L'AVENIR

Cent un coups de canon

ROMAN

FLAMMARION

LES HÉRITIERS DE L'AVENIR :
CENT UN COUPS DE CANON

Henri Troyat est né à Moscou en 1911. Fuyant la Révolution russe, ses parents — à l'issue d'un long exode — l'amènent en France où il fait ses études (lycée, faculté de droit).
Naturalisé français, il accomplit son service militaire et, alors qu'il se trouve encore sous les drapeaux, obtient le Prix du roman populiste pour son premier ouvrage, Faux Jour *(1935). Il publie encore* Le Vivier, Grandeur nature, La Clef de voûte *et* L'Araigne, *qui reçoit le Prix Goncourt en 1938.*
Sa manière change avec les vastes fresques historiques qu'il entreprend par la suite : Tant que la terre durera *(3 vol.).* Les Semailles et les Moissons *(5 vol.) et* La Lumière des justes *(5 vol.).*
Son œuvre abondante compte aussi des nouvelles, des biographies (Pouchkine, Dostoïevski, Tolstoï, Gogol, Catherine la Grande), des pièces de théâtre. Le Front dans les nuages *marque un retour à sa première manière romanesque, tandis que* Le Moscovite *et* Les Héritiers de l'Avenir *s'apparentent aux grands cycles historiques.*
Henri Troyat a été élu à l'Académie française en 1959.

Salué par une vague d'enthousiasme, le manifeste impérial de 1861, portant abolition du servage en Russie, ne résiste pas longtemps à l'épreuve de la pratique. Chacun, après s'être réjoui, se prétend lésé : les propriétaires fonciers dans leurs droits héréditaires, les moujiks dans leurs espérances. Déjà les intellectuels prêchent la marche vers le peuple; les libelles clandestins se multiplient; la répression policière s'organise; les terroristes jettent leurs premières bombes. D'un bout à l'autre du pays, c'est un remue-ménage insensé où les bonnes volontés et les égoïsmes s'affrontent, un marchandage à l'échelle nationale, une foire de paroles, d'encre et de sang. Dans ce tumulte, Klim, devenu citoyen libre, s'efforce en vain de découvrir les délices de sa nouvelle condition. Né pour obéir, il aspire inconsciemment à abdiquer son indépendance afin de retrouver la tranquillité, l'irresponsabilité, la sécurité de ceux à qui rien n'appartient, pas même leur propre personne. Il croit un moment avoir recouvré cet état de parfaite soumission en pénétrant dans un cercle révolutionnaire où il est chargé de basses besognes. Mais, même là, il est déchiré entre son respect de l'ordre établi et son besoin physique, originel, de servir aveuglément quiconque le commande. Il voudrait se dévouer tout ensemble à la cause du tsar, qui est le représentant de Dieu sur la terre russe, et à la

(Suite au verso.)

cause des ennemis du tsar, qui ne peuvent se tromper tout à fait puisque « le bartchouk » est de leur bord. Ainsi, d'aventure en aventure, ballotté, étonné, il s'efforce de comprendre des événements qui le dépassent; et, emportés avec lui par le courant, les lecteurs sentent venir à leur rencontre, comme une inévitable rupture de niveau, la violente, l'assourdissante cataracte de la révolution.

Paru dans Le Livre de Poche :

LES HÉRITIERS DE L'AVENIR :

I. LE CAHIER.

III. L'ÉLÉPHANT BLANC.

PREMIÈRE PARTIE

1

En un tournemain, la table des maîtres est desservie, les miettes balayées, le samovar rangé dans la cuisine. Klim enfile sa touloupe et descend dans la rue. La neige, tombée la nuit précédente, fond sur la chaussée en boue jaunâtre. Peu de monde pour un dimanche matin. Des traîneaux passent avec une lenteur enlisée. Tout à coup, une patrouille de soldats débouche dans la Vozdvijenka, l'arme sur l'épaule, l'œil inexpressif et le bras balancé. Leurs bottes claquent lourdement dans la gadoue. Un sous-officier les conduit. Il lance de droite et de gauche des regards d'inspection. Comme s'il voyait partout des suspects. Au coin de la Vozdvijenka et de la Mokhovaïa, une affiche, fraîchement placardée, grimace de ses plis humides. Elle annonce que le manifeste impérial sera distribué dans tous les commissariats de police.

Klim lit et relit l'affiche : ainsi, le barine a dit vrai. Hier, personne, à l'office, ne voulait le croire. On le leur promet depuis si longtemps, ce manifeste ! Le commissariat du quartier est à cinq minutes de la maison. Une foule silencieuse et pauvrement vêtue piétine devant la porte. Des agents surveillent la file d'attente. En franchissant le seuil, les femmes se signent, les hommes se découvrent. Ceux qui ressortent tiennent un papier à la main. Ils s'arrêtent, jettent un regard sur la feuille et repartent. Klim interpelle un cocher de fiacre qui s'apprête à remonter sur son siège :

— Tu as le manifeste ?

— Oui, dit le cocher.

Et il se tapote le ventre : il a glissé le manifeste sous sa ceinture rouge.

— Alors ? demande Klim.

— Quoi alors ?

— Qu'est-ce qu'il y a dedans ?

— Je ne sais pas lire.

— Montre !

— Non. Il est à moi.

— Je te le rendrai. C'est juste pour voir.

— Va en chercher un toi-même, si ça t'intéresse tant que ça ! dit le cocher soupçonneux.

Un vendeur de *sbiten* (1), qui a entendu la discussion, pousse Klim du coude et chuchote :

— Moi, je l'ai lu, leur manifeste. On n'y comprend rien ! C'est écrit par des messieurs, pour des messieurs !

Et il s'éloigne, avec sa bouilloire de cuivre sur le dos. Klim, perplexe, prend la file. A l'entrée du commissariat, une main lui tend une feuille imprimée. Ce n'est même pas un officier qui distribue les exemplaires du manifeste. Un simple sergent. Et il a les ongles noirs. « Si je prenais mon service avec des mains aussi sales que ça... ! » pense Klim.

— Au suivant ! Depêchez-vous ! Qu'est-ce que tu fiches là, soliveau ?

Poussé dans le dos, Klim repasse le seuil.

---

(1) Breuvage chaud, à base de miel.

Dehors, ceux qui attendent le regardent avec envie.

Il s'éloigne de deux pas et, le cœur serré, considère le feuillet qu'il tient à la main :

« Nous, Alexandre II, par la grâce de Dieu empereur et autocrate de toutes les Russies... »

Soudain, le ciel éclate. Toutes les cloches de la ville se mettent à sonner. Devant le commissariat, les gens hésitent :

— Qu'est-ce que c'est ?

— Le manifeste !

— On va proclamer le manifeste dans les églises !

La rue se vide. Klim emboîte le pas à un groupe d'hommes et de femmes qui trottent vers le Kremlin. A son côté, court un gros portier au tablier de cuir. Ils traversent le jardin Alexandre, blanc de neige. A leur approche, des corneilles effrayées quittent les branches des arbres et s'envolent pesamment.

— C'est bon de courir quand on sait pourquoi, dit le portier d'une voix haletante, en lorgnant Klim. Tu comprends, moi, leur papier, ça m'est égal. Ils peuvent imprimer ce qu'ils veulent dessus. Mais si un pope nous lit la liberté à haute voix, devant l'autel, alors comment ne pas y croire ?

Ils ralentissent au moment de passer la porte de Troïtsa. Dans l'enceinte du Kremlin, la bousculade commence. Une cohue sombre, ponctuée de fichus multicolores, entoure la cathédrale de l'Assomption. Même en jouant des coudes, il semble impossible de se frayer un chemin jusqu'au parvis. Pourtant Klim s'enfonce, l'épaule droite en avant, dans la multitude qui proteste :

— Eh ! Où vas-tu, abruti ?

— Tu ne vois pas que c'est bouché devant ?

Le portier a disparu dans un remous. Après

vingt minutes d'efforts, Klim arrive à se glisser dans la nef. La messe vient juste de finir. Les fidèles, debout, soupirent et se dégourdissent les jambes. Mitre en tête et crosse au poing, le métropolite quitte l'autel et se dirige vers l'ambon. Au milieu du silence, une voix caverneuse s'élève : « Nous, Alexandre II, par la grâce de Dieu empereur et autocrate de toutes les Russies, roi de Pologne, grand-duc de Finlande... »

Klim se hausse sur la pointe des pieds. Ce n'est pas le métropolite qui parle, mais l'archidiacre. Il lit un papier. Le même, sans doute, que Klim a reçu au commissariat de police. « Maintenant, c'est sûr ! pense Klim, le miracle est en train de s'accomplir ! » Les yeux fermés, l'âme recueillie, il guette, au-dedans de lui-même, la mystérieuse germination de la liberté. Et l'archidiacre lit toujours :

— « En vertu des dispositions susvisées, les paysans serfs recevront, en temps voulu, tous les droits civils attachés aux sujets ruraux libres... Etant donné qu'une telle réforme, par les multiples modifications qu'elle entraîne, ne peut être appliquée instantanément mais exige au contraire un certain délai — deux ans au moins —, il est stipulé que, durant cette période, pour éviter toute confusion et préserver les intérêts de la société et ceux des particuliers, l'état de choses actuellement en vigueur dans les domaines des propriétaires fonciers sera maintenu... »

L'archidiacre a beau lire lentement, Klim ne saisit pas très bien le sens de ces longues phrases cadencées, aux sonorités officielles. A quoi rime ce délai de deux ans dont il est question dans le manifeste ? Autour de lui, les gens écoutent, bouche bée, regard perdu, comme si cette déclaration était le prolongement de la messe. De temps à autre, une vieille femme se signe, par habitude. Klim hésite à le faire. La voix de l'archidiacre clame la péroraison :

« Couvre-toi d'un signe de croix, peuple orthodoxe, et appelle avec nous la bénédiction divine sur ton libre travail, gage de ton bonheur domestique et de la prospérité de toute la nation. »

Cette fois, toutes les têtes s'inclinent, toutes les mains volent du front au ventre et de l'épaule droite à l'épaule gauche. L'archidiacre conclut :

« Fait à Saint-Pétersbourg, le dix-neuvième jour de février, l'an mil huit cent soixante et unième après la naissance du Christ et l'an septième de notre régime. »

Un silence de mort succède à cette phrase. Puis les fidèles se mettent en mouvement. Soulevé par le flot, Klim voit déjà la lumière des portes ouvertes. A mesure que la foule approche de la sortie, des voix s'élèvent et s'affermissent :

— Eh bien ! voilà, on nous a bernés une fois de plus...

— La liberté, c'est pour dans deux ans...

— Et, dans deux ans, on nous dira : attendez donc encore un peu que ça mûrisse !...

— Pourtant le tsar avait dit...

— Le tsar dit une chose et les nobles en écrivent une autre, c'est connu !

Le soleil a disparu derrière une brume grise. Va-t-il encore neiger ? Klim retraverse le jardin Alexandre, froid et désert. Il a l'impression de marcher à contre-courant. Sa tête travaille avec incohérence. Libre sans l'être. Est-ce possible ? Il faudrait demander une explication au barine.

A la maison, tout est calme. Le barine et la barynia sont sortis avec les enfants, pour se rendre, de leur côté, à l'église. Profitant de leur absence, le personnel s'est réuni à l'office, autour du samovar. C'est Lavrenty, le majordome, qui préside. Vieux, sec, la lèvre supérieure rasée, les favoris vaporeux, il boit le thé, à petites gorgées sifflantes, face aux dix-sept domestiques soumis à son autorité. Les valets de chambre ont déboutonné leur livrée grise à galons verts, les femmes de chambre ont posé leur tablier. Varlaam, le cuisinier, évente son visage cramoisi avec son bonnet blanc. Sur la table, traînent quelques exemplaires du manifeste que Pavloucha, le portier, a rapportés d'une tournée en ville, Lavrenty, lui, a acheté, pour un rouble, le « Statut général des paysans et des gens de maison libérés du servage ». C'est un fascicule imprimé en gros caractères, où, dit-on, l'avenir du peuple russe est prévu point par point. Encore faut-il avoir la patience de déchiffrer le document. On a attendu Klim pour le faire. Il s'assied à un bout de la table, ouvre la brochure et commence à lire. Le début est consacré aux modalités de libération des serfs attachés à la glèbe.

— Attends ! Attends ! grogne Varlaam. C'est pour les moujiks, ça, frérot, pas pour nous ! Que veux-tu que ça nous fasse qu'on leur laisse leur enclos ou non ? Ce qui nous intéresse, c'est la condition des domestiques. Ils doivent en parler, plus loin. Ou alors Lavrenty a acheté le mauvais papier !

Klim tourne les pages et tombe sur le « Statut d'organisation des gens de maison issus de la condition serve ».

— J'y suis ! s'écrie-t-il.

Les visages se tendent. Pénétré de son rôle, Klim lit plus posément, détachant chaque syllabe, s'arrêtant au bas de chaque paragraphe.

— « Les domestiques des deux sexes pourront désormais se marier sans demander l'autorisation du maître... »

A ces mots, Avdiouchka, le groom, pousse un hurlement de joie.

— Qu'as-tu à braire, imbécile ? demande Varlaam. Tu as l'intention de te marier demain ?

— Non, répond Avdiouchka penaud.

— Alors ?

— « Toutefois, poursuit Klim, le propriétaire n'est pas tenu de loger et de nourrir le conjoint et les enfants du domestique qui se sera marié contre sa volonté. »

— Rien à redire ! considère Lavrenty entre deux gorgées de thé. On ne peut demander à un barine d'accueillir dans sa bergerie une brebis dont il ne veut pas.

— « A dater de la proclamation du présent règlement, les gens de maison seront tenus, pendant un délai de deux ans, de verser à leur propriétaire une redevance ou de continuer à les servir conformément aux instructions contenues dans les articles suivants... »

— Quoi ? rugit Varlaam. Répète !

Il a bondi sur ses pieds. Klim relit le paragraphe.

— J'en étais sûr ! dit Varlaam en retombant sur sa chaise. Deux ans ! Nous aussi, comme les moujiks, nous devons attendre deux ans ! Ah ! malheur !...

— Ne gueule donc pas ! soupire Lavrenty avec philosophie. Il faut voir la suite. Qu'est-ce qui est imprimé plus loin, fiston ?

— « Les propriétaires, lit Klim, ne pourront se livrer à aucune tractation avec des tiers en vue de leur céder des gens de maison sans le consentement de ces derniers... »

— Ça, c'est bien, dit Pavloucha. Et puis ?

— « Les gens de maison recevront du propriétaire, pendant toute la durée du service prévue à l'article 9, les mêmes avantages en nature (nourriture, vêtement, logement et chauffage) qu'avant la promulgation du présent règlement et des gages en argent, laissés à l'appréciation dudit propriétaire. »

— Ça aussi, c'est bien ! observe Lavrenty en levant un doigt. Vous entendez ? Voilà du nouveau ! On va nous payer maintenant !...

— « Durant toute la durée de leur service, les domestiques, travaillant dans le domaine rural ou dans la maison de leur maître, seront, en cas d'indocilité, de négligence, de désobéissance ou de mauvaise conduite, envoyés par mesure disciplinaire au poste de police, porteurs d'une demande écrite du propriétaire expliquant la nature de la faute commise par tel ou tel serviteur. La police appliquera à ceux-ci une punition corporelle correspondant à leur manquement et cela dans la limite des pouvoirs qui lui sont attribués... »

— Minute ! dit Lavrenty. Les punitions corporelles, on s'en moque ! Mais les gages... les gages... Qu'est-ce qu'ils disent d'autre sur les gages, fiston ?

— Rien, dit Klim. « Des gages en argent, laissés à l'appréciation dudit propriétaire... »

— Tout est laissé à l'appréciation dudit propriétaire ! tranche Varlaam.

— T'aurais pas voulu, quand même, que ce soit à la tienne ? dit Onésime.

Et il éclate de rire. Sa bouche se déchire jusqu'aux oreilles.

— Notre barine a le cœur large, dit Lavrenty. Il ne lésinera pas.

— Ça me fera tout drôle d'être payée ! susurre Aniouta, la première femme de chambre. Combien crois-tu... ?

— On ne peut pas savoir. C'est trop nouveau.

— Dis un chiffre...

— Eh bien ! le valet de chambre anglais des Morozoff touche...

— Bande d'idiots ! hurle Varlaam en croisant les bras avec violence sur sa poitrine. De quoi vous réjouissez-vous ? On ne vous donne pas la liberté, on vous la promet pour dans deux ans ! On ne vous fixe pas de salaire, on vous dit que votre maître vous payera quand ça lui plaira et comme ça lui plaira ! Et vous bavez de gratitude !

— Je ne bave pas ! proteste Lavrenty, vexé.

— Si, tu baves ! Vous bavez tous ! Réveillez-vous, bon Dieu ! Ce manifeste, c'est un torchon de papier !

Les prunelles de Lavrenty étincellent.

— Tais-toi, anathème ! dit-il. Tu vas attirer la foudre !

Il se signe et ajoute, tourné vers Klim :

— Lis la suite, toi !

Mais Klim reste muet. Un pas se rapproche. Le barine en personne apparaît sur le seuil. Grand, rose, jovial, pesant, la chevelure châtain ondulée, la moustache en accolade rejoignant les favoris, Lev Serguéïévitch Sorokine porte une redingote puce et un œillet à la boutonnière. Il dit :

— Que se passe-t-il ? Voilà cinq minutes que je vous sonne !

Les yeux se lèvent vers la clochette de bronze suspendue juste sous le plafond. Dans le désordre de la discussion, nul ne l'a entendue tinter. Lev Serguéïévitch s'avance vers la table. Il considère les exemplaires du manifeste éparpillés entre les tasses et les verres.

— Je vous félicite, dit-il, à l'occasion de la liberté qui vient de vous être offerte. Vous êtes contents, j'espère !

Les domestiques se regardent. Personne n'ose parler le premier. Enfin Varlaam marmonne :

— Contents... contents... à moitié, barine !...

— Et pourquoi ?

— La liberté, nous ne l'aurons pas avant deux ans !

— Le temps passera vite, vous verrez ! dit Lev Serguéïévitch en souriant. D'autant plus vite que, pendant ces deux ans, vous bénéficierez, à peu de chose près, des mêmes avantages que si vous étiez des travailleurs libres. Il faut avoir confiance, mes amis. Grâce à la courageuse initiative de notre tsar, une grande œuvre est sur le point de s'accomplir en Russie.

La voix de Lev Serguéïévitch est grasseyante, persuasive. Klim l'écouterait parler pendant des heures. Les autres aussi ont l'air subjugués. Même Varlaam a oublié sa révolte. Il se balance sur ses pieds, la face placide, l'œil opaque.

— Merci, barine, de vos bonnes paroles, dit Lavrenty en s'inclinant.

— Ce n'est pas moi qu'il faut remercier, réplique Lev Serguéïévitch, mais le tsar. Je compte sur vous pour que le service ne souffre en rien de l'allégresse bien naturelle que vous éprouvez. Lavrenty, Varlaam, la barynia vous attend pour vous donner ses ordres. Nous serons douze à table, ce soir.

2

Dans la salle à manger de marbre et de palissandre, aux dressoirs vitrés, pleins de lourde argenterie, Klim et Onésime officient avec lenteur. Sur les dix invités prévus, seuls sont venus le comte et la comtesse Soustcheff et Nikita Fédorovitch Bazaroff, un vieil ami de la famille. Les autres se sont décommandés à la dernière minute. Pavloucha prétend qu'ils ont hésité à sortir de chez eux, par crainte de désordres dans la rue. Les enfants ont déjà dîné dans leur chambre, avec leur précepteur. Aux cuisines, Varlaam ne décolère pas d'avoir préparé un dîner si fin pour si peu de monde : potage de sterlet, croquettes de crêtes de coq aux truffes, faisans, gélinottes... Les convives ne semblent pas remarquer ce qu'ils mangent. Guindés et nerveux, ils échangent des propos sans intérêt et rient d'une manière affectée. De temps en temps, l'un d'eux lance une phrase en français. Et, aussitôt après, c'est le silence. En vain Lev Serguéïévitch et Lydia Pantéléïevna s'efforcent-ils de ranimer la conversation en parlant de ballets, de chevaux, de modes, de voyages... Klim a l'impression que ses allées et venues, autour de la table, gênent tout le monde. Pour la première fois de leur vie, sans doute, les maîtres n'osent plus discuter à cœur ouvert devant les domestiques. Comme si, brusquement, les serviteurs ne faisaient plus partie de la famille. Comme si le manifeste de ce matin, qui aurait dû rapprocher les hommes de toutes conditions, ne servait qu'à les éloigner les uns des autres. Le dessert arrive — une gelée aux fraises, nappée de crème — et, tandis que Klim présente le plat à la comtesse Soustcheff, des cris éclatent dans la rue. Varvara Emilianovna tressaille et reste la cuiller en suspens, l'œil effaré.

— Qu'est-ce que c'est ? murmure-t-elle.

— Rien de grave, assurément, mère, dit Lev Serguéïévitch.

— Ne voulez-vous pas envoyer quelqu'un pour voir, tout de même ? dit la comtesse Soustcheff.

Varvara Emilianovna fait un signe de tête à Klim, qui, aussitôt, remet son plat à Onésime et se précipite dehors.

Dans la cour, il trouve Pavloucha, qui monte la garde.

— Tu as entendu ? dit-il.

— Oui. Des ivrognes ! La liberté, ça s'arrose ! Il en passe tout le temps, de ces nouveaux hommes libres, à pied, en traîneau, par bandes. Ils chantent, ils jouent de l'accordéon. Quelquefois ils tapent dans la porte ! C'est le barine qui t'envoie ?

— Non, Varvara Emilianovna.

— Elle a peur ?

— Je crois...

— Tous les maîtres ont peur, dit Pavloucha. J'ai causé avec les portiers des maisons d'à côté. Il paraît que le vieux Mamontoff, au numéro 18, est resté chez lui toute la journée, la porte verrouillée, les contrevents fermés, et un pistolet sur sa table. Le soir, il a convoqué ses domestiques et leur a parlé pendant une heure, avec des larmes dans la voix, de tout ce qu'il a fait pour eux, ces dernières années...

Il rit de sa grande bouche édentée. Mais Klim ne peut le suivre. L'étrange inquiétude des barines l'attriste plus qu'elle ne l'amuse. Il les trouve vulnérables, pitoyables. Ils ont besoin de dévouement pour vivre, comme les plantes ont besoin d'eau. La nuit est craquante de gel. A l'entresol, les trois fenêtres de la salle à manger et les six fenêtres du salon se découpent en rectangles lumineux sous leurs frontons triangulaires, chargés de neige. Une ombre passe derrière les vitres. « Ils » sont encore à table. Klim rentre en courant.

— Alors ? demande Lydia Pantéléïevna.

— Des ivrognes, barynia ! dit Klim.

— Vous voyez, mère, que vous aviez tort de vous alarmer ! dit Lev Serguéïévitch. Je connais bien notre petit peuple. Des têtes brûlées, parfois, des cœurs haineux, jamais...

— Puissiez-vous avoir raison, soupire la comtesse Soustcheff.

Lydia Pantéléïvna se lève. Ses invités la remercient, lui baisent la main et la suivent dans le salon (1).

Onésime referme la porte sur eux et colle son oreille au battant. Un sourire niais lui remonte les joues. De la main, il appelle Klim, qui hésite, puis finit par se rapprocher. La conversation a repris, là-bas, entre les maîtres. Seulement le ton a changé.

— Non ! non ! dit Nikita Fédorovitch Bazaroff. Vous ne m'ôterez pas de l'idée que tout cela est illégal ! Les traditions les plus respectables sont

---

(1) Il était d'usage, en Russie, de remercier la maîtresse de maison à la fin du repas.

foulées aux pieds ! Catherine la Grande nous avait pourtant donné des droits imprescriptibles...

— Il ne faut pas considérer les choses d'un point de vue aussi rigoriste, mon bon, dit Lev Serguéïévitch d'une voix onctueuse. L'Histoire se présente comme une perpétuelle évolution. Il est indispensable d'adapter les institutions anciennes aux aspirations nouvelles...

— Quelles aspirations nouvelles ? s'écrie le comte Soustcheff. Les moujiks ne demandaient rien. Ce sont des intellectuels fainéants qui se sont mis en tête de leur faire octroyer la liberté.

— Si on ne la leur avait pas octroyée, ils se seraient révoltés ! dit sa femme. Comme au temps de Pougatcheff !

— Et après ? dit le comte. L'armée les aurait matés à coups de plat de sabre. Et nous serions repartis pour un siècle d'ordre, de tranquillité, de prospérité. Tandis que maintenant ?... Je m'attends au pire avec cette canaille libérée de ses liens ! Au pire, vous entendez ?...

Onésime pouffe de rire et secoue en l'air sa main dont les doigts s'entrechoquent mollement. Une brusque honte s'empare de Klim : il regrette à la fois ce qu'il a entendu et d'avoir cherché à l'entendre.

— Laisse, Onésime, chuchote-t-il.

— Quoi ?

— Il ne faut plus les écouter.

Et il le tire par le bras.

Grichka vient les aider à desservir la table. Onésime fredonne une scie en empilant les assiettes sales. Comme un fond de gelée de fraise reste dans le plat, il le finit en trois coups de cuiller. Puis il vide les verres de vin blanc et clappe de la langue. Soudain Klim a l'impression de comprendre et de partager l'appréhension des barines devant les serfs. « S'ils se méfient tant de nous, se dit-il, c'est qu'il y a en nous quelque chose d'effrayant dont nous n'avons pas conscience. Peut-être sommes-nous durs, bêtes et cruels sans le savoir ? Peut-être demain, après-demain, un diable s'éveillera-t-il en chacun de nous ? » Il ramasse machinalement les serviettes froissées et les jette dans un panier que tient Grichka.

La salle à manger rangée, tous trois retournent à l'office où l'eau bout en permanence dans le samovar. Les hommes s'asseyent pour le dernier verre de thé de la journée. Les femmes furètent, derrière leur dos, en babillant. Au passage, Varlaam caresse de la main la croupe d'Aniouta. Tout le monde sait qu'il couche avec elle. Pavloucha, le mari d'Aniouta, ferme les yeux. Son travail de portier le fatigue ; il est faible des bronches ; et elle est jeune, elle a besoin d'être, de temps à autre, cajolée, rudoyée. A 10 heures, la sonnette tinte. Départ des invités. D'habitude, ils quittent plus tard. Mais la nuit n'est pas sûre. Le comte et la comtesse Soustcheff remontent dans leur traîneau ; Nikita Fédorovitch Bazaroff, lui, veut rentrer à pied : il habite au coin de la rue.

— Qu'à cela ne tienne, dit Lev Serguéïévitch, Klim vous accompagnera.

Et il tend à Klim une canne-épée :

— Tu sauras t'en servir ?

Klim marche respectueusement à deux pas derrière Nikita Fédorovitch. La rue est déserte, silencieuse. Nikita Fédorovitch souffle et toussote :

— Je me demande pourquoi on t'a chargé de m'escorter ! Ne dirait-on pas que je suis une danseuse en danger d'être enlevée !

Sur le seuil de sa porte, il tend à Klim une

pièce de cinquante kopecks, que Klim accepte avec un profond salut.

Rentré à la maison, il aide le barine à se déshabiller. Onésime emporte les vêtements. Klim ouvre le lit et arrange les oreillers. La barynia repose dans la chambre voisine.

Lev Serguéïévitch bâille si fortement que ses yeux se mouillent.

— Eh bien ! voilà, dit-il, tout s'est bien passé. A demain, Klim.

Il a l'air triste. Klim sort à reculons et rejoint Onésime dans la soupente. Il y fait très froid. Le plancher craque. Allongé sur sa paillasse, Klim regarde le ciel par la lucarne. A travers ce cadre de bois descend sur lui un sombre apaisement. Ses paupières se ferment à demi. Il se tourne et chuchote :

— Onésime, Onésime ! Tu te rends compte ? Nous sommes libres !

Onésime ne répond que par un ronflement prolongé. Déçu, Klim s'enroule dans sa touloupe et tire sur lui la vieille peau de chèvre qui lui sert de couverture.

3

« Depuis hier, dimanche, 5 mars 1861 (1), je ne suis plus serf. C'est un tel événement que, de nouveau, j'ai envie d'écrire pour raconter ce qui se passe autour de moi et en moi. J'ai acheté un cahier à couverture bleue, pour deux kopecks. Un vrai cahier. Pas comme l'autre, que j'avais fabriqué moi-même avec des feuilles de toutes sortes cousues ensemble. L'autre, c'était un cahier de serf. Je n'y ai rien noté depuis deux ans. Et je ne le relirai jamais. Je ne veux plus penser qu'à ma nouvelle vie d'homme libre. Ce matin, je me suis levé à 5 heures, comme d'habitude, et j'ai fait le ménage du bureau, du salon et du vestibule, avec Onésime. Puis j'ai aidé le barine à se raser et à s'habiller. Puis j'ai servi à table... Je passais les plats, je changeais les assiettes et je me répétais : « Je suis libre ! Je suis libre ! » Il me semble que j'ai la tête plus claire, les gestes plus légers qu'avant. L'avons-nous assez attendue, cette liberté ! Cinq ans déjà que le tsar en a parlé pour la première fois ! En tout cas, il n'y

(1) Le manifeste impérial, officiellement daté du 19 février 1861, n'avait été rendu public que le dimanche 5 mars de la même année.

a pas eu de désordres à Moscou. Le cocher de nos voisins, les Khalatoff, qui s'était vanté de dire des grossièretés à ses maîtres le jour de la libération, n'a pas osé, le moment venu, élever la voix. Il a même, dit-on, prié et pleuré. Le barine m'a fait cadeau d'un petit livre, écrit par un certain Slavine, sur la façon dont les serfs doivent user de la liberté nouvellement reçue. Il m'a demandé d'en lire des passages aux autres domestiques. Je les ai rassemblés ce soir, à l'office. Ils m'ont écouté avec attention. Puis Lavrenty a dit : « Tout cela est juste. Il ne faut pas que la liberté dégénère en licence. » Quant à Varlaam, il a remarqué : « Et pourquoi est-ce qu'on n'imprime pas un petit livre pour expliquer aux barines comment se conduire avec leurs domestiques ? » Mais personne ne prend plus garde à ses accès de mauvaise humeur. Le barine m'a également fait expédier un exemplaire du livre de Slavine, par la poste, au nom de I. I. Plaoutine, l'intendant de sa propriété de Kossynka, dans le gouvernement de Kostroma. Plus de huit cents déciatines. Et sept cents âmes. C'est vrai qu'on ne peut plus parler d'âmes, maintenant. Comment les appeler ? Pas des « citoyens » tout de même ! Pour en revenir à Kossynka, c'est, dit-on, une belle terre de rapport. Moi, je ne l'ai pas vue. La famille n'y va jamais. Lev Serguéïévitch préfère sa petite maison de campagne, près de Moscou. Il a aussi une fabrique d'impression sur tissu, quelque part dans le Sud : il ne s'en occupe guère. C'est tout juste s'il passe deux ou trois heures par jour à son bureau, en ville. Il doit être très intelligent, puisque l'argent vient à lui sans qu'il se fatigue. Je croyais aussi qu'il était très joueur. Non ! Depuis qu'il m'a gagné au bartchouk, il n'est retourné au cercle qu'une dizaine de fois. Et chaque fois, c'est Onésime qui l'a accompagné. Tout est rond, en Lev Serguéïévitch, les idées et le visage. Il n'élève jamais la voix. Et, à tout propos, il cite quelque chose qu'il a lu ou qu'il a vu : il boit un verre de vin du Rhin, et ça lui rappelle un château allemand dont il a visité les ruines, en voyage ; il mange du saumon, et le voilà qui explique comment les saumons abandonnent la mer et remontent les fleuves à l'époque du frai ; il allume sa pipe, et des vers de je ne sais quel poète lui reviennent en mémoire, sur les méfaits du tabac... Tout ce qu'il dit m'intéresse. Mais j'ai l'impression que personne, dans sa famille, ne l'écoute. Sa mère, Varvara Emilianovna, est une personne sèche et pieuse, toujours mécontente de quelque chose, et qui soupire après le passé ; sa femme, la barynia, Lydia Pantéléïevna est très douce, très fragile, très irritable, et joue du piano ; Victor Serguéïévitch, le frère cadet du barine, joue, lui, du violon. Mais il a le caractère sombre, il préfère la musique qui fait pleurer. Il est en ce moment à Saint-Pétersbourg. J'ai entendu dire qu'il rentrait demain. Souvent Lydia Pantéléïevna et Victor Serguéïévitch s'isolent dans le petit salon pour répéter un morceau ensemble. Il est défendu, alors, de les déranger. Une harmonie divine traverse les murs et se répand jusqu'à l'antichambre. Et le barine va et vient, dans la maison, l'air nerveux. On chuchote, à l'office, qu'il n'aime pas que sa femme et son frère s'entendent si bien.

« Les enfants, Kostia et Katia, dix ans et huit ans, sont turbulents mais gentils. Ils me jouent des tours. Par exemple, ils passent derrière moi et, sans que je m'en aperçoive, épinglent un papier dans mon dos avec une inscription comique : « Je suis le général Un tel », ou bien : « Volaille de premier choix ». C'est, du moins, ce qu'ils faisaient avant que je ne sois libre. Je me demande s'ils vont continuer.

« Ils ont deux précepteurs : un Français, M. Lonjon, qui vit à la maison, se parfume la moustache et porte des gilets à fleurs, et un Russe, Ivan Ivanovitch Bogoliouboff, étudiant en philosophie, qui vient de l'extérieur et a des cheveux longs, des lunettes bleues et un plaid sur les épaules. M. Lonjon est royaliste : il a eu, paraît-il, un grand-père décapité. Depuis qu'Ivan Ivanovitch Bogoliouboff lui a dit qu'il admirait la Révolution française, ils ne se parlent plus.

★

« A Saint-Pétersbourg, une délégation de moujiks et d'ouvriers est allée, paraît-il, remercier le tsar d'avoir aboli le servage et lui a offert, sur la place du Palais, le pain et le sel. A Moscou aussi, les gens ont l'air bien contents. Moi je me dis que, si le manifeste avait été publié deux ans plus tôt, le bartchouk n'aurait pas pu me laisser à Lev Serguéïévitch Sorokine pour payer sa dette de jeu. Je serais donc encore au service du bartchouk. Comme domestique indépendant. Alors ma liberté aurait un autre goût. Un goût d'amitié et de famille, un goût d'enfance. Chaque fois que je repense à mon vrai barine, le bartchouk, ma poitrine se serre. Je voudrais le chasser de ma tête, et c'est impossible. Sépare-t-on l'eau du vin, une fois qu'on les a mélangés dans un verre ? J'ai essayé de retrouver sa trace. Je suis allé consulter la table des adresses à la maison de la police, rue Gniézdnikovsky. Rien sur le registre. Comme si Vissarion Vassiliévitch Variaguine n'avait jamais existé. Mais il suffit que je ferme les yeux, et il est là. Mécontent, endetté, un peu ivre, plein de grandes idées... Hier, je n'y ai plus tenu, j'ai demandé à Lev Serguéïévitch s'il n'avait pas eu l'occasion de revoir mon ancien maître. Il m'a répondu : « Non. Pourquoi ? » Et son regard bleu et triste est entré en moi comme un rayon de soleil dans l'eau. Je n'ai rien ajouté. J'ai baissé la tête. Personne ne peut comprendre... Je tutoyais mon bartchouk. Je dis vous à Lev Serguéïévitch.

★

« Aujourd'hui, 31 mars, pour la première fois, le barine nous a convoqués, à tour de rôle, pour nous régler nos gages d'hommes libres. Quand je me suis trouvé devant lui, dans le bureau, il m'a tendu sept roubles. « Tu recevras la même chose chaque mois », a-t-il dit. Et il a coché mon nom dans un registre. Je l'ai remercié avec beaucoup de chaleur et je suis sorti. Onésime m'a remplacé. Je ne peux y croire !... Sept roubles ce mois-ci, et sept le mois prochain, et ainsi de suite toute l'année ! Que faire de tant d'argent lorsqu'on est domestique ? Seuls les barines savent dépenser.

« Après la paye, le personnel s'est réuni à l'office. Chacun voulait savoir combien gagnaient les autres. Evidemment il y a des différences. C'est Lavrenty qui touche le plus (quinze roubles) et Avdiouchka le moins (deux roubles).

★

« Les journaux rapportent que des troubles ont éclaté çà et là, en province, parce que le peuple n'a pas bien compris le sens du manifeste. Dans le gouvernement de Kazan, beaucoup de serfs ont refusé de croire qu'ils ne seraient libres que dans deux ans. Un moujik, nommé Anton Pétroff

— de la secte des Vieux-Croyants —, a pris la tête des mécontents. On a dû envoyer la troupe pour les disperser. Le 12 avril, le général-comte Apraxime a lui-même parlé très gentiment aux rebelles. Comme ils ne l'écoutaient pas, il a ordonné d'ouvrir le feu. Que pouvait-il faire d'autre ? Il y a eu cinquante-cinq morts et soixante et onze blessés. Après quoi, heureusement, tout s'est calmé dans ce gouvernement-là. Mais les protestations ont repris dans d'autres. Il paraît que les étudiants de l'université de Moscou reprochent au manifeste d'être « trop mou » et aux policiers d'être « trop durs ». Victor Serguéïévitch, le frère du barine, qui vient juste de rentrer de Saint-Pétersbourg, dit que, là-bas aussi, les jeunes gens sont très agités. Tout le monde attend avec impatience qu'on nomme des « arbitres de paix ».

« Evidemment, les domestiques n'ont pas les mêmes raisons que les moujiks de se soulever, puisque, de toute façon, ils ne recevront pas de terre et que, de toute façon, ils devront travailler chez quelqu'un. N'empêche que, depuis le manifeste, l'humeur, à l'office, est moins joyeuse. Demain, c'est la fin du mois, je serai payé de nouveau et je n'ai encore dépensé que deux roubles cinquante-neuf kopecks sur mes gages du mois précédent. Est-ce ma faute si je n'ai envie de rien ? Onésime, lui, s'est acheté un accordéon. Malheureusement, la barynia lui a interdit d'en jouer dans la semaine. Uniquement le dimanche matin, a-t-elle dit, et les jours de fêtes religieuses. C'est vrai qu'Onésime ne connaît que des rengaines. Il braille. Et la barynia a les oreilles délicates. Victor Serguéïévitch et elle se sont remis à faire de la musique ensemble. Ce soir, j'écris dans ma soupente, à la lueur d'une chandelle, et je les entends. Le barine m'a dit qu'il n'avait plus besoin de moi, qu'il se déshabillerait seul ; il lit des journaux pendant que sa femme et son frère jouent du piano et du violon dans le petit salon. La musique entre dans ma tête comme une main : elle caresse, elle embrouille, elle endort. Je pense au bartchouk, à Znamenskoïé, à tout ce qui est perdu. Onésime ronfle. La musique s'arrête. Maintenant j'entends les rats qui courent. J'ai une cachette sûre pour mon cahier : sous une latte déclouée. C'est là aussi que je range mon argent et l'argent d'Onésime. Il a confiance en moi pour l'argent et moi en lui pour le cahier : il ne sait pas lire. »

4

— Vous n'allez tout de même pas accepter ! s'écrie Lydia Pantéléïevna.

Lev Serguéïévitch considère sa femme avec un mélange de tristesse et d'amusement. Elle est pâle, blonde, les cheveux tirés, le regard éblouissant de prière.

— Et pourquoi pas ? dit-il au bout d'un moment.

— Les propriétaires fonciers vous reprocheront de ne pas défendre suffisamment leurs intérêts et les moujiks de sacrifier les leurs !

— Peu m'importe, puisque j'agirai selon ma conscience !

— Votre conscience devrait vous dicter de rester auprès de votre femme et de vos enfants dans une période aussi agitée, au lieu de courir la campagne comme arbitre de paix !

— Mes absences seront de courte durée. Et je compte bien que vous viendrez me rejoindre à Kossynka, cet été.

— Ce ne sera guère agréable, Kossynka, après la libération !

— Mais si ! Mais si ! Tout s'arrangera ! Grâce à des hommes tels que moi, justement ! Je considère comme un honneur d'avoir été proposé par l'assemblée de la noblesse du gouvernement pour remplir ces fonctions dans notre district !

— S'ils vous ont proposé, c'est que personne d'autre ne voulait se charger de cette sale besogne !

— Ne croyez pas cela. Les gens de cœur sont nombreux en Russie. Me dérober serait une lâcheté et une trahison.

Tout en parlant, Lev Serguéïévitch se dédouble. Ce phénomène lui est devenu si familier, depuis quelque temps, qu'il en souffre à peine. En plein élan de franchise, une sensation étrange le visite, comme s'il se détachait du sol, comme s'il perdait du poids ; il se voit et il s'entend sur une scène, dans une lumière fausse ; et il ne croit plus à ce qu'il dit :

— Il faut savoir, parfois, penser aux autres davantage qu'à soi-même... Puisque j'approuve la réforme impériale, mon devoir est... Si tout le monde raisonnait comme vous, ma chère...

Les phrases roulent l'une sur l'autre. Et il songe : « Lydia a raison. Je vais au-devant des pires difficultés. Pour ma tranquillité, il vaudrait mieux décliner cette offre. Une lettre au maréchal de la noblesse, une autre au gouverneur... » En vérité, la réaction de sa femme le surprend : il n'aurait pas cru qu'elle mettrait tant de chaleur à le retenir. L'aimerait-elle encore ? Malgre les apparences ! Une douceur humble le pénètre et l'imbibe. Sa voix s'enroue. Il voit devant lui, à travers une sorte de buée sentimentale, un visage tiré, tout vivant, de son passé. Et, parce que les traits sont les mêmes, il se reprend à espérer par-dessus les jours, les déconvenues, l'usure, le désenchantement. « Tout pour être heureux, comme dit sa mère. La fortune, la santé, les enfants... »

— Vous ferez comme vous voudrez, prononce Lydia aigrement.

Il tressaille, rappelé à l'ordre. Dire que ses amis la croient conciliante et timide ! Elle l'est, en effet, devant les autres. Mais devant lui, à certains moments, ce nuage de tendresse s'évapore, laissant à nu un noyau dur, irréductible. Il a l'impression de toucher, au fond d'un nid duveteux, une bille d'acier. Lydia tourne les talons et sort.

Lev Serguéïévitch se rassied, prend une feuille de papier, une plume. Les sons d'un piano traversent les murs. Puis un violon unit sa plainte langoureuse, étirée, à la cascade des notes claires. Lev Serguéïévitch écoute. La tristesse monte en lui, mêlée de gêne, de pudeur, de découragement, de pitié, de mépris. Cette grande maison lui est décidément insupportable. Il voudrait respirer à un autre niveau. Changer de vie. Accepter des soucis, des risques, qui l'éloignent de la glu quotidienne. Sa place est là-bas, à Kossynka, parmi les moujiks. Plus ce sera pénible, mieux cela vaudra. Le piano joue *forte*, le violon sanglote. Il est rare que l'intérêt privé et l'intérêt général coïncident à ce point :

« Votre Excellence,

« C'est avec un sentiment de profonde humilité et de vive gratitude, que j'accepte le périlleux honneur d'être... »

La plume court, la pensée traîne. Quand pourra-t-il partir ? Le mois prochain. Ou même avant. Seul. A Kossynka, il s'organisera une existence forcenée de dévouement et de réflexion. La famille ne le rejoindra qu'en juillet. D'ici là... Le déjeuner est servi. Lavrenty l'annonce solennellement.

— Vous savez la nouvelle, mère ? dit Lydia. Votre fils a décidé d'accepter...

Ils sont tous là, autour de lui, à table. Une guirlande rose de visages l'emprisonne. Sa mère proteste : « C'est de la folie ! Tu ne devrais pas ! » Les enfants, au bas bout, chuchotent sous l'œil sévère de M. Lonjon. Klim repasse les filets de poularde à la Soubise. Seul Victor en reprend. Il mange comme quatre et ne grossit pas. Que lui trouve-t-elle de si attrayant ? Trente ans à peine et il perd déjà ses cheveux. Cela lui donne un grand front de penseur. Mais, derrière cette falaise de chair pâle, quel vide, quelle paresse, quel contentement de soi ! Lev Serguéïévitch avale un verre de vodka, puis un autre.

— Vous buvez trop, mon ami, lui dit sa femme.

Il lui lance un regard de froide inimitié.

— Quoi de nouveau à Kossynka ? demande sa mère. Je crois que Plaoutine vous a écrit.

— Oui. Tout va bien. Les moujiks sont calmes.

— On se demande pourquoi ils ne le seraient pas ! dit Lydia. Vous les traitez comme des princes !

Elle sourit. Et son regard fait le tour de la table.

— Moi, dit Varvara Emilianovna, j'ai eu cette nuit un rêve étrange... Victor, toi qui es un peu magicien...

— Mère, je vous en prie... !

— Si, si... Poète, magicien... Tu vas m'expliquer...

Lev Serguéïévitch n'entend pas la suite. Il étouffe. Sa mère a toujours préféré Victor. Sans doute même considère-t-elle avec bienveillance la tendre amitié qui unit son fils cadet et sa bru.

— Papa, papa, que ferez-vous lorsque vous serez arbitre de paix ? dit Katia en se tortillant sur sa chaise.

— Est-ce que vous aurez un uniforme spécial ? demande Kostia.

— Les enfants ne posent pas de questions à table, dit M. Lonjon.

L'argenterie massive brille derrière les vitres des deux dressoirs. Lydia porte un ruban noir au cou. Un médaillon ovale, noir et or, pend sur sa gorge voilée par un carré de tulle. Le plancher gémit sous le pas lourd d'Onésime et de Klim qui tournent autour de la table.

— Quand comptez-vous partir ? demande Lydia.

— Je ne sais pas encore, dit Lev Sergueïévitch.

— Pas ce mois-ci, tout de même ?

— Je vous dis que je ne sais pas...

Il s'irrite, songe à une date de voyage possible et, tout à coup, constate que le mois est déjà entamé et qu'il n'a pas réglé son personnel. Cette obligation est si nouvelle pour lui, qu'il se demande s'il pourra jamais s'y habituer. Mais comment se fait-il que Lavrenty ne lui ait pas rappelé l'échéance ? Allons, malgré le manifeste et les articles dans les journaux, les domestiques n'osent pas encore se prévaloir de leurs droits ! Tant d'humilité déçoit Lev Sergueïévitch. Il fait signe à Lavrenty et murmure :

— Tout à l'heure, dans mon bureau, pour la paye...

Lavrenty se casse en deux et son vieux visage s'illumine.

— Comment, monsieur Lonjon, je ne vous ai pas raconté l'histoire de ce collier ? dit Varvara Emilianovna en français. C'est l'empereur Nicolas Ier qui m'en a fait présent dans des circonstances fort étranges. Il faut vous dire qu'à cette époque-là...

M. Lonjon connaît l'histoire, cent fois répétée, mais, par courtoisie, il ne bronche pas. Les domestiques s'arrêtent de servir. Lev Sergueïévitch roule des boulettes de pain entre ses doigts. « Pourquoi raconte-t-elle cette histoire idiote ?

pense-t-il. Personne ne la croit. Les choses se sont passées tout autrement. Et elle s'imagine... Oh ! j'en ai assez..., j'en ai assez !... »

— Il était très bel homme, notre empereur ! Autoritaire, froid et digne. Un dieu de l'Olympe en uniforme de général. Ce n'est pas lui qui aurait laissé dépouiller de leurs terres les fidèles serviteurs du trône !

Le vieil œil bleuâtre de Varvara Emilianovna lance des éclairs sous une rangée de bouclettes blanches. Lydia Pantéléïevna sourit :

— Calmez-vous, mère. On ne va point contre son temps !

Et tout le monde se lève. Au lieu de passer dans le salon avec les autres, Lev Serguéïévitch prétexte un travail urgent et retourne dans son bureau. Là, il s'assied, prend sa tête dans ses mains et écoute son sang battre contre ses paumes.

★

Klim pénètre dans le bureau, referme la porte derrière lui et se fige au garde-à-vous devant Lev Serguéïévitch qui continue à écrire. La lumière du jour tombe sur la table chargée de papiers. Entre les deux hautes fenêtres, se dresse une horloge anglaise, à la gaine étroite d'acajou et à la morne face lunaire. Il est défendu de l'épousseter car, au moindre choc, elle s'arrête. Défendu également d'épousseter les livres, si précieux qu'on les a emprisonnés dans une bibliothèque grillagée. Dans un coin, il y a une plante verte, qui vient d'Afrique et n'a presque pas besoin d'eau pour grandir. Les poignées des portes, en bronze ciselé, sont des têtes de Turc, avec un turban et une barbe. Ainsi, chaque fois qu'on ouvre le battant, a-t-on l'impression de tordre le cou à un infidèle. Lavrenty raconte que le barine a commandé ces poignées au début de la guerre contre la Turquie. Elles ne sont pas commodes à astiquer. La plume file toujours sur le papier, et les mollets de Klim s'engourdissent. Il se demande si Lev Serguéïévitch n'a pas oublié sa présence. Pour l'instant, seuls Lavrenty, Varlaam et Pavloucha sont passés. Sous le coude du barine, un tiroir largement ouvert laisse voir les billets de banque destinés à la paye. Lev Serguéïévitch lève les yeux et dit :

— Sept roubles, n'est-ce pas ?

— Oui, barine, dit Klim.

Et il prend l'argent avec un salut. Au moment de le renvoyer, Lev Serguéïévitch se ravise :

— Je crois que tu sais lire et écrire, toi !

— Oui, barine.

— Serais-tu capable de tenir des comptes ?

— Je l'ai fait quand j'étais au service de Vissarion Vassiliévitch.

— C'est vrai... Vissarion Vassiliévitch me l'avait dit... Et... et recopier un texte, proprement ?

— Aussi, barine... Si vous me laissez le temps...

Le regard de Lev Serguéïévitch se perd dans le lointain. Il semble réfléchir à autre chose. Au bout d'un moment, il fait signe à Klim de se retirer.

★

« Lev Serguéïévitch m'a proposé de partir avec lui pour Kossynka. Je l'aiderai dans son travail d'arbitre de paix. J'en suis très heureux, vu qu'ici la vie n'est plus du tout agréable. Hier, après la paye, il y a eu encore des disputes, à l'office. Varlaam est jaloux de tout le monde. Il a dit devant le personnel rassemblé qu'il n'admettait pas, lui, un cuisinier, d'être payé douze roubles par mois, alors que Lavrenty, un vieillard incapable, en empoche quinze pour ne rien faire. Lavrenty s'est étranglé de colère en lui répondant. Là-dessus, Aniouta a sifflé, en vraie vipère, qu'elle se plaindrait à la barynia de ne toucher que six roubles, tandis que des lourdauds comme Onésime et moi en touchions sept. Pendant ce temps-là, Pavloucha pleurnichait parce que le portier de nos voisins avait un salaire plus élevé que le sien... J'étais triste de voir cette discorde parmi des gens de notre condition. Evidemment, avant le manifeste, personne ne recevait rien, sauf un petit cadeau par-ci par-là, et, de cette façon, il n'y avait pas d'envieux. A présent, chacun d'entre nous sait à quel prix notre barine l'évalue. Et la différence de traitement nous tourne le cœur. On ne peut pas tout avoir : c'est parce que nous étions serfs que nous étions égaux. Maintenant que nous sommes libres, il est normal que notre barine paye mieux ceux dont il est content. La liberté, c'est la fin de l'égalité. J'ai essayé de l'expliquer, avant le dîner, aux autres domestiques. Seulement ils ne comprennent pas les idées. Nous avons mangé la soupe en silence. Les hommes avaient glissé l'argent dans leurs bottes, les femmes dans leur corsage. Et, de temps à autre, ils vérifiaient si les roubles étaient toujours là.

★

« Je ne sais pas encore quand nous partirons. Pavloucha prétend que quelqu'un l'a volé. Il avait, dit-il, huit roubles de côté, et il ne lui reste plus que trois roubles vingt-cinq. Il m'a donné la liste de ses achats. J'ai posé l'addition, la soustraction, et je suis tombé juste. Il s'est tranquillisé. Alors d'autres m'ont dit qu'ils avaient la même inquiétude. J'ai fini par faire les comptes de tous les domestiques. Et je leur ai juré, à tous, qu'il ne leur manquait rien. Mais ils continuent à se surveiller, du coin de l'œil. Parfois, j'en vois un qui s'éloigne. Et, à son air détaché, je sais qu'il va recompter ses roubles. Moi aussi, d'ailleurs, il m'arrive de monter dans la soupente pour voir si l'argent est à sa place.

★

« Ce matin, nous avons pris une grande résolution, à l'office. Je suis allé trouver le barine et je lui ai demandé de garder notre argent, à tous. Il nous en donnerait par petits morceaux, chaque fois que nous en aurions besoin, et le marquerait dans un livre. Et ainsi nous serions tranquilles. Il a paru étonné. Puis il a souri. Il a dit : « Ce serait avec plaisir, Klim. Mais je pars samedi prochain. Et tu m'accompagnes. Je ne puis donc ni emporter cet argent ni le laisser ici. A moins que vous ne fassiez confiance à mon frère, qui, lui, restera sur place... »

« J'ai rapporté ces propos aux domestiques. Ils en ont été très déçus. Finalement ils ont décidé de faire confiance au frère du barine. Seul Varlaam a voté contre. Il continuera à porter son salaire dans ses bottes. Plus il sera riche, plus il boitera. »

5

Marchant sur les talons de Lev Serguéïévitch, Klim s'étonne de la dimension des pièces qu'ils traversent. Bien que le ménage ait été fait pour l'arrivée du barine, il se dégage de ces murs moisis, de ces meubles à la dérive, une impression sinistre de naufrage. Inhabitée, mal aimée, la maison, semble-t-il, ne supporte plus le pas des hommes dans son silence. La villa des environs de Moscou est autrement accueillante. On comprend que les Sorokine y passent leurs étés plutôt que de venir ici, pense Klim. Soudain, il ralentit, fasciné. Un ours brun, gigantesque, dressé sur ses pattes de derrière, défend le seuil d'une porte. Sa gueule rouge est ouverte à craquer. Ses yeux de verre étincellent de fureur.

— C'est moi qui l'ai tué, il y a une quinzaine d'années, dit Lev Serguéïévitch.

— Une bête superbe, barine, murmure Klim.

En passant devant l'animal empaillé, il respire une vague odeur de camphre et de poussière. La pièce suivante est toute petite, avec une table ronde, un divan, et, aux murs, des tapis du Caucase.

— Je m'installerai ici pour travailler, dit Lev Serguéïévitch.

Klim se demande pourquoi, dans une si vaste maison, il n'y a pas un vrai bureau pour le maître, comme à Moscou. Le lourd sac de voyage, qu'il porte depuis la voiture, lui tire le bras. Il le pose à terre. Tous les papiers du domaine sont dedans. Lev Serguéïévitch s'est assis sur le divan et déboutonne sa redingote. Mille petites taches de boue constellent ses favoris. Il se frotte les yeux, bâille, allume un cigare et sourit à Ivan Ivanovitch Plaoutine, l'intendant du domaine, qui arrive, clopinant, avec l'autre sac de voyage. L'intendant est un homme court et gras, habillé en barine, mais avec des bottes et une ceinture large.

— Laisse-nous, Klim, dit Lev Serguéïévitch.

Klim repasse devant l'ours, refait tout le long trajet à travers l'enfilade des pièces, et sort sur le perron, entre deux colonnes blanches. En face de lui, s'étalent un bassin, qu'un jet d'eau anime de ses retombées scintillantes, et, plus loin, le parc, dont les allées, mal désherbées, se perdent dans un fouillis de végétation basse. L'odeur de la prairie emplit la tête de Klim jusqu'au vertige. Il y a si longtemps qu'il n'a respiré l'air de la campagne ! Le nez au vent, il longe à petits pas la façade aux fenêtres toutes pareilles. L'une d'elles est ouverte. Des voix s'en échappent. Le barine discute avec l'intendant. Klim entend :

— Bon, bon, je verrai ça avec le staroste... Oh ! je ne me fais pas d'illusions...

Derrière la maison principale, s'étend une cour carrée, que limitent les maisonnettes en bois des communs. Hangars, écuries, étables, remises, tout semble vide. Pas étonnant, se dit Klim. Les Sorokine ayant délaissé Kossynka depuis des années, pourquoi y trouverait-on encore des domestiques ? Cependant une mince fumée s'élève de l'un des bâtiments. La cuisine, sans doute.

Un chien accourt, puis un autre, puis un troisième, maigres, crottés, galeux. Ils aboient en tendant le cou, mais sans approcher. A la longue, comme Klim ne bouge pas, ils se calment.

— T'es venu avec le barine ?

Klim se retourne. Un moujik aux petits yeux clignotants le dévisage avec méfiance.

— Oui, dit Klim.

— Qui es-tu ?

— Son valet de chambre.

— Moi, je m'appelle Foka. Je suis gardien ici. Gardien, cuisinier, palefrenier, je fais tout. Je fais tout parce qu'il n'y a rien à faire !

Il rit et la crasse de son visage se fendille en rides rosâtres.

— Alors, qu'est-ce qu'on en dit, à Moscou ? reprend-il.

— De quoi ?

— De la liberté.

— On en dit... on en dit que c'est bien. Et ici ?

— Ici aussi... Enfin, on ne sait pas... On attend...

— Quoi ?

— Que quelqu'un nous l'explique.

— Personne ne vous l'a encore expliquée ?

— Si, Ivan Ivanovitch, l'intendant. Mais ça ne compte pas. Quand le barine nous aura répété ce que le tsar lui a dit...

— Le tsar ne lui a rien dit, au barine !

— Tu crois ça, toi ?... Pauvre citrouille !... Est-ce que ça s'est déjà vu que le tsar passe par-dessus la tête des seigneurs pour s'adresser au peuple ?... Il a appelé les seigneurs dans son palais et il leur a dit...

D'autres paysans, sortis d'on ne sait où, se rapprochent. Ils ressemblent, trait pour trait, à ceux de Znamenskoïé. Depuis le temps qu'il vivait parmi des domestiques aux faces glabres, aux mains propres, et aux livrées grises soutachées de vert, Klim éprouve un contentement fraternel à se retrouver dans cet univers de barbes et de touloupes ! Les nouveaux venus hésitent, se dandinent, puis, à leur tour, se lancent dans les questions :

— Tu dois savoir, toi... Est-ce qu'on nous donnera toute la terre ou seulement un morceau ?

— Et qui décidera, lui ou nous ?

— Et pourquoi dans deux ans seulement ? Pourquoi pas demain ?

Au milieu de l'interrogatoire, l'intendant surgit, les mains derrière le dos, la bedaine en avant, les sourcils noués :

— Je ne veux pas de rassemblements dans la cour ! Le barine vous parlera dimanche. Et maintenant — Foka, aux cuisines, les autres dispersez-vous !

Les moujiks s'en vont. Klim emboîte le pas à l'intendant qui retourne, d'un air préoccupé, vers la maison, en essayant de ne pas marcher dans les flaques.

★

Pour le déjeuner, Foka a préparé des croquettes de viande, cuites dans l'huile, et des pommes de terre nappées de crème. En les goûtant, le barine fait la grimace. Après la troisième bouchée, il pose sa fourchette et soupire. Sans doute regrette-t-il la cuisine raffinée de Varlaam. Debout derrière lui, Klim s'attriste de le voir attablé, seul, comme un veuf, dans cette salle à manger claire et glacée, où vingt-quatre sièges d'acajou montent la garde. Des minutes passent. Les croquettes refroidissent dans l'assiette. Lev Serguéïévitch rêvasse, les doigts battant le bord de la table. Soudain il dit :

— Tu as eu l'occasion de parler aux moujiks, tout à l'heure, je crois !

— Oui, barine, répond Klim.

— Que disent-ils de cette nouvelle situation ?

La question surprend Klim. Que les moujiks soient anxieux de connaître la pensée du barine, cela se comprend, mais comment le barine peut-il se soucier de la pensée des moujiks ? A regret, il marmonne :

— Ils ne savent pas... Ils espèrent...

— Oui, oui, bien sûr, dit Lev Serguéïévitch.

Klim change les assiettes et apporte une mousse aux fraises. Le barine, de plus en plus distrait, avale son dessert en quatre cuillerées et retourne dans la pièce aux tapis pour une sieste. « C'est ma tanière ! dit-il à Klim avec une fausse gaieté. Et cet ours en est le gardien. » En passant, il tapote le museau de la bête, qui oscille légèrement sur son socle. Puis il s'allonge sur le divan. Klim lui ôte ses chaussures et tire les rideaux. Dans la pénombre, Lev Serguéïévitch grogne :

— Tu me réveilleras à 3 heures. Et tu feras atteler la calèche.

Klim sort sur la pointe des pieds, referme la porte et s'assied sur une frêle chaise dorée, à côté de l'ours.

6

Depuis cinq minutes déjà, le barine parle du haut des marches, et les visages, devant lui, se renfrognent. Mais est-ce parce qu'ils comprennent enfin ou parce qu'ils ne comprennent pas encore que les moujiks ont cet air sombre ? A demi masqué par une colonne du perron, Klim observe la foule avec inquiétude. Lui-même n'est pas sûr de saisir le mécanisme de la libération des serfs et de l'attribution des terres, tel qu'il ressort de l'exposé de Lev Serguéïévitch. Une chose paraît certaine : désormais, les serfs vont être considérés comme des agriculteurs libres et l'autorité du seigneur sera remplacée, au-dessus d'eux, par celle des assemblées rurales élues par eux-mêmes. En plus de la liberté, ils recevront la jouissance perpétuelle de leur maison, de l'enclos y attenant et d'un lot de terres arables dont la superficie est fixée par des barèmes. Si la quantité de terres exploitées actuellement par les moujiks est inférieure à celle prévue dans l'acte, le barine devra leur concéder le complément, si elle est supérieure, ils devront restituer l'excédent au barine, si elle est égale, les choses resteront en état. En échange de ce droit de jouissance perpétuelle, ils auront à exécuter des corvées ou à payer une redevance en argent. Ces corvées seront de quarante jours de travail par an pour les hommes et de trente pour les femmes.

— Mais alors, barine, je ne comprends pas, grogne quelqu'un dans la foule. On nous avait dit que la terre serait à nous !

— Attendez ! dit Lev Serguéïévitch nerveusement. La superficie des terres réservées aux paysans en jouissance perpétuelle, la délimitation de ces terres, l'importance des corvées, le montant de la redevance seront constatés dans une charte réglementaire, signée entre les représentants des paysans et le propriétaire, sous le contrôle de l'arbitre de paix. A ce stade-là, les paysans seront usufruitiers permanents et héréditaires de leur lot. S'ils veulent en devenir véritablement propriétaires, ils devront le racheter.

— Avec quoi ? Nous n'avons pas d'argent, nous autres !

— L'Etat vous en avancera ! Suivez-moi bien ! L'idée maîtresse de toute cette réforme, c'est que les paysans peuvent, s'ils le veulent, devenir propriétaires de leur enclos et des terres allouées. Pour les y aider, le gouvernement leur consentira des prêts remboursables en quarante-neuf ans, à raison de six kopecks par rouble prêté, amortissement et intérêt compris !

— Mais qui fixera les prix ?

— Là encore, il y a des barèmes. Les arbitres de paix veilleront à leur application...

— Ils y veilleraient peut-être, s'ils n'étaient pas tous des seigneurs ! Ne te fâche pas, barine, mais les loups ne se mangent pas entre eux...

— Les seigneurs ne sont pas forcément des loups, dit Lev Serguéïévitch. Si j'ai accepté, moi, d'être arbitre de paix...

Une exclamation l'interrompt :

— Et pourquoi faut-il que nous restions encore deux ans sous la dépendance du barine ?

Lev Serguéïévitch se tourne dans la direction d'où est venu le cri mais ne peut identifier celui qui l'a poussé :

— Deux ans, oui ! dit-il. Deux ans d'obéissance ! Croyez-moi, c'est un délai bien court pour élire des assemblées rurales, des starostes, des starchinas, élaborer des chartes, effectuer la mesure et le bornage des lots, d'un bout à l'autre de la Russie ! Pendant ce temps-là, il faudra que la discipline soit respectée. Si on vous accorde tout à la fois, vous perdrez la tête. Et nous avec vous...

La voix du barine tremble de fatigue. Klim le devine résolu et sincère. Les moujiks, eux aussi, paraissent émus.

— Et alors nous, en somme, à Kossynka, qu'est-ce que nous aurons si nous choisissons la... la jouissance perpétuelle ? demande Foka.

— Je le dirai avec précision à l'assemblée rurale que vous aurez élue pour discuter de la chose, répond Lev Serguéïévitch. Mais je puis déjà vous affirmer que je vous réserverai le meilleur traitement possible !

Il y a des hochements de tête. Personne ne remercie. Klim trouve que les moujiks exagèrent. Espéraient-ils que le barine leur ferait cadeau de son domaine ?

— Dès demain, reprend le barine, nous nous mettrons à l'ouvrage pour parvenir à un accord. Il faut que notre bonne entente serve d'exemple à tous les paysans et à tous les propriétaires fonciers du district ! Allez, mes amis...

Il les salue de la main et rentre dans la maison, suivi de l'intendant. Resté sur le perron, Klim écoute les paysans qui bougonnent :

— Il parle bien !

— C'est quand la langue se tait que la vérité commence !

— Moi, je ne comprends toujours pas ce qu'il y a de changé...

Sur le point de se jeter dans la discussion, Klim constate que lui non plus, au fond, ne comprend pas ce qu'il y a de changé.

★

Klim emporte les bottes crottées, revient, étale la robe de chambre sur un fauteuil, dispose les babouches brodées au pied du lit, s'assure qu'il y a de l'eau dans la carafe et demande :

— Vous n'avez plus besoin de moi, barine ?

La tête sur l'oreiller, Lev Serguéïévitch murmure :

— Non.

Et il pense qu'il devrait, peut-être, retenir Klim et l'interroger d'une manière plus précise sur les réactions que son discours a suscitées parmi les moujiks. A quoi bon ? Klim ne sait rien sans doute. Et, s'il sait quelque chose, il mentira, par crainte de trahir ses semblables ou de froisser son barine. La vérité du domestique est toujours celle que le maître a envie d'entendre. Impossible d'avoir un contact sincère avec le peuple, si l'on n'est pas né dans le peuple.

— Alors bonne nuit, barine.

— Bonne nuit.

Porte refermée, Lev Serguéïévitch tressaille. L'angoisse. Le silence. Une lampe à huile brûle sur la table de chevet. De grandes ombres se tassent à l'étroit entre les quatre murs. Depuis trois jours qu'il parcourt le district en voiture, par des chemins boueux, il a pu se convaincre de la complexité des tâches qui l'attendent. « Vous verrez, presque toute notre aristocratie de province a l'esprit ouvert aux réformes », lui a dit le maréchal de la noblesse en le félicitant de sa nomination. Et le gouverneur lui a certifié que, d'après les rapports de police, si quelque difficulté surgissait au moment de l'établissement des lots, ce ne serait pas du fait des propriétaires. Lev Serguéïévitch n'en a encore vus qu'une dizaine parmi ceux qu'il fréquentait jadis en voisin. Cette fois ils lui sont apparus sous un jour différent. Guindés dans leurs attitudes, faussement aimables dans leurs propos. En bavardant avec eux, il s'est vite rendu compte que la plupart connaissaient le statut dans ses moindres détails. De toute évidence, après la publication du document il y a eu des visites affolées d'un domaine à l'autre, des discussions secrètes, des alliances pour la défense des intérêts seigneuriaux. Et maintenant ce petit monde provincial se coalise pour faire face à l'arbitre de paix, dont nul encore n'a percé les intentions. Tout en l'assurant que personne mieux que lui ne leur paraît capable d'appliquer la réforme, ses hôtes l'observent, le flairent, le soupèsent pour tâcher de savoir s'il est bien de leur bord. Sans doute les a-t-il déçus en leur affirmant qu'il était résolu à tenir la balance égale entre anciens maîtres et anciens serfs. Peu importe — le vieux Sosnoff l'a embrassé en lui jurant qu'il voyait dans ses yeux « le soleil des jours meilleurs », les trois sœurs Koulikoff l'ont supplié de revenir souvent pour les distraire de leur solitude, le ménage Alpatine l'a gardé à dîner, le colonel en retraite Botchkine l'a invité à la chasse... Mais qu'ont-ils dit de lui lorsque sa calèche s'est éloignée ? Il sent leur méfiance peser sur ses épaules. Et les moujiks, tout à l'heure, ne l'ont guère ragaillardi par leurs questions ineptes. Des deux côtés on l'attend aux actes. Lydia avait raison quand elle prétendait qu'il mécontenterait tout le monde en essayant d'être équitable. Pourtant, il ne renoncera pas. Il a engagé sa parole. Du reste, tout vaut mieux que Moscou, la famille, les regards par-dessus la table, les sons du piano à travers les portes. Ici, il a une raison d'être. Il peut se rendre utile à la Russie. Mais qu'est-ce que la Russie ? Il ferme les yeux, tente d'imaginer son pays et se voit entouré de visages familiers, sans importance et sans mystère. Saura-t-il s'arracher à la masse amorphe de ses compatriotes ? Saura-t-il les entraîner, eux qui refusent tout mouvement ? Il rouvre les yeux. La chambre n'a pas bougé. Dans cet espace clos, sa pensée adopte la forme désagréable d'un cube. Le reflet de la lampe brille au flanc de la carafe. Une flamme prisonnière de l'eau. Il suffit parfois de quelques hommes résolus pour convaincre tout un peuple. Ces hommes-là ne doivent pas agir par intérêt. La rétribution des actions généreuses est d'abord dans la victoire qu'il faut remporter sur soi-même pour les accomplir. Sur la table de chevet, à côté de la carafe, repose la brochure contenant le manifeste, les statuts, les dispositions annexes. Lev Serguéïévitch la prend en main, l'ouvre sur ses genoux et relit pour la centième fois les articles ayant trait au partage des terres. De temps à autre, il s'arrête et souligne au crayon un paragraphe important.

7

— Vous ne pouvez refuser de m'entendre ! crie le colonel Botchkine en appliquant une claque sur le bord de la table.

— Je vous entendrai, dit Lev Serguéïévitch, mais après-demain, chez vous, en présence de vos paysans.

— Pourquoi pas ici, tout de suite ? Nous serions plus tranquilles...

— Je vous ai déjà dit que j'étais pressé. On m'attend. Excusez-moi...

Lev Serguéïévitch se lève, fait un pas vers la porte de son cabinet de travail, et tend le bras pour inviter Botchkine à passer devant lui. Mais Botchkine, le sang brusquement alourdi, ne bronche pas. Ses sourcils se rejoignent en touffe noire au-dessus de ses prunelles de porcelaine. Il respire bruyamment. Avec ennui, Lev Serguéïévitch prévoit une algarade. Pourtant il ne peut céder : la charte établie par Botchkine est irrégulière, sa conception du partage des terres est, à juste titre, critiquée par ses paysans.

— Savez-vous ce qu'on dit de vous dans le district ? demande Botchkine.

— Non, et je ne tiens pas à le savoir ! répond Lev Serguéïévitch.

Il jette un regard par la fenêtre. Sa calèche l'attend devant le perron. Klim et le cocher bavardent en chassant les mouches.

— On dit que vous êtes un socialiste, « un rouge » !

Lev Serguéïévitch hausse les épaules et fait encore un pas vers la porte.

— Jusqu'à ce jour, je ne l'ai pas cru, continue Botchkine. Mais à présent... J'avoue... Comment pouvez-vous exiger que je m'explique devant mes moujiks ?... Une confrontation, en somme !... Cela ne s'est jamais vu !

— Il ne s'agit pas d'une confrontation, dit Lev Serguéïévitch. Mais, le rôle de l'arbitre étant de rechercher un accord par tous les moyens, le plus simple me paraît de placer les deux parties en présence, afin que chacune expose son point de vue à l'autre.

— Les deux parties ! Vous avez de ces expressions ! Ainsi, pour vous, mes moujiks sont une partie au même titre que moi ! Vous me mettez, moi, un gentilhomme, sur le même pied que cette racaille ! Avez-vous perdu toute notion de l'honneur en lisant des journaux étrangers ? Faut-il vous rappeler que votre nom, votre naissance, vous interdisent de trahir la cause de vos pairs ? Il paraît que vous avez signé avec vos moujiks une charte qui équivaut à une capitulation !

— Nullement. Je leur ai laissé en pleine jouissance les terres qu'ils exploitaient autrefois pour eux-mêmes, plus quelques menus privilèges relatifs aux droits de pêche et de fenaison...

— Nous y voilà ! Le maximum ! Vous leur avez octroyé le maximum ! Et maintenant, vous allez d'une propriété à l'autre pour encourager les moujiks de vos voisins à exiger toujours plus, toujours plus !...

— C'est faux !

— On vous a entendu parler dans les villages ! Vous mettez dans la cervelle de ces misérables des idées qu'ils n'auraient jamais eues par eux-mêmes !

— Je me borne à leur expliquer ce que le manifeste leur accorde.

— Le manifeste, le manifeste, grogne Botchkine, il y a mille façons de l'interpréter ! Les autres arbitres de paix n'ont pas une conception aussi rigoureuse que vous de leur devoir ! Et pourtant les choses marchent rondement dans leur district ! Pourquoi ne prendriez-vous pas exemple sur eux ?

Son ton a baissé. Un demi-sourire retrousse sa moustache. Soudain il dit :

— Je ne suis pas ennemi de la nouveauté, comme vous pourriez le croire, mais j'estime qu'il faut adapter les règlements aux circonstances ! Il y a les lois, et il y a les hommes... Si vous saviez vous montrer compréhensif, vous ne le regretteriez pas. Personnellement, je préférerais vous consentir, à vous, certains avantages, à titre... de... mettons de remerciement, plutôt que de me dessaisir d'une partie de mes biens au profit des moujiks !

La voix est grave, le regard digne. Lev Serguéïévitch hésite à croire que le colonel tente de le soudoyer.

— Je ne vous comprends pas très bien, dit-il.

— Il m'est difficile de préciser davantage, soupire Botchkine. Tout dépendra de l'importance du service que vous me rendrez. Je suis d'ailleurs convaincu que d'autres propriétaires fonciers se joindront à moi, le cas échéant, et que...

Maîtrisant mal sa colère, Lev Serguéïévitch murmure :

— Je vous prie de vous taire ! Pour l'instant, je puis encore considérer que j'interprète mal vos intentions. Mais, si vous ajoutez un mot, je vais être obligé de vous jeter à la porte. J'ai prêté serment, ne l'oubliez pas !

— Précisément ! s'écrie le colonel. Et, ce serment, vous êtes en train de le trahir ! Si vous persévérez dans vos méthodes, je saisirai de l'affaire le maréchal de la noblesse, le gouverneur ! J'irai jusqu'au ministre ! Je vous ferai relever de vos fonctions !...

Il sort en coup de vent et Lev Serguéïévitch le suit jusque sur le perron. Là, le colonel se retourne. Son visage s'est apaisé.

— Réfléchissez, dit-il encore. Je maintiens ma proposition. Nous nous verrons après-demain, chez moi.

Il grimpe en soufflant dans son break et donne un coup de poing dans le dos du cocher. Lorsque l'attelage a disparu au bout de l'allée, Lev Serguéïévitch monte à son tour en voiture. Klim s'assied à côté du conducteur. Il tient sur ses genoux la serviette en cuir du barine, pleine de papiers importants.

— A la Dmitrovka, dit Lev Serguéïévitch.

La calèche part en dansant mollement sur ses ressorts. Il fait chaud et clair dès le petit matin. D'avoir ainsi rabroué Botchkine, emplit Lev Serguéïévitch d'une tranquille satisfaction. Il se jure de continuer dans la même voie. Intègre et bienveillant, calme et inflexible...

La propriété des trois sœurs Koulikoff est située de l'autre côté de la Volga. On traverse le fleuve sur un bac. Les passeurs plongent leurs longues perches dans le fond de l'eau pour s'opposer à la force du courant. Enfin le radeau accoste à la berge opposée et les chevaux retrouvent la route. Lev Serguéïévitch regarde la grosse montre ronde, fixée sur le dos du cocher, à la ceinture : dix heures vingt. Que de temps perdu à cause de ce Botchkine ! Une brute indécrottable. Nul ne l'estime dans la région. S'il se plaint au maréchal de la noblesse, il ne sera pas écouté. D'ailleurs il ne se plaindra pas. Il sait trop que sa réputation est, depuis longtemps, compromise. Jadis officier de cavalerie, il a séduit une riche demoiselle de Iaroslavl qui l'a vu, de sa fenêtre, entrer dans la ville à la tête de son régiment. En le prenant pour époux, elle lui a apporté une propriété de trois cents déciatines. Il a continué à la voler pendant vingt ans. Maintenant, tout lui appartient : les terres et les titres. Comment Dieu permet-il que des êtres aussi vils prospèrent dans leurs entreprises ? Un nuage de poussière enveloppe la calèche. On tourne à droite. La Dmitrovka est faite pour moitié de champs, pour moitié de forêts. Le village principal est à six verstes de la maison des maîtres. Une foule de moujiks est rassemblée sur le pré, derrière l'église.

La calèche s'arrête, les têtes se découvrent, et Lev Serguéïévitch, descendant de voiture, s'avance vers une table qui a été placée à son intention au milieu de l'herbe. Le staroste le précède, Klim ferme la marche, portant la précieuse serviette. Lev Serguéïévitch s'assied et la chaise s'enfonce de biais, sous son poids, dans la terre molle. Il se retient au bord de la table pour ne pas glisser. Mais nul ne sourit de sa maladresse. La majesté de sa mission le protège contre le ridicule. Ayant établi son équilibre, il indique à Klim un tabouret, à côté de lui. Klim tire de la serviette des dossiers, du papier blanc et un écritoire. Officiellement, il est le « secrétaire » de l'arbitre de paix. En fait, il se borne à recopier les procès-verbaux que son barine rédige à tête reposée, après les réunions. Lev Serguéïévitch s'est déjà dit plusieurs fois qu'il n'avait pas réellement besoin de Klim dans ses randonnées. Mais il émane de ce garçon naïf quelque chose d'apaisant, de réconfortant, comme de certains animaux domestiques dont l'utilité paraît contestable et sans lesquels, pourtant, la maison manquerait de chaleur. Il a une écriture lisible, il sait se tenir, son regard ne fuit pas. Que demander de plus à un serviteur ?

Le staroste se plie en deux, se redresse et se met à parler. Il remercie monsieur l'arbitre de paix d'avoir bien voulu se déranger pour apporter ses lumières dans un si lointain village. Heureusement, dit-il, ici, tout va bien. Les rapports de l'assemblée rurale avec les demoiselles Koulikoff sont excellents. N'ont-elles pas poussé la bienveillance jusqu'à inciter leurs moujiks à profiter de la clause du *quart gratuit* prévue par la loi ? D'après cette clause, si les paysans se contentent d'une étendue de terre égale au quart du lot maximum, ils en deviendront immédiatement propriétaires sans rien emprunter à l'Etat ni rien verser au seigneur. Bien entendu, ils devront en même temps renoncer à toute prétention sur le reste du lot. Mais quoi ! un tiens vaut mieux que deux tu l'auras. Les moujiks de la Dmitrovka ont tout de suite vu l'intérêt de la proposition. Tout en parlant, le staroste promène autour de lui un regard satisfait. Visiblement, c'est un bavard et un fat que le son de sa propre voix remplit d'aise.

Lev Serguéïévitch lui coupe brutalement la parole :

— J'espère que vous n'allez pas signer cette sottise !

Le staroste a un haut-le-corps ; son visage, tout en bourrelets et en gaufrures, se plisse davantage :

— Pourquoi dites-vous ça, barine ? Ce n'est pas la loi, ce quart gratuit ?

— Si ! Mais parfois les intentions du législateur se retournent contre ceux qu'elles devraient servir. Avez-vous réfléchi à ce qui se passera lorsque vous aurez reçu gratuitement le quart du lot qui vous revient ? Vous en serez propriétaire — soit ; vous ne dépendrez plus des trois barynias — bon ; vous n'aurez plus à payer aucune redevance à personne — parfait ! Mais ce misérable lopin de terre ne suffira pas à vous nourrir ; pour gagner votre subsistance, vous serez obligés de vous tourner de nouveau vers vos propriétaires ; et vous retomberez sous leur dépendance, alors que la réforme agraire a été conçue pour vous en libérer !

La stupeur défripe le visage du staroste. Il devient lisse et bête comme un navet. Autour de lui, les moujiks marmonnent. Lev Serguéïévitch se dit qu'il a peut-être mis trop de fougue à dénoncer la manœuvre des sœurs Koulikoff. Après tout, elles n'ont rien fait d'illégal en recommandant la solution du quart gratuit. Peu importe ! Leur mauvaise foi est évidente. Et il n'a jamais su se contenir devant les manifestations de la duplicité.

— C'est sûr, ce que vous dites là, barine ? demande le staroste.

Lev Serguéïévitch reprend son explication. Les moujiks se rapprochent de la table, en troupeau, pour mieux l'entendre. Quand il a fini, le staroste se gratte la tête et déclare qu'il va réfléchir encore, discuter avec les autres, prendre conseil d'un cousin qui habite la propriété voisine... Mais Lev Serguéïévitch le devine aux trois quarts convaincu. Excellent résultat pour une première rencontre. La semaine suivante, lorsqu'il reviendra, les moujiks auront fait leur siège. On pourra établir une charte respectant les intérêts des deux parties. Reste à décider les sœurs Koulikoff. Il remonte en voiture dans un murmure de gratitude.

Au bout d'une allée de tilleuls, la vieille maison seigneuriale, aux murs gris, craquelés, dresse son fronton grec supporté par quatre colonnes. Une demi-douzaine de calèches dételées s'alignent devant les écuries. Des palefreniers en chemise rouge lavent les roues à grande eau. Les sœurs Koulikoff auraient-elles des visites ? Cette supposition contrarie les plans de Lev Serguéïévitch. Il saute à terre, prend la serviette des mains de Klim, et suit le valet somnolent qui l'entraîne dans une enfilade de pièces aux persiennes closes. Dehors le soleil luit et, ici, tout n'est que pénombre, fraîcheur, silence.

Dans le salon qui précède la véranda, les trois sœurs Koulikoff émergent d'un large canapé semi-circulaire, à la housse blanche rayée de gris. L'aînée, Zizi, qui approche de la soixantaine, est toute petite, toute rose, toute ronde, ce qui ne l'empêche pas d'imposer son autorité aux deux autres, Klavdia et Raïssa, quinquagénaires de haute taille, raides comme des fagots.

— Je suis navré de vous déranger, dit Lev Serguéïévitch. Je crois que vous avez des invités...

— Ils sont allés se promener autour du lac, dit Zizi. Mais, de toute façon, vous ne nous dérangez jamais, mon ange ! J'espère que vous nous ferez l'honneur et le plaisir de partager notre frugal repas. Il y aura là Pavel Trophimovitch avec son épouse, le père Matveï...

Lev Serguéïévitch remercie et refuse :

— Je suis très occupé... Encore beaucoup de gens à voir...

— Oui, oui, s'exclame Klavdia, les devoirs de votre charge ! Quel dévouement infatigable !

— Feu votre père serait fier de vous, renchérit Raïssa. Comme vous lui ressemblez ! Le haut de la figure... Asseyez-vous, je vous en prie ! Le haut de la figure et le menton !

Lev Serguéïévitch s'assied et pose la serviette sur ses genoux. Les trois vieilles filles le dévisagent avec une dévorante sympathie. L'une relayant l'autre, elles l'interrogent maintenant sur sa propriété, sur sa famille, sur la vie à Moscou. Il répond avec un rien d'agacement, pressé d'en arriver au but de sa visite. Mais le moyen de leur couper la parole sans passer pour un malappris ? Chacune des trois tient son rôle dans l'association : Zizi, l'aînée, assure l'exploitation du domaine, Raïssa, la seconde, dirige les travaux ménagers et Klavdia, la cadette, veille au salut des âmes. C'est elle qui organise, chaque vendredi, des colloques autour du prêtre de la paroisse.

— Vous ne connaissez pas le père Matvéï ? Il est éblouissant de simplicité ! Nos paysans l'adorent ! Et vous avez pu vous rendre compte qu'ils ne sont pas faciles à émouvoir !...

Cette petite phrase, lancée d'un ton négligent par Klavdia, laisse entendre à Lev Serguéïévitch que les trois sœurs sont déjà informées de sa conversation avec les moujiks. Sans doute un domestique, dépêché par elles, a-t-il espionné la réunion. Et maintenant elles accueillent l'ennemi dans leurs murs, avec le sourire. S'imaginent-elles qu'il leur aurait caché sa démarche ?

— Je vois, dit-il, que les nouvelles vont vite de ce côté-ci de la Volga !

Il se force à rire. Et elles rient aussi. Trois visages finement craquelés, au-dessus de trois robes noires. Toujours en deuil de leur frère, mort il y a dix-sept ans.

— Ah ! ces discussions avec les moujiks nous causent bien du souci ! murmure Zizi en battant des paupières. Ils réfléchissent à leur manière et nous à la nôtre. Allez donc trouver un langage commun entre celui qui possède et ceux qui n'ont jamais rien possédé ! De vrais enfants, insouciants, avides et mal élevés ! Quand nous leur avons parlé, la première fois, de la possibilité de recevoir un quart de leur lot en toute propriété, ils se sont jetés sur cette idée ! Impossible de les en faire démordre ! Il est vrai que nous leur réservions des morceaux de choix !...

— Je leur ai expliqué leur erreur, dit Lev Serguéïévitch froidement. Ils vont revenir sur leur décision.

Zizi joint ses dix doigts, les porte à ses lèvres, comme si elle baisait une relique, et prononce d'une voix suave :

— Tant mieux ! Tant mieux ! Car je crois que mes sœurs et moi étions allées trop loin dans la voie de la concession, pour ne pas dire de la charité. S'ils renoncent, ainsi que vous le pensez, à profiter de notre offre, nous aurons les mains libres pour agir selon nos intérêts.

— C'est-à-dire... ?

— C'est-à-dire que, comme la plupart des propriétaires fonciers, nous nous arrangerons pour céder à nos anciens serfs des terres qui représenteront, en superficie, ce que la loi leur accorde, mais dont la qualité laissera à désirer. Au fond, vous travaillez pour nous en leur conseillant de ne pas nous écouter !

Visiblement, elle espère semer le doute dans l'esprit de son interlocuteur en se déclarant enchantée de la solution qu'il préconise. Mais la malice est trop grosse pour que Lev Serguéïévitch s'y laisse prendre. Il regarde successivement la ronde petite bonne femme et ses deux échalas de sœurs, assises devant lui, coude à coude, sur le canapé. Elles forment un mur continu d'hostilité souriante, d'avarice têtue, d'incompréhension traditionnelle.

— Je sais qu'il est délicat de prendre parti dans ce genre d'affaires, dit-il. Mais je vous recommande amicalement de ne pas trop brimer les moujiks dans l'attribution des parcelles. L'injustice n'est jamais payante. Même après la signature de la charte, vous devrez vivre dans le voisinage de vos anciens serfs et recourir à leurs services. Essayez donc de conserver leur estime, leur fidélité, leur confiance. Autrement, vous ne tarderez pas à vous apercevoir que, pour de médiocres bénéfices immédiats, vous avez compromis votre tranquillité future.

— Vous raisonnez comme si vous aviez peur d'eux ! s'écrie Raïssa.

— Il faut toujours avoir peur d'un homme qui se croit, à tort ou à raison, volé, dit Lev Serguéïévitch.

— Alors nous devrions tout leur donner, les champs, les prés, la maison...

— Ce qui est prévu par la loi seulement !

— Le quart gratuit est bien prévu par la loi, que je sache ! susurre Klavdia.

— Comme une solution de remplacement, réplique Lev Serguéïévitch, comme un pis-aller, comme un piège...

— Voilà des paroles qui pourraient vous coûter cher si une oreille officielle les entendait ! dit Zizi. Mais soyez tranquille, elles ne sortiront pas d'ici. Mes sœurs et moi sommes contre la délation. Il faut se soutenir entre gens du même monde. Vous avez rempli votre devoir en parlant à nos moujiks. Maintenant laissez-nous mener à bien le contrat final. Le père Matveï, qui a beaucoup d'influence sur eux, leur fera un petit sermon. Ils choisiront en connaissance de cause. Et nous signerons la charte...

— Pas sans que je l'aie vue, dit Lev Serguéïévitch doucement. Je leur ai promis de revenir la semaine prochaine.

— Eh bien ! déclare Zizi, nous vous délions de votre promesse !

— Permettez... Je crois que vous ne vous rendez pas très bien compte... J'ai prêté serment... Quoi qu'il arrive, je remplirai les engagements que j'ai pris...

Un bruit de voix l'arrête. Les invités reviennent de promenade. Ils sont une dizaine, messieurs en costumes de toile blanche, dames en robes vaporeuses, entourant le père Matvéï, tout noir, qui sourit dans sa barbe. Lev Serguéïévitch souhaiterait partir, mais la politesse l'oblige à rester quelques minutes au moins avec les nouveaux venus. On s'assied en cercle dans le salon, et Klavdia, la spécialiste des méditations spirituelles, annonce qu'avant le déjeuner le père Matveï éclairera le cœur des personnes présentes en répondant à leurs questions.

— C'est une mode qui fait fureur à Saint-Pétersbourg, explique-t-elle. Dans la plus haute société, il est d'usage de se livrer à ce genre de conversations mystiques sous la présidence d'un homme d'Eglise...

Et d'emblée elle demande au prêtre ce qu'un chrétien doit penser des nouvelles théories qui tendent à effacer les barrières entre les moujiks et leurs maîtres.

— Le Christ était pour les humbles, dit le père Matveï. Mais il était aussi pour la discipline. Alors, si les humbles oublient la discipline, ils s'éloignent du Christ.

— Donc, même libres, nos gens doivent nous écouter ? demande Raïssa.

— Même libres, oui, affirme le père Matveï en balançant sa lourde tête.

Et il se renfrogne. Manifestement son expérience de pope campagnard ne l'a guère préparé à résoudre des problèmes aussi complexes. Il se sent mal à l'aise parmi ces gens bien habillés et instruits, qui réfléchissent au lieu de vivre.

— Ah ! comme c'est intéressant ! piaule Klavdia. Comme je regrette que le comte Otchakovsky ne soit pas là ! Lui qui... Comment, ma chère, vous ne savez pas ?... Il revient d'Italie !... En passant par Paris, bien sûr !...

Cette effervescence provinciale, ces petits cris aimables, ce manque de goût dans la toilette et dans les propos, ce désir immodéré de singer Saint-Pétersbourg et Moscou ajoutent à l'impatience de Lev Serguéïévitch. Il tire sa montre de son gousset. Bientôt midi. A l'instant où il va ouvrir la bouche, une jeune personne, tout en bouclettes et en dentelles, prononce d'une voix haut perchée :

— Est-il vrai, mon père, que, d'après certains textes sacrés, les nobles sont issus de Japhet et les moujiks, de Cham ?

— Oui... oui, je l'ai entendu dire, grogne le père Matveï en se caressant la barbe. Toutefois il n'y a rien de sûr... Ce sont des suppositions... des suppositions on ne peut plus respectables...

Profitant d'un silence, Lev Serguéïévitch se met enfin debout et prend congé des maîtresses de maison qui se lamentent :

— Vraiment, vous nous quittez déjà ? Quel dommage ! Revenez ! Revenez vite !

Une fois remonté en calèche, il déboutonne son gilet, repousse son chapeau sur sa nuque et respire à fond. Prochaine étape : la propriété des

Rastériaïeff, à deux heures de là. On s'arrête en chemin, à l'ombre d'un boqueteau, pour se restaurer. Lev Serguéïévitch s'est posé comme règle de n'accepter aucune invitation à déjeuner ni à dîner de la part des propriétaires fonciers pendant la durée de son mandat. Klim étale une nappe sur le sol, ouvre un panier, en tire des pâtés, du poulet froid, un flacon de vodka, des concombres. Tandis que le barine, assis dans l'herbe, mange et boit, solitaire, pensif, le col ouvert, lui-même casse la croûte, à deux pas de la voiture, avec le cocher. Il dormirait bien, après s'être rempli l'estomac. Mais, malgré la chaleur, Lev Serguéïévitch donne l'ordre de repartir. Quel démon le pousse à courir les routes ? se demande Klim. On ne le paie pas pour être arbitre de paix. Et les propriétaires fonciers l'accueillent de mauvaise grâce. Aimerait-il les moujiks au point de leur sacrifier son repos ? C'est peu probable ! Il doit y avoir quelque mystérieux profit au bout de tous ces efforts. La calèche roule, Klim somnole, les yeux mi-clos, et Lev Serguéïévitch se cure les dents avec un bâtonnet pointu en ivoire.

Quand la voiture pénètre sur les terres des Rastériaïeff, Lev Serguéïévitch rajuste sa cravate et se prépare à un nouveau combat. Ici, d'après les renseignements qu'il a pu réunir, ce sont les paysans qui profitent de la faiblesse du seigneur pour arrondir leur bien. C'est donc le barine qu'il faut voir en premier, et le barine qu'il faut défendre. Mais, en vérité, Nicolaï Philippovitch Rastériaïeff ne semble pas en éprouver le besoin. Il reçoit son visiteur sur les marches du perron, avec un étonnement ironique et jovial :

— Je ne pensais pas que vous viendriez !

— Je vous avais promis, Nicolaï Philippovitch...

— Justement !

Il rit et ajoute :

— Que voulez-vous, je ne crois jamais aux promesses ! Pas plus à celles des autres qu'aux miennes ! Ainsi je n'ai que de bonnes surprises dans la vie ! Entrez ! Hôte inattendu et par conséquent bien venu !

Il ouvre les bras dans un geste théâtral. Grand, sec, la barbe grisonnante et l'œil un peu fou, il porte une robe de chambre en cachemire et tient une longue pipe à la main. Lev Serguéïévitch le suit dans son bureau. Là, Nicolaï Philippovitch l'oblige à goûter, « en lever de rideau », un verre d'eau-de-vie de cerise. Lui-même en boit trois, coup sur coup, à la sauvette, sans quitter la porte des yeux. Après quoi, il invite Lev Serguéïévitch à l'accompagner jusqu'à la véranda, où Daria Stépanovna, son épouse, trône à côté d'un samovar. Sans doute connaît-elle les habitudes d'intempérance de son mari, car elle lui jette, d'entrée, un regard de réprobation. Lev Serguéïévitch baise la main de cette femme dodue, triste et blanche, à la prunelle soupçonneuse et au corsage sphérique. Quatre mots aimables, et la voilà qui s'éclipse, laissant les hommes attablés devant leurs verres de thé fumant. Aussitôt, Lev Serguéïévitch tire les documents de sa serviette et attaque son exposé. Le projet élaboré par l'assemblée rurale est inadmissible. Sous prétexte de se réserver les terres jouxtant leurs villages, les moujiks isolent la maison seigneuriale dans son parc, la coupant des pâturages dont Nicolaï Philippovitch a besoin pour ses bêtes, et de la forêt qui est sa principale source de revenus. Afin d'assurer l'exploitation normale de ce qui lui restera après le démembrement de son domaine il devra donc envisager une route détournée, plus longue de trois verstes, pour l'acheminement des troupeaux et des trains de bois.

— Eh bien ! tant pis ! dit-il. On perdra un peu de temps ! Je ne vais pas les chicaner pour ça !

Tant de négligence révolte Lev Serguéïévitch.

— Vous n'avez pas le droit de vous laisser faire, Nicolaï Philippovitch ! s'écrie-t-il. Si vous signez cette charte, vous serez leur prisonnier ! Ils vous grignoteront, ils vous étoufferont !...

Rastériaïeff éclate de rire et se renverse dans son fauteuil de rotin :

— Je ne le crois pas, mon cher !

— Cela vous arrange de ne pas le croire !

— Oui. Car, si je le croyais, il faudrait que je m'agite, que je m'indigne, que je menace, toutes choses dont j'ai horreur ! Entre nous, ces histoires de libération et de partage m'ennuient à périr. Je n'y comprends rien, et la seule idée de discuter avec mes moujiks me répugne. Puisque le gouvernement a jugé bon de me dépouiller, eh bien ! qu'on me dépouille, je m'incline. Mais qu'on ne me demande pas, en plus, de participer à ce dépouillement... La vie est si courte !...

Il bâille, rallume sa pipe et tire dessus d'un air réfléchi et lointain.

— Permettez-moi au moins de raisonner vos moujiks, dit Lev Serguéïévitch.

— Vous n'y arriverez pas.

— Vous vous faites une piètre idée des pouvoirs d'un arbitre de paix !

— Et vous, de la force d'inertie des paysans russes ! C'est drôle, on m'avait dit que vous étiez plutôt de leur côté !...

— J'essaye de n'être ni d'un côté ni de l'autre. Pouvez-vous ordonner au staroste de réunir les hommes de l'assemblée rurale devant l'église ?

— Ils sont tous aux champs !

— Ils y retourneront après...

— Quelle énergie ! gémit Nicolaï Philippovitch. Vous m'épuisez, mon cher !

Il appelle un domestique, le charge de prévenir le staroste, avale deux cuillerées de confiture, boit une gorgée de thé et, se penchant vers Lev Serguéïévitch, chuchote :

— Si nous faisions quelques pas en attendant la réunion ? J'aimerais vous montrer une particularité de ce domaine. Une particularité qui me cause bien du souci...

A peine ont-ils descendu les marches de la véranda, que la voix de Daria Stépanovna retentit derrière leur dos :

— Où allez-vous, Nicolaï Philippovitch ?

Elle se tient à une fenêtre, le buste bombé, le visage mécontent.

— Par là, dit-il. Du côté du village...

Le fenêtre se referme en claquant. Nicolaï Philippovitch saisit le bras de Lev Serguéïévitch et l'entraîne, d'un pas rapide, vers un petit bois de bouleaux, au fond du parc. Une fois sous les branchages, il dit, l'air mystérieux :

— Vous ne remarquez rien ?

— Non.

— La disposition des arbres... Ils ont été plantés de façon à dessiner les initiales de feu ma première femme...

— Une idée de poète ! dit Lev Serguéïévitch en réprimant un sourire.

— J'avais vingt ans. Elle, dix-huit. Nous étions fous l'un de l'autre. Après sa mort, je me suis remarié, comme il se doit. Et, comme il se doit, les arbres ont grandi. Le vent murmure en caressant leur feuillage. Anna Nestorovna, A.N. Deux lettres sacrées, deux lettres vivantes, deux lettres parlantes. Souvent je vais rêver sous leurs ombrages. Cependant, ma seconde femme, Daria Stépanovna, qui a un tempérament jaloux, s'est mise en tête de déboiser le coin. Ce serait un crime, ne trouvez-vous pas ?

— Sans doute, dit Lev Serguéïévitch. Mais que faire ? Si vous tenez bon, votre femme finira peut-être par se résigner.

— Vous la connaissez mal ! Et vous me connaissez mal ! Je ne puis supporter les scènes de ménage ! Un jour ou l'autre — comme avec les moujiks — pour avoir la paix, je dirai oui ! Il faut que vous me tiriez de ce mauvais pas, mon ami. La propriété, la charte, le droit de passage, je m'en moque ! Mais mon petit bois de bouleaux, mes deux lettres feuillues, si on les coupe...

Il baisse la tête et regarde sinistrement la pointe de ses pantoufles, maculées de terre.

— Vous m'avez bien dit A. et N. ? demande Lev Serguéïévitch.

— Oui, Anna Nestorovna.

— Ce pourrait être aussi Alexandre Nicolaïévitch.

— Bien sûr...

— Les initiales de notre empereur bien-aimé, dit Lev Serguéïévitch. Qui oserait les abattre à coups de hache ?

A ces mots, une formidable embrassade lui coupe le souffle. Nicolaï Philippovitch rit en lui frottant les joues avec sa barbe :

— Génial ! Génial ! Alexandre Nicolaïévitch ! A.N. Monogramme intouchable !... Crime de lèse-majesté !... Au besoin, je mettrai cette vieille ganache de gouverneur dans le coup !... Ah ! mon ami, vous venez, en une minute, de résoudre le plus grave problème de ma vie... Quand je dirai à Daria Stépanovna : « Ma chère, mes sentiments monarchiques m'interdisent... »

Il s'arrête, cassé par une nouvelle quinte de rire. Ses épaules tressaillent, ses yeux s'emplissent de larmes. Lev Serguéïévitch est obligé de lui taper dans le dos pour le calmer. Le domestique arrive, tout essouflé :

— Ils sont réunis devant l'église, ils vous attendent.

— Vous venez ? demande Lev Serguéïévitch.

— A quoi bon ? dit Nicolaï Philippovitch, redevenu sérieux. Je vous gênerais plutôt. Faites pour le mieux. En ce qui me concerne, après le somptueux cadeau que j'ai reçu de vous, ma journée est finie, couronnée... C'est bien le mot, couronnée !

Quand Lev Serguéïévitch, suivi de Klim, arrive devant l'église, une quinzaine de moujiks, alignés sur la place, mettent chapeau bas. Le staroste est un robuste paysan, d'une quarantaine d'années, à la barbe noire coupée d'une balafre. Immédiatement Lev Serguéïévitch devine que cet homme est à l'origine de toutes les difficultés. C'est donc à lui qu'il explique, en le regardant droit dans les yeux, la nécessité de laisser au barine une bande de terrain, large de vingt sajènes (1), entre la maison seigneuriale et la forêt, pour permettre le passage des convois de bois. Le staroste n'est pas d'accord.

— Tu lui donnes là une terre située tout près de nos maisons ! dit-il. Ce n'est pas juste !

— Qu'est-ce qu'un couloir d'une vingtaine de sajènes ? s'écrie Lev Serguéïévitch.

— Peu de chose si la terre est mauvaise ! Beaucoup si elle est bonne ! Et là, elle est bonne ! Autrefois il y avait même un hameau dans le coin. Chacun sait qu'un hameau, ça engraisse le sol !

— On pourrait vous céder en échange une bande de terrain près de la rivière.

— Près de la rivière, le sol est sablonneux.

(1) La sajène : 2,134 mètres.

— Pas derrière la grande boucle !

On se rend sur les lieux pour étudier les avantages et les inconvénients de la solution proposée par l'arbitre de paix. En parlant aux moujiks, Lev Serguéïévitch s'émerveille de l'aisance avec laquelle ces êtres rustauds et illettrés se débrouillent parmi les plans, les directions de bornage, les enclaves, les servitudes naturelles et légales. Ils savent l'emplacement de chaque motte de terre, l'origine de chaque droit de propriété, mieux que les propriétaires eux-mêmes. Sans rien connaître des règles de l'arithmétique ni de la géométrie, ils exécutent des calculs compliqués en taillant des encoches dans des baguettes, mesurent et divisent les champs à l'aide d'une perche et d'une corde. Mais, dès qu'on essaye de les faire démordre de leurs positions, ils ne comprennent plus rien. Un air de bêtise compacte les enveloppe. Solidifiés, alourdis, ils secouent la tête, papillotent des yeux et sourient dans le vide :

— Eh non ! barine... Ce que tu dis est bien dit... mais ce que nous pensons est bien pensé...

Dix fois, Lev Serguéïévitch recommence sa démonstration. Le soleil baisse à l'horizon, lorsque les moujiks acceptent enfin la solution préconisée par l'arbitre de paix ; mais à condition que la bande de terrain concédée au barine, entre le parc et la forêt, n'ait que dix sajènes de largeur au lieu de vingt ! En vérité, c'est pour obtenir ces dix sajènes que Lev Serguéïévitch en a demandé le double. Il rédige à la volée un premier protocole d'accord et le staroste le signe en traçant une croix au bas de la feuille.

★

— Et maintenant, barine, on rentre à la maison ? demande le cocher en fouettant ses bêtes.

Lev Serguéïévitch hésite à répondre. Pour remplir le programme qu'il s'est fixé ce matin, il lui reste une visite à faire. En aura-t-il le temps avant la tombée de la nuit ? L'heureux résultat obtenu auprès des moujiks de Rastériaïeff le rend optimiste.

— Non, dit-il. D'abord chez les Alpatine !

— Mais c'est un détour !

— Et alors ? Est-ce toi ou le cheval qui tire la voiture ?

Klim rit, le cocher se dandine sur son siège et la calèche saute dans les ornières.

Un poudroiement crépusculaire voile déjà la campagne, lorsque l'équipage se range devant la maison des Alpatine. C'est une vaste bâtisse en rondins, sans rapport avec les élégantes demeures seigneuriales des environs. Une sorte d'isba atteinte de gigantisme, avec des ornements de bois, découpés et coloriés, au bord du toit et autour des fenêtres. On dit Alpatine plus riche qu'il n'y paraît. En fait, il a une grande propriété et peu de moujiks. Il accueille son hôte avec des transports de joie, le baise sur les deux joues et l'entraîne dans une pièce basse de plafond, tapissée de peaux d'ours et éclairée par une lampe à huile, qui fume et empeste. Poussant Lev Serguéïévitch dans un fauteuil, il se laisse choir, de tout son poids, dans un autre, et passe une main tremblante sur son front. Son vieux visage tanné exprime la fatigue et l'angoisse.

— On était si tranquille avant ! soupire-t-il. Pourquoi ont-ils voulu tout changer ?

Lev Serguéïévitch lui explique posément que, dans son cas, le partage sera très simple. Au début, les moujiks continueront à exploiter les terres qu'ils cultivaient jadis pour leur propre compte et, en échange du droit de jouissance que le barine leur aura concédé, exécuteront des corvées sur ses terres à lui, le nombre d'heures de travail étant prévu par la loi. Plus tard, s'ils veulent acquérir leur lot en toute propriété, ils le lui achèteront, grâce à l'aide de l'Etat...

— Grâce à l'aide de l'Etat ! marmonne Alpatine. C'est un comble ! L'Etat va aider les moujiks à détrousser leurs maîtres ! Que Dieu pardonne au tsar le mal qu'il fait à la noblesse ! Torchez-moi vite cette charte, donnez-la moi à signer, et qu'on n'en parle plus !

— C'est à vous de la préparer.

— Je m'y refuse.

— Il s'agit de formules toutes prêtes, dont il suffit de remplir les blancs.

— Je n'ai jamais rempli de blancs, comme vous dites, et je ne commencerai pas à mon âge.

— C'est bon, dit Lev Serguéïévitch en souriant, je le ferai pour vous et vous signerez.

— Merci, mon cher, dit Alpatine. Vous servez bien le gouvernement. Ce qui, en toutes circonstances, est louable !

Il réfléchit un instant, le front barré de rides, et reprend soudain :

— Au fait, puisque vous êtes tellement au courant des dernières dispositions législatives, dites-moi donc ce qui a été prévu dans le manifeste pour les bâtards !

— Quels bâtards ?

— Ceux des propriétaires fonciers, évidemment ! Comme vous le savez sans doute, j'ai eu quatre enfants d'une fille serve. Quatre fils. Vingt et un, vingt, dix-huit et dix-sept ans. De solides gaillards. Bien entendu, je les ai laissés dans leur condition. Depuis leur plus jeune âge, ils travaillent sur mes terres. Je n'ai, du reste, pas de meilleurs cultivateurs que ces quatre-là ! Et voilà qu'on publie ce maudit manifeste ! Dans deux ans, paraît-il, tous les serfs seront libres d'obéir ou de ne pas obéir, de partir ou de rester... Dois-je comprendre qu'eux aussi... ?

— Eh oui !

— Ce n'est pas possible ! s'écrie Alpatine en bondissant sur ses pieds. Ils sont serfs, bien sûr, mais c'est mon sang qui coule dans leurs veines ! Ils m'appartiennent donc doublement ! Ils me doivent doublement obéissance ! En tant que serfs et en tant que fils ! La loi libère peut-être les serfs, mais elle ne libère pas les fils, que je sache !

— Pour qu'ils soient considérés comme vos fils, il faudrait qu'ils aient été légalement reconnus par vous, dit Lev Serguéïévitch.

— Qu'est-ce que ça changerait ?

— Tout ! Si vous les aviez légalement reconnus, vous pourriez aujourd'hui user de votre autorité paternelle pour les retenir sur vos terres et les obliger à y travailler. Mais, comme ils sont enregistrés en qualité de serfs, ils doivent suivre le sort de leurs congénères. Autrement dit, vous ne pourrez les employer qu'avec leur consentement et contre redevance.

— Leur consentement ?... une redevance... ? bégaye Alpatine. Avez-vous perdu la tête ou est-ce moi qui deviens fou ? Ainsi, à notre époque, il serait plus intéressant d'être le serf d'Alpatine que le fils d'Alpatine ?

— A un certain point de vue, oui...

— Je vous défends de parler de point de vue ! Il n'y a pas de point de vue ! Il y a la nature et il y a la loi ! Il y a Dieu et il y a le tsar ! Et la loi ne peut davantage aller contre la nature, que le tsar ne peut aller contre Dieu ! Il est impossible que le tsar ait voulu, en édictant son manifeste, obliger des gens de mon rang, de ma naissance, dont le nom figure depuis des siècles dans le Livre des boyards, à épouser des filles de cuisine, des gardeuses d'oies, des souillons ! Il est impossible qu'il ait voulu encourager des fils à se faire payer pour aider leur père vieillissant à exploiter son domaine ! Il est impossible qu'il ait voulu substituer l'autorité des fonctionnaires à celle du chef de famille ! Il est impossible qu'il ait voulu détruire la famille !

Il se tait enfin, le sang au visage. Ses narines se gonflent et se dégonflent comme deux petits soufflets au-dessus de sa moustache blanche, aux bords jaunis.

— Et si je les reconnaissais maintenant ? dit-il soudain.

— Ne les avez-vous pas eus alors que vous étiez marié ? demande Lev Serguéïévitch.

— Si.

— Alors vous ne pouvez pas les reconnaître. Ce sont des enfants adultérins !

— Mais je peux les adopter !...

— Avec leur consentement, oui, je suppose...

— Toujours ce consentement ! gronde Alpatine en tapant de son poing droit sa main gauche ouverte. C'est bon, je vais consulter des juristes, je ne me laisserai pas faire, je lutterai, je lutterai...

— Il est tard, dit Lev Serguéïévitch. Il faut que je parte...

Alpatine le reconduit à travers les grandes pièces assombries, où brûle, çà et là, un lumignon. Dans l'antichambre, ils se heurtent à l'épouse d'Alpatine, Marie Ivanovna, petite, pointue et blanche, comme une souris tirée d'un sac de farine.

— Tu t'es encore échauffé ! dit-elle en regardant son mari de bas en haut.

Et, tournée vers Lev Serguéïévitch, elle soupire :

— Il vous a parlé de ses fils, n'est-ce pas ? Un vrai malheur ! Nous n'avons pas eu d'enfants par nous-mêmes. Et ces quatre-là font marcher toute la propriété. S'ils nous quittent...

— Pourquoi vous quitteraient-ils ? demande Lev Serguéïévitch.

— C'est difficile à expliquer, murmure Marie Ivanovna. Mon mari a toujours été très dur avec eux. Pour les mater, vous comprenez, pour en faire des hommes. Alors voilà, maintenant ils ne veulent plus rien savoir de nous. Ils partiront, à la première occasion.

— Ils ne partiront pas ! dit Alpatine. Je les tuerai avant !

Marie Ivanovna le considère avec effroi, se signe et bredouille :

— Puisse Dieu — qui te permet de dire de telles monstruosités ! — ne pas te permettre de les faire !

— Je les tuerai, répète Alpatine en levant un gros poing de vieillard marqué de taches brunes.

Et il le laisse retomber sur sa cuisse. Des larmes jaillissent de ses yeux. Marie Ivanovna lui prend la main et la porte à ses lèvres :

— Il ne faut pas, mon ami ! dit-elle. Il ne faut pas !

Lev Serguéïévitch, gêné, brusque les adieux.

La calèche repart dans la nuit. Du ciel aux nuages déchirés, tombe une lueur diffuse, qui ne suffit pas à éclairer les détails du paysage mais en fait deviner la profondeur. La traînée laiteuse de la route serpente entre des obstacles noirs. Les clochettes tintent, les sabots tapent. Lev

Serguéïévitch découvre tout à coup qu'il est très fatigué, qu'il a grand-faim et que le bonheur, c'est peut-être simplement de rentrer chez soi, après avoir, au long du jour, oublié ses propres soucis pour s'occuper de ceux des autres.

8

« Maintenant les villages ont élu leurs assemblées rurales et leurs starostes. Comme dit Lev Serguéïévitch : « L'appareil est en place. » Mais le plus difficile commence : décider les propriétaires à présenter une charte raisonnable à l'assemblée rurale. D'après la loi, ils ont un an pour le faire. Passé ce délai, c'est l'arbitre de paix qui doit s'en charger. Tout ça, je le sais par Lev Serguéïévitch. Il dit lui-même que je suis devenu « un vrai spécialiste ». Il a d'abord résolu de procéder à l'examen des chartes dans les villages, en y faisant venir les propriétaires. Mais ça n'a pas plu aux propriétaires, parce qu'un barine n'a pas à se déranger quand ce n'est pas pour rencontrer d'autres barines ; et ça n'a pas plu aux moujiks, parce que, devant leur maître, ils n'osent pas se plaindre aussi librement que derrière son dos. Nous avons donc changé de méthode : nous courons de la maison seigneuriale aux isbas et des isbas à la maison seigneuriale pour essayer de contenter tout le monde. Quand le propriétaire ou les paysans contestent un bornage, nous faisons venir des arpenteurs. Jusqu'à présent, il n'y a eu que trois chartes signées dans le district. La première a été celle de Rastériaïeff.

Dire que la même chose se passe, en ce moment, d'un bout à l'autre de la Russie ! De quelque côté qu'on se tourne, des paysans discutent avec des seigneurs. Tout le pays bouge, parle, triche. On se croirait au marché. Par exemple, je me demande où ils en sont, chez nous, à Znamenskoïé. Qui est arbitre de paix, par là-bas ? Et qui les moujiks ont-ils élu comme staroste ? Sûrement pas le vieil Arsény ! Il n'a pas la dent assez dure. Mais Iakov. Oui, Iakov est tout à fait le genre d'homme qu'il leur faut. Calme, patient, rusé, avec une pelote d'idées dans la cervelle. D'un kopeck, il en fait quatre, rien qu'en tournant la pièce dans sa main. A l'époque du choléra, il a gagné de l'argent sur les autres moujiks en leur vendant du lait de sa chèvre, qui, disait-il, ne broutait que les herbes qui guérissent. Pour les terres de Znamenskoïé, ce n'est pas compliqué, les meilleures, ce sont celles qui longent la rivière, et celles du coteau. Derrière le petit bois, ça ne vaut rien. Notre cher barine, Vassili Pétrovitch, le savait. Mais probablement que le nouveau barine, Ivan Ivanovitch Katchaloff ne le sait pas. Alors les moujiks vont le rouler comme un beignet dans de la farine. Ce sera bien fait pour lui ! Il n'avait qu'à ne pas acheter Znamenskoïé ! Aussi pourquoi mon bartchouk le lui a-t-il vendu ? S'il ne le lui avait pas vendu, il aurait bien été obligé d'y retourner vivre avec moi, je serais encore à son service... C'est un rêve que je fais souvent. Il ne faut pas. On risque de fâcher Dieu à regretter ce qu'il n'a pas voulu. Je suis bien chez les Sorokine. J'aurais pu avoir un mauvais barine. Celui-ci est bon. Très bon même. Il se fatigue beaucoup. Nous mangeons toujours en route des nourritures froides, ce qui est nuisible à son estomac ; nous rentrons tard, nous repartons tôt... Je ne pense pas qu'il puisse continuer longtemps. D'ailleurs sa famille arrive dans huit jours, avec des amis, pour les vacances. Il sera bien obligé de changer de vie...

★

« Ils sont tous là. Je ne reconnais plus la maison. Elle paraissait trop grande ; elle est trop petite ! Toutes les chambres sont occupées. Il y a vingt-six personnes à table, et autant à l'office. Notre barynia, Lydia Pantéléïevna, est pleine de bonne humeur et d'énergie. Chaque jour, elle invente quelque chose pour distraire ses invités : pique-niques, parties de croquet, parties de pêche, excursions, concerts, charades. Au milieu de tous ces gens qui s'amusent, Lev Serguéïévitch garde un visage grave. Même quand il sourit, on sent que sa pensée est ailleurs. Cela irrite la barynia. Elle lui a déjà dit plusieurs fois, devant moi, qu'il était un « rabat-joie », qu'il se promenait avec ses idées « comme avec un drapeau »... Je ne comprends pas au juste ce qu'elle lui reproche. Victor Serguéïévitch, le frère du barine, a annoncé hier, qu'il comptait partir pour l'Angleterre. La barynia a eu l'air très fâchée. Elle a dit : « Je me demande ce qui vous attire là-bas ! » Ils ont tout de même joué du piano et du violon, le soir. »

9

Toute la famille Maïkoff, le père, la mère, les deux filles habillées en rose, le fils, un étudiant, grand et maigre, aux lunettes cerclées d'acier, raccompagnent Lev Serguéïévitch jusqu'au perron. Dehors, il fait déjà sombre. Des domestiques, rassemblés autour de la calèche, expliquent à Klim et au cocher qu'on peut gagner deux verstes en prenant par « le raccourci ».

— Vous croyez vraiment qu'il n'y a plus rien à craindre ? chuchote Ivan Borissovitch Maïkoff.

— Absolument rien ! dit Lev Serguéïévitch. Ils ont compris, ils se tiendront tranquilles. De toute façon, je repasserai vous voir dans le courant de la semaine.

Il remonte en calèche. On lui souhaite bonne route. Quand les chevaux s'ébranlent, il se retourne et voit le groupe familial, debout au sommet des marches, quelques mains qui s'agitent, une lanterne dont la lumière clignote et disparaît derrière des dentelles de feuillages noirs. Le fils des Maïkoff, venu le chercher tout à l'heure à Kossynka, n'a-t-il pas exagéré en prétendant que les moujiks réclamaient la distribution immédiate des terres et menaçaient d'incendier les hangars ? Probablement pas. En arrivant sur les lieux, Lev Serguéïévitch a pu constater la physionomie résolue des hommes assemblés aux abords de la maison seigneuriale. Il a même cru, un moment, qu'il lui faudrait appeler la troupe. Heureusement, il s'est retenu de le faire. Sommé de s'expliquer, le staroste a juré que jamais les paysans n'avaient songé à brûler les hangars ni à molester personne, mais qu'ils refusaient d'exécuter les corvées pour protester contre l'intention du barine de leur attribuer des terres « en jouissance perpétuelle ». Qu'était cette « jouissance perpétuelle », dont nul, dans le pays, n'avait entendu parler auparavant ? La formule devait cacher quelque traquenard. Ce qu'ils voulaient, eux, les moujiks, c'était la propriété ou rien. En vain Lev Serguéïévitch a-t-il essayé de leur démontrer, à son tour, les avantages de la solution proposée. Plus il se croyait persuasif, moins on l'écoutait. Il a perdu patience, il s'est découragé, il a eu peur même, sous la conjugaison des regards hostiles. Mais peut-on en vouloir à ces hommes incultes de se rebiffer devant le jargon juridique du statut ? N'a-t-on pas tout fait, depuis des siècles, pour les empêcher de comprendre la chance qui leur est offerte aujourd'hui ? « Non, Excellence, non... Pardonnez... Nous ne pouvons pas... » Tandis que le staroste répétait obstinément sa plainte nasillarde, une illumination a frappé l'esprit de Lev Serguéïévitch. « Vous voulez savoir quelle est la différence entre la propriété et la jouissance perpétuelle ? a-t-il dit. Eh bien ! c'est très simple. La plupart d'entre vous ont une femme, n'est-ce pas ? Si cette femme était votre propriété, vous pourriez la vendre, la donner en gage. Or, vous ne le pouvez pas. En revanche, vous pouvez disposer d'elle et en tirer du plaisir toute votre vie durant. C'est ça, la jouissance perpétuelle! » Après un instant de surprise, les moujiks ont éclaté de rire. Lev Serguéïévitch a feint de rire avec eux. Puis le staroste, redevenu sérieux, a dit : « En somme, nous serons mariés avec la terre, et personne ne pourra nous l'enlever, comme personne ne peut rompre un mariage orthodoxe. » — « Exactement ! » — « En voilà une drôle d'histoire ! Qu'est-ce qu'ils sont allés chercher, les sénateurs de Saint-Pétersbourg ? Un mariage avec la terre ! Et le pope bénira l'union ? » — « On pourra le lui demander. » — « C'est bien, dit le staroste. Comme ça, je comprends. Comme ça, oui, on devrait s'entendre... » Tout est rentré dans le calme. Les paysans se sont dispersés. Maïkoff s'est épongé le front et a invité Lev Serguéïévitch à boire un verre de Xérès pour se remettre de leurs émotions. Un brave homme, un peu veule...

En vérité, Lev Serguéïévitch ne peut se plaindre de son discours. L'affaire qui lui donne le plus de mal est encore celle des sœurs Koulikoff. Elles sont revenues à la charge pour contraindre leurs paysans à accepter la solution du quart gratuit. Mais les paysans, conseillés par lui, ont, une fois de plus, repoussé l'offre. Tant qu'il sera derrière eux, ils tiendront bon. Dans l'ensemble, tous les moujiks le respectent, et les propriétaires fonciers eux-mêmes commencent à reconnaître son autorité. Les autres arbitres de paix sont moins bien partagés. En plusieurs endroits, la police a dû intervenir. Des paysans récalcitrants ont été passés par les verges. Lev Serguéïévitch prie Dieu de n'avoir jamais à user de la force pour rétablir l'ordre. Certes, un aussi profond changement dans la structure du pays ne peut s'accomplir sans heurts. Cependant, peu à peu, en dépit des erreurs, des lenteurs, des injustices, les lignes principales de l'œuvre apparaîtront. Comme la Russie sera belle alors, et forte, et vénérée ! L'exaltation de Lev Serguéïévitch l'étonne. Jamais il ne s'est senti aussi bien. Peut-être parce que, pour la première fois, il a conscience d'accomplir un travail utile. Dire qu'il a pu vivre si longtemps en oisif, touchant les revenus de ses terres et de son usine sans se préoccuper de leur gestion, fréquentant les salles de jeu, bâillant aux spectacles, ne souhaitant rien de grand, rien de noble, pour sa patrie et pour lui-même ! Son expérience d'arbitre de paix, dont il n'attendait au début qu'une diversion à ses soucis domestiques, l'a renouvelé de fond en comble. Dommage qu'il y ait tant de monde, ce soir, à la maison ! Comment Lydia supporte-t-elle une existence aussi futile ? Elle vaut mieux que son entourage. Il rêve à ce qui aurait pu être : Lydia l'attendant seule, au salon, sous la lampe... Son sourire joyeux en le voyant paraître... Ses questions... Il sera juste de retour pour le souper. Elle ne pourra donc lui reprocher de négliger ses devoirs de maître de maison. En partant, il ne lui a pas dit qu'il y avait risque d'émeute chez les Maïkoff. Pour ne pas l'inquiéter. Au fait, se serait-elle inquiétée ? Mais oui ! Elle tient à lui, d'une certaine manière. Il est l'homme dont elle porte le nom, le père de ses enfants... Elle aurait été différente, sans doute, si elle était issue d'une famille pauvre. Les Mansouroff, dont elle est fille unique, l'ont trop largement dotée. Non, le mal ne vient pas de là. C'est l'affirmation parallèle des caractères qui est cause de toutes les mésententes conjugales. Lydia s'est refroidie à son égard, et lui, de son côté, a oublié jusqu'au souvenir de l'amour naïf, inquiet, violent, qu'elle lui avait inspiré. Leurs relations ne sont pas tendues, mais calmes, conventionnelles et ennuyeuses. Quand, comment cela a-t-il commencé ?

Tandis que Lev Serguéïévitch interroge sa mémoire, la calèche pénètre, en tintinnabulant, dans le parc de Kossynka. Le voici prisonnier d'un couloir d'arbres, qui mène droit au bassin et à la maison. Toutes les fenêtres sont éclairées. Il y a même des lampions sous les branches. Des silhouettes de feu, de soie et de chair virevoltent dans la pénombre. Le coup d'œil est tellement beau, que Lev Serguéïévitch en est ému comme d'une découverte. Il avait oublié que cette architecture, datant du règne de l'impératrice Elisabeth, avait de si nobles proportions. On dirait un palais en miniature, posé au bord de la pièce d'eau. Et ces murs, ces pelouses, ces frondaisons centenaires lui appartiennent ! De pareilles demeures sont évidemment faites pour recevoir. Lydia a eu raison d'organiser un souper en plein air. Outre les cinq couples d'amis qui passent l'été à Kossynka, elle a convié des voisins. Mais aucun des invités présents n'habite le district dont Lev Serguéïévitch a la charge. Précaution indispensable, s'il veut conserver sa réputation d'équité. Lui qui pestait, dix minutes plus tôt, à l'idée de tomber dans une réunion mondaine, le voici amusé par le tourbillon qui l'entoure. Au fond, il n'est pas désagréable, lorsqu'on a donné des heures de son temps à un grave problème, de se plonger, sans arrière-pensée, dans les divertissements d'une société élégante et superficielle.

Il fait arrêter la calèche dans la cour, rentre dans la maison par la porte de derrière et va, suivi de Klim, se laver les mains et se changer dans son cabinet de travail. Quand il en ressort, il aperçoit son fils et sa fille, penchés sur la rampe de l'escalier. Ils sont en chemise de nuit et l'appellent avec de grands gestes.

— Que faites-vous là ? gronde Lev Serguéïévitch en montant vers eux. Vous devriez être au lit !

— Mais nous étions au lit, papa, chuchote Katia. Seulement nous voudrions voir la fête ! Juste un petit moment ! Après nous nous recoucherons !

— Elle n'aura rien d'intéressant, cette fête !

— Si ! M. Lonjon a dit que ce serait « le festin des barbares » ! s'écrie Katia.

— M. Lonjon prend ses désirs pour des réalités, dit Lev Serguéïévitch en riant.

Il reconduit son fils et sa fille dans leur chambre, les couche, les borde et les bénit, l'un après l'autre, en traçant un signe de croix au-dessus de leur front. Ce geste rituel lui procure un sentiment de responsabilité et de force.

— Est-ce qu'il y aura un feu d'artifice, papa ? demande Kostia d'une voix à peine perceptible.

— Je ne crois pas, dit Lev Serguéïévitch.

— Et s'il y en a un tout de même ?

— Alors je vous appellerai !

Sur cette promesse, les deux têtes s'enfoncent dans le sommeil. Lev Serguéïévitch sort sur la pointe des pieds.

Son apparition dans le jardin est saluée par des exclamations de joie. Il arrive à pic : on allait passer à table ! Quoi de nouveau sur le front de l'arbitrage ? Il baise des mains, il s'incline, il répond en riant. Lydia a une nouvelle coiffure, une robe qu'il ne connaissait pas. Ses épaules sont nues sous un châle d'indienne, qui glisse à chaque mouvement. Elle sourit, elle parle, et tout ce qu'elle dit est charmant, léger, inattendu. Subitement la présence de sa femme emplit Lev Serguéïévitch d'un bonheur insolite.

Le souper est servi par petites tables. Séparé de Lydia, Lev Serguéïévitch constate avec irritation que son frère, Victor, se trouve dans le cercle de convives qu'elle préside. C'est elle qui a distribué les places. Peu importe ! Dans quinze jours, Victor sera loin. Elle n'a du reste pas manifesté d'humeur à l'annonce de son départ pour Londres. Il la distrait, elle aime faire de la musique avec lui, mais elle le tient pour ce qu'il est : un aimable égoïste, aussi brillant dans ses propos que décevant dans ses actes... Lev Serguéïévitch n'ose regarder trop souvent du côté de sa femme, par crainte qu'elle ne devine ses sentiments. Dans l'état de leurs rapports, elle pourrait juger ces marques d'intérêt ridicules. Avec effort, il se détourne d'elle et se jette dans la conversation la plus banale. On dirait que tous ces gens fuient leurs soucis dans le bavardage. Du statut des moujiks, pas question ! Mais on parle du trapéziste Léotard qui a eu l'audace de se produire au cirque, la saison précédente, en maillot collant rose chair, des chances de survie de la crinoline, d'une recette de liqueur de prune. Et tout cela est, en effet, très gai, très raffiné, très excitant. Les domestiques passent les plats et, dans cet éclairage inhabituel, leurs visages brillent comme des masques de carton colorié. Au dessert, des bouchons sautent. Le champagne mousse dans les verres. Les dames soupirent qu'elles n'en peuvent plus. A la table voisine, Lev Serguéïévitch entend sa mère qui pérore d'une voix flûtée. Allons bon ! Encore l'histoire du collier !

— ... Un sentiment prémonitoire, parfaitement ! Cela se passait ici même, à Kossynka, il y a une trentaine d'années. Une nuit, je me réveille en sursaut et je dis à feu mon mari : « Je viens de voir l'empereur Nicolas Ier en rêve. Il s'apprête à nous rendre visite... » C'était absurde... rien ne laissait prévoir... Mais, ce que femme veut... J'oblige mon mari à se lever, à s'habiller, je mets ma plus belle robe, les domestiques allument les lustres, dressent la table... Quand tout est prêt, mon mari me dit : « Nous sommes fous, tous les deux !... Allons nous coucher !... » Au même instant, des clochettes se rapprochent...

— C'est passionnant !...

— Un conte de fées !...

Lev Serguéïévitch détourne la tête avec agacement. Sa mère vieillit mal, avec son joli visage ridé et ses bouclettes blanches qui ont l'air collées sur son front.

— Il a couché dans la chambre qu'occupe actuellement ma fille... Oui, oui, celle avec le balcon...

Klim présente un plateau chargé de fruits secs, de noisettes et de bonbons. Un orchestre d'instruments à vent se met à jouer sur une estrade : le colonel Gorbounoff, venu exprès de Kostroma, a aimablement offert quelques musiciens de son régiment pour égayer la fête.

La soirée se prolonge par des danses populaires, qu'exécutent sur l'herbe deux couples de paysans. Puis Lydia et Victor interprètent une sonate pour piano et violon de Haydn. Ils se sont installés dans le salon, près de la fenêtre ouverte, et le public, debout sur la pelouse, les écoute religieusement. Lev Serguéïévitch, lui aussi, feint d'être intensément attentif. Mais son émotion ne doit rien à la musique. Une contraction intérieure lui coupe, par instants, le souffle. A la fin du morceau, il applaudit avec les autres et propose aussitôt de passer aux jeux de société. Les dames optent pour les charades en action. Des équipes se forment par tirage au sort. Lev Serguéïévitch se trouve dans le même groupe que sa femme. Il en éprouve un plaisir enfantin. Ensemble ils choisissent des mots compliqués pour déjouer la sagacité de leurs adversaires. Il tient sa partie avec tant de drôlerie et d'entrain qu'on lui fait une ovation. Même les domestiques, rangés derrière les maîtres, rient en sourdine, la main devant la bouche.

A 3 heures du matin, les invités commencent à prendre congé. Des palefreniers courent dans tous les sens ; les chevaux hennissent, effrayés par les mouvements désordonnés des lanternes ; on convient de se retrouver tous le lendemain, à un gigantesque pique-nique, sur la rive gauche de la Volga, chez les Gorodétzky. Quand les dernières voitures se sont éloignées dans la nuit, les amis logés à Kossynka bavardent quelques minutes encore avec les maîtres de maison, puis se récrient sur l'heure tardive et regagnent leurs chambres.

Resté seul avec sa femme dans le salon, Lev Serguéïévitch lui dit :

— Votre réception a été parfaite de bout en bout, ma chère. Je vous en félicite. Et je n'en regrette que plus de ne pouvoir être des vôtres demain.

— Vous n'irez pas avec nous à ce pique-nique ? demande-t-elle, les traits brusquement durcis.

— Je voudrais y aller, mais c'est impossible ! J'ai rendez-vous avec les arpenteurs, chez Alpatine.

— Avec les arpenteurs ? s'écrie-t-elle. Mes compliments ! C'est pour complaire à des arpenteurs que vous négligez votre femme !

— Mais je ne peux pas les décommander, Lydia ! Ils viennent exprès de Iaroslavl ! Le juge de paix sera aussi sur les lieux ! Cette procédure est placée sous mon autorité ! Vous devriez le comprendre !...

— Je ne comprends qu'une chose : tout vous est prétexte à me contrarier et à me heurter !

Vous tenez de moins en moins compte de mes souhaits personnels, de mes problèmes, de ma vie ! Je n'existe pas pour vous, je n'existe pas !...

Il est à la fois irrité de cette semonce et flatté que Lydia attache tant de prix à sa présence auprès d'elle, chez les Gorodétzky.

— Je reconnais, dit-il, que, ces dernières semaines, je n'ai guère eu de temps à vous accorder. Mais lorsqu'on a accepté, à tort ou à raison, de remplir une charge, il faut le faire avec conscience, avec ponctualité. D'ailleurs le plus dur est passé. Bientôt j'aurai davantage de loisirs. En ce qui concerne ce pique-nique...

— N'en parlons plus ! dit-elle sèchement. Le plus fâcheux, c'est que non seulement vous refusez de m'accompagner, mais que vous accaparez une calèche et un cocher, alors que nous aurions besoin de toutes nos voitures...

— De toutes nos voitures ? Pourquoi ?

— Comptez vous-même : votre mère, votre frère, vos enfants, M. Lonjon, moi, nos amis... A moins que vous ne vouliez faire monter quelques personnes dans des télègues de paysans, au risque de leur rompre le cou !...

Il la regarde avec colère et découragement. Ainsi c'est uniquement pour pouvoir disposer d'une calèche supplémentaire qu'elle a voulu le retenir. Et lui qui se figurait... Imbécile ! Une fois de plus, il a été victime de sa naïveté, de sa chaleur. Elle se tient droite devant lui, l'air offensé et revendicateur tout ensemble. Forte de sa mauvaise foi comme certains le sont de leur bonne conscience. Quoi qu'il dise, il ne la convaincra jamais. Des minutes passent et il devine que, sans parler, sans bouger, ils s'éloignent l'un de l'autre. Il s'incline et dit d'un ton glacial :

— Bonne nuit, Lydia.

Elle ne bronche pas, ne répond pas. Il sort du

salon et referme la porte. Klim l'attend, affalé sur une chaise, à côté de l'ours empaillé. Mais Lev Serguéïévitch a trop envie d'être seul, ce soir, pour supporter les services d'un domestique. Il le renvoie, rentre dans son cabinet de travail, s'assied au bord du lit-divan, les mains sur les genoux, la tête penchée, et un malaise reflue en lui, amer comme l'absinthe. Il voudrait détester sa femme et souffre d'être séparé d'elle. Un besoin lancinant le saisit de la revoir, de lui expliquer. Comme s'il ne pouvait plus vivre loin du refuge de ces deux bras sans muscles et de cet esprit sans logique. Déjà il lui cherche des excuses : la lassitude, les premières rides, l'humeur vague, l'instabilité féminine... Au vrai, il pourrait très bien lui laisser la voiture et se rendre seul, à cheval, chez Alpatine. Il est assez bon cavalier pour couvrir cette distance sans fatigue. Comment n'y a-t-il pas pensé plus tôt, lui qui, l'année précédente encore, voulait se remettre à l'équitation ? De chez Alpatine, toutes affaires terminées, il ralliera le domaine des Gorodétzky, où sa femme et leurs amis l'attendront.

Enflammé par cette idée, il se précipite hors de son bureau, traverse les grandes pièces désertes du rez-de-chaussée, monte au premier étage, s'arrête devant la chambre de sa femme et frappe à la porte. Elle doit attendre la venue d'une servante, car elle dit : « Entre », sans demander qui est là. Il pousse le battant et s'avance. Lydia est assise devant sa coiffeuse et se brosse les cheveux, d'un geste long et lent. Une grosse lampe, à l'abat-jour de verre dépoli orange, éclaire son visage pensif. En apercevant son mari dans la glace, elle se retourne.

— Que faites-vous ici ? dit-elle d'une voix altérée par l'indignation.

Lev Serguéïévitch ne songe même pas à lui

répondre, attentif au bien-être qui l'envahit dans cette chambre où sa présence est jugée indésirable. Il y respire une atmosphère de douceur féminine, d'élégance et de quiétude. Tout ce qui manque cruellement dans son coin à lui, dans sa vie à lui, trouve ici son épanouissement.

Lydia porte une robe d'intérieur en soie pêche, aux manches évasées. Ses cheveux blonds défaits pendent dans son dos.

— Ecoutez, dit-il, j'ai réfléchi. Demain, je n'aurai pas besoin de la calèche...

A ce moment on frappe de nouveau à la porte et une servante affairée surgit, portant un broc d'eau et des serviettes.

— Laisse-moi, Aniouta, murmure Lydia. Je t'appellerai...

Lev Serguéïévitch attend qu'Aniouta se soit éclipsée et reprend :

— Je n'aurai pas besoin de la calèche, Lydia. Je pense que nous pourrions nous arranger de la façon suivante...

Il lui expose son idée. Lentement le visage de Lydia se recompose et s'éclaire.

— C'est bien, dit-elle. Mais qui vous accompagnera ?

— Personne. Klim ne m'est d'aucune utilité. Vous le prendrez avec vous pour le service du pique-nique. Et je vous rejoindrai là-bas, vers le soir. Nous rentrerons ensemble...

Il craint qu'elle ne lui fasse quelque objection, mais elle s'enferme dans un silence rêveur. Comme la pause se prolonge, il se demande s'il ne devrait pas se retirer pour la laisser dans cette heureuse disposition d'esprit. Cependant il est si content de l'avoir désarmée, qu'il ne peut se résoudre à partir. Il lui semble qu'ils sont au bord d'une réconciliation lumineuse, que le moment est venu de débrider les plaies et d'ouvrir les âmes, que le premier des deux qui parlera franchement sauvera l'autre.

— Lydia, dit-il, je constate que, depuis quelque temps, il y a entre nous une animosité, une froideur...

— A qui la faute ? dit-elle d'un ton acide.

— A moi ou à vous, peu importe ! Il faut à tout prix sauver notre ménage. C'est bête, c'est mal de laisser s'installer entre nous ce climat étouffant. Peut-être que, si nous étions seuls... ?

— Vous allez encore mettre la responsabilité de notre mésentente sur le dos de votre mère, de nos amis !...

— Il ne s'agit pas de ma mère, ni de nos amis.

— Et de qui alors ? Ah ! oui..., je vois...

— Vous ne voyez rien !

— Mais si ! Avouez-le donc ! Vous pensez à votre frère !

— Pas précisément.

— Victor est un être charmant, un poète...

— Un poète ?

— Ce n'est pas moi qui le dis ! C'est votre propre mère ! Un poète, oui, dont l'amitié, la prévenance, le talent m'aident à supporter la vie à la maison ! D'ailleurs, dans quelques jours, il sera loin ! Vous pourrez vous réjouir !

— Que me reprochez-vous ? dit Lev Serguéïévitch tristement.

— Rien ! s'écrie-t-elle. On ne peut rien vous reprocher. Vous êtes bon, intègre, serviable, pondéré, mais toutes ces qualités, en passant par vous, deviennent, on ne sait pourquoi, pesantes et ostentatoires. La cause de la justice vous est chère, et, quand vous en parlez, vous feriez haïr la justice. Il y a toujours derrière vos épaules un drapeau qui claque ou un tambour qui bat, pour attirer l'attention du public : « Regardez comme je suis généreux, comme je me dévoue !... » On dirait que vous faites le bien dans l'unique dessein d'humilier ceux qui sont trop faibles ou trop égoïstes pour suivre votre exemple. Moi-même, j'aurais été meilleure, si vous ne m'aviez, à chaque instant, éclaboussée de votre bonté et de votre savoir !...

Lev Serguéïévitch écoute, stupéfait, ce réquisitoire où il se reconnaît à peine. D'abord blessé par les accusations de sa femme, il en éprouve maintenant une douce mortification. Le choc monotone des mots l'engourdit, le paralyse. Il ne comprend pas au juste ce qu'elle lui reproche, mais, à travers tous ces griefs absurdes, contradictoires, invraisemblables, il la devine désespérée. A cause de lui. Et cela seul est important. A cause de lui !... Comme elle a bien arrangé sa chambre ! Un canapé poussé près de la fenêtre, un châle drapé sur une table, des estampes accrochées au mur pour cacher les taches d'humidité, et ce parfum, ce parfum qui n'est qu'à elle...

— Vous n'imaginez pas ce qu'a été ma vie auprès de vous, poursuit-elle. Cette... cette solitude... Ce manque de contact... Je me regardais dans une glace, je voyais l'âge avancer sur mon front et je me demandais : pour quoi ? pour qui ?... Au bas de l'addition, des zéros, des zéros, des zéros... Je n'ai pas eu de mari... Je n'ai pas eu d'existence vraie... Je suis devenue irritable, mesquine, exigeante, injuste, pendant que vous, vous vous pavaniez... Parfaitement, vous vous pavaniez... dans vos idées humanitaires, dans vos amitiés, dans... dans...

Elle ne peut achever. Un flot de larmes noie ses yeux. Ses deux mains se portent, en écran, devant sa figure. Bouleversé, Lev Serguéïévitch s'approche d'elle et lui touche l'épaule.

— Lydia, dit-il, Lydia, vous êtes à bout de nerfs. Peut-être ai-je été maladroit avec vous, distrait, égoïste. Mais vous n'avez rien de précis, je veux dire rien de grave, à me reprocher. Et moi, de mon côté, je ne puis vous en vouloir que de votre froideur. C'est donc notre façon d'être l'un en face de l'autre qu'il faut incriminer et corriger, notre style de vie... Si vous voulez bien, Lydia, nous essaierons, j'essaierai... Dès demain, je vous le jure...

Elle écarte les mains et le regarde, les yeux rougis, la lèvre molle, une trace de larmes sur chaque joue :

— A quoi bon ? Il est trop tard ! Tout aurait pu être si beau !

— Mais tout sera beau ! s'écrie-t-il. Vous verrez !

Il se penche sur elle. Et brusquement un désir d'adolescent le saisit, devant cette femme qui, après l'avoir si longtemps ignoré, se trouble et s'abandonne. Il murmure :

— Lydia, ma chérie...

Mais elle secoue la tête. Son sourire est celui de l'amitié.

— Partez maintenant, mon ami, dit-elle. Partez ! Il est si tard ! Je suis fatiguée...

Et elle lui tend les deux mains. Il les porte à ses lèvres et demande :

— Pourrais-je revenir demain soir ?

— Oui, c'est ça... Demain soir... Merci de m'avoir parlé comme vous l'avez fait...

Ces mots, le son de cette voix si tendre l'accompagnent jusque dans son bureau. Il se jette sur son lit, fixe les yeux au plafond et concentre toute son attention sur ce nouveau bonheur qui pénètre en lui et s'installe. Dix minutes plus tard, il se relève, ouvre la fenêtre, regarde. Quelle paix ! Tout est noir. La pièce d'eau scintille. A longs intervalles, retentit la stridulation moqueuse d'un grillon.

10

« Hier soir, 27 août 1861, la main de Dieu s'est appesantie sur nous. Le barine devait nous rejoindre chez les Gorodétzky, à la fin du piquenique. Mais au crépuscule il n'était toujours pas là. Alors notre barynia a pensé qu'il était retourné directement à la maison après son rendez-vous d'arbitrage, et nous nous sommes mis en route sans plus l'attendre. Quatre calèches et une télègue, cela faisait un sacré charroi dans la nuit. On avait allumé des flambeaux. Les enfants chantaient. Quand nous sommes arrivés à Kossinka, pas de barine. Comme il était parti seul, à cheval, au petit matin, Lydia Pantéléïevna s'est inquiétée. Victor Serguéïévitch a eu beau dire que son frère était probablement resté coucher chez les Alpatine, elle a voulu qu'on y aille voir. Nous sommes repartis, Onésime et moi, dans une voiture. Nous avons refait toute la route, et même nous sommes allés dans les chemins de traverse, en appelant. Notre idée, c'était qu'il avait pu tomber de cheval et se blesser. Mais nous n'avons trouvé aucune trace. Il était 2 heures du matin lorsque nous avons atteint la maison des Alpatine. Tout le monde dormait, sauf le veilleur de nuit, un idiot. Pendant que nous discutions avec lui, le vieil Alpatine, réveillé par les voix, s'est montré à une fenêtre. Il était en chemise et tenait un fusil. En apprenant de quoi il s'agissait, il a été très étonné : Lev Serguéïévitch l'avait quitté vers 3 heures de l'après-midi. Du coup, Onésime et moi avons senti les fourmis de la peur dans nos veines. Pour revenir, le cocher a fait courir son attelage ventre à terre. A Kossinka, nous sommes tombés sur la barynia en larmes et les amis de la famille rassemblés autour d'elle. Entre-temps, le cheval du barine était rentré tout seul à l'écurie. L'intendant a organisé des battues, à la lumière des torches, dans la propriété et aux alentours. Personne n'a fermé l'œil de la nuit.

« Au petit jour, un officier de gendarmerie est arrivé dans une calèche et a demandé à voir la barynia. Il est resté un moment seul avec elle, dans le salon. Puis j'ai entendu un grand cri. L'officier de gendarmerie a ouvert la porte. Je me suis précipité : Lydia Pantéléïevna s'était évanouie. Pendant qu'Aniouta lui donnait à respirer un flacon de sels, la mère du barine est accourue à son tour. Elle criait qu'elle voulait tout savoir. Des amis la soutenaient sous les bras. L'officier de gendarmerie, très embarrassé, a fini par dire qu'on avait découvert le corps du barine dans un petit bois, non loin de la Dmitrovka, la propriété des sœurs Koulikoff. Il a été tué d'un coup de feu, sans doute par un rôdeur. A ces mots, la pauvre vieille dame s'est mise à marcher en cercle comme une folle. Elle se tapait le front du plat de la main et répétait : « J'en étais sûre ! J'en étais sûre ! Toute la nuit, j'ai rêvé de corbeaux blancs ! » Autour d'elle, les amis baissaient la tête. Enfin la barynia est revenue à elle. Pâle comme une morte. L'officier de gendarmerie s'est mis au garde-à-vous devant elle, a fait claquer ses talons et a dit que l'enquête serait menée rapidement et impitoyablement. Il a des yeux terribles. Mais qu'est-ce que ça change qu'il trouve ou non le coupable ? Lev Serguéïévitch est mort, c'est tout. J'en suis très triste. Je l'aimais bien. Il m'avait promis que, dès notre retour à Moscou, il essaierait de savoir ce qu'était devenu mon bartchouk. »

★

« Ce matin, 31 août, nous avons enterré Lev Serguéïévitch. Une grande cérémonie. Tous les propriétaires fonciers de la région se sont dérangés. Et le gouverneur, et le maréchal de la noblesse, et un officier de haut rang venu exprès de Saint-Pétersbourg pour représenter le tsar. Six arbitres de paix ont porté le cercueil. Lev Serguéïévitch était allongé dedans, l'air tranquille. On lui avait envoyé tant de fleurs, qu'il a fallu les charger sur une télègue. A l'église, la cérémonie a été longue. L'évêque de Kostroma lui-même officiait. A la fin, il a dit quelques mots sur le défunt, mais il est si vieux et il a si peu de voix que personne n'a rien compris. C'est, du moins, ce qu'on raconte. Moi, bien sûr, je n'avais pas pu entrer. J'attendais dehors que ça finisse. Mais, au cimetière, je me suis bien placé. A dix pas de la tombe, derrière une grande croix. Le gouverneur a prononcé un discours au-dessus de la fosse. Il a dit que Lev Serguéïévitch était un homme dévoué et courageux, « un vrai cristal », qu'il était tombé « victime du devoir » comme un soldat sur le front. Tout le monde pleurait. Lydia Pantéléïevna tenait à peine debout, et son visage était jaune comme de la cire sous ses voiles noirs. A côté d'elle, sa belle-mère gémissait, courbée en deux par le chagrin ; son beau-frère, Victor Serguéïévitch, regardait dans le vide. Mais ce sont les deux enfants que je plains le plus. Ils ne doivent pas comprendre ce qui leur arrive. Ils étaient là tout bêtes, habillés de noir. Et ils se mordaient les lèvres.

« Après l'enterrement, il y a eu un repas de soixante personnes à la maison, avec encore des larmes et des discours. Quel travail pour les domestiques ! C'est qu'ici nous sommes moins bien organisés qu'à Moscou. La cuisine est dans la cour. On n'arrête pas de faire la navette entre les fourneaux et la table. Le soir, je n'avais plus de jambes. Maintenant, il est tard, tout le monde est couché. Les maîtres dans leurs chambres, les serviteurs dans le dortoir. Moi, j'ai rallumé la lampe du vestibule et je me suis installé là pour écrire. Dire que, s'il était parti en calèche, comme d'habitude, avec moi et le cocher, peut-être que ce rôdeur n'aurait pas osé tirer dessus ! Mais était-ce bien un rôdeur ? La police cherche toujours. Hier on nous a encore interrogés. Je n'en menais pas large pendant que l'officier de gendarmerie me posait des questions. Devant un uniforme, on se sent toujours coupable. Heureusement que je n'ai pas quitté Lydia Pantéléïevna de toute la journée, ce 27 août ! Ainsi, de nouveau, je n'ai plus de barine. C'est comme un fait exprès. Je commençais juste à m'habituer, et voilà ! »

★

« Tous les journaux parlent de la mort de Lev Serguéïévitch. Lydia Pantéléïevna lit les articles et pleure. Evidemment on y dit tant de bien de son mari, que ça lui fait regretter deux fois plus de l'avoir perdu. Elle répète : « C'était un saint !... Nous avions un saint parmi nous, et nous ne le savions pas !... » Elle a maigri ; elle prend des gouttes pour calmer ses nerfs ; le pope du village vient la voir chaque jour ; et aussi le notaire. Sa belle-mère est repartie pour Moscou avec les enfants et la moitié des domestiques. Mais Victor Serguéïévitch est resté à Kossynka. Lydia Pantéléïevna et lui ont souvent de grandes conversations, le soir, dans le salon. Seulement ils ne font plus de musique ensemble. Aniouta chuchote qu'ils ont un « sentiment » l'un pour l'autre. Moi, je ne le crois pas. La barynia a l'air trop triste. Ce matin encore, elle a dit devant moi au colonel Botchkine qui lui faisait une visite de condoléances : « Ma vie est finie ! Je ne sais plus pour quoi je suis sur terre ! S'il n'y avait pas mes enfants... » Et le colonel Botchkine a répondu : « Oui, oui, nous avons tous beaucoup perdu avec la disparition du cher Lev Serguéïévitch. » On a nommé un autre arbitre de paix à la place de mon ancien maître. Il est venu prendre les dossiers des affaires en cours. Quand il est reparti, avec tous les papiers, j'ai senti que Lev Serguéïévitch était vraiment mort. »

★

« Quelle histoire ! On vient d'arrêter Efrem Mitrofanoff, un domestique des sœurs Koulikoff. Deux bergers l'avaient vu rôder près du lieu de l'attentat, le 27 août. Mais ils n'en avaient rien dit d'abord à la police, pour ne pas avoir d'ennuis. Efrem Mitrofanoff est un faible d'esprit. Je me rappelle l'avoir aperçu, la dernière fois que nous sommes allés chez ces maudites vieilles filles. Il se cachait derrière les moujiks pour écouter ce que leur expliquait Lev Serguéïévitch. Maintenant il reconnaît avoir tué le barine d'un coup de fusil. Mais il jure que ce sont ses barynias qui lui ont ordonné de le faire. Elles lui auraient dit que l'arbitre de paix était un envoyé du diable ; elles lui auraient donné l'arme ; elles lui auraient montré le meilleur endroit pour l'embuscade ; elles l'auraient fait boire avant et après... Bien entendu, la police a arrêté aussi les sœurs Koulikoff. Elles ont nié. Le maréchal de la noblesse est intervenu. On les a relâchées. Pourtant, je suis sûr que tout a été monté par elles. Et le pauvre Efrem va payer pour ces trois sorcières. A la place de notre barynia, je serais furieux que les vrais coupables ne soient pas punis ! Mais elle semble fatiguée de tout ce bruit autour de son malheur. Elle dit : « Assez de scandales ! Qu'on en finisse ! » Elle a beaucoup changé, ces derniers temps. Elle parle durement aux domestiques. Hier, elle a giflé Aniouta, parce que l'eau de son bain n'était pas assez chaude. Quand elle me croise dans la maison, elle me regarde avec colère. J'essaie de ne pas me trouver sur son passage. Les jours raccourcissent, l'automne s'avance, et nous ne rentrons toujours pas à Moscou.

★

« Efrem Mitrofanoff a été condamné à vingt ans de travaux forcés.

★

« Aujourd'hui, Lydia Pantéléïevna est entrée dans le petit bureau du barine, pendant que j'étais en train d'épousseter les meubles. Elle ne s'attendait pas à me trouver là et a paru effrayée. Son visage est devenu pâle, ses yeux se sont agrandis, comme lorsqu'elle a appris la mort de Lev Serguéïévitch. « Tu n'as rien à faire ici !

a-t-elle crié. Va-t'en ! Va-t'en ! » Je me suis enfui. Peu après, Victor Serguéïévitch l'a rejointe dans le cabinet de travail. Je suis revenu sur mes pas. J'ai écouté. Ils causaient à voix basse. J'ai compris qu'il s'agissait de moi. Elle disait : « Je ne peux plus supporter de le voir dans cette maison... Il me rappelle trop de choses... Il était toujours avec lui... » Et Victor Serguéïévitch répondait : « Il ne faut pas te mettre de pareilles idées en tête. Tu vas te rendre malade ! » Je ne savais pas qu'il la tutoyait. J'en ai parlé à Aniouta. Elle m'a dit : « Pauvre idiot ! Tu n'as donc rien compris ? Tout ça, c'est de la comédie de dame ! Elle n'est pas plus triste que moi ! Sûrement elle va se remarier avec lui, après un délai raisonnable. »

★

« Il paraît que le nouvel arbitre de paix réussit très bien dans son travail. En tout cas, les propriétaires fonciers sont contents de lui. Sur son conseil, les moujiks des sœurs Koulikoff ont accepté la solution du quart gratuit. »

★

« Nous sommes tous revenus à Moscou, et, le lendemain de notre retour, Lydia Pantéléïevna m'a convoqué pour me dire qu'elle me renvoyait. Je ne lui ai jamais vu un visage aussi méchant. Comme si c'était moi qui étais cause de tout. Je m'attendais qu'elle se débarrasse de moi, mais pas si vite. Normalement, je n'aurais été libre que deux ans après la publication du statut. C'est-à-dire l'année prochaine. Elle m'a remis une lettre d'affranchissement et m'a dit d'aller la faire légaliser et enregistrer chez l'arbitre de paix de notre section. J'y suis allé. J'ai laissé le papier à la Chancellerie. J'attends qu'on me le renvoie. Lydia Pantéléïevna fait semblant de ne plus me voir. C'est comme si je n'existais pas. On m'a déchargé du service de table. Tout mon temps libre, je le passe à dormir ou à lire les journaux qui traînent. Ils sont pleins de nouvelles sur les désordres de paysans dans les provinces. Des proclamations imprimées circulent, paraît-il, dans le peuple, où il est dit : « Le tsar vous a menti, il est lui-même un propriétaire, il est du parti des seigneurs. » Et voilà que les étudiants s'en mêlent ! Le 3 octobre, à l'université de Moscou, deux cours ont été fermés à la suite de troubles ; le 12 octobre, les jeunes gens se sont dirigés en masse vers la maison du gouverneur en criant qu'ils voulaient juger eux-mêmes leurs affaires, qu'ils étaient pour la liberté totale et d'autres insanités dans ce genre. Les gendarmes ont entrepris de disperser le rassemblement. Mais les étudiants se sont défendus à coups de cannes. Comment ont-ils osé lever la main sur des représentants de l'ordre ? Seule l'instruction supérieure donne de ces audaces ! Evidemment, les gendarmes ont eu le dessus. Il y a eu un si grand nombre d'arrestations que les commissariats des quartiers de Tver, de Prétchistenskaïa et de l'Arbat étaient pleins de monde. Parmi les émeutiers arrêtés, se trouvait Ivan Ivanovitch Bogoliouboff, l'étudiant en philosophie qui donne les leçons de russe et d'histoire aux enfants de Lydia Pantéléïevna. Il a passé deux jours au poste de police. Quand il est revenu à la maison, l'œil poché, un verre de lunettes cassé et la lèvre fendue, il a dit à Lavrenty : « Ce n'est qu'un début ! Nous ne plierons pas ! »

« Moi je ne comprends plus. Il y a quelques mois, tout le monde était content de ce manifeste. Maintenant, tout le monde le critique. Pourtant la loi n'a pas changé. On distribue de la terre aux moujiks comme le tsar l'a promis. Ce n'est pas toujours de la bonne terre, mais c'est mieux que rien. A mon avis, les gens ne savent plus ce qu'ils veulent. On leur fait un cadeau, et au lieu de dire : merci, ils disent : encore ! »

★

« Et voilà, je viens de recevoir ma lettre d'affranchissement légalisée et enregistrée. Lydia Pantéléïevna m'a payé mes gages et m'a remis mon passeport. Je partirai demain. Plus de maître, plus de travail, plus de domicile. Qu'est-ce qui reste à l'homme quand on lui a enlevé tout cela ? Il est comme nu. Le froid le blesse.

« Ce soir, à l'office, les domestiques ont trinqué avec moi, pour me souhaiter un heureux avenir. Lavrenty m'a demandé si je comptais me placer chez un autre barine ou chercher un autre métier. Je n'ai pas su quoi répondre. On ne peut changer de barine tous les deux ou trois ans, comme on change une livrée usée aux coudes. Un barine, qu'il soit bon ou mauvais, ça se garde toute la vie. Je n'ai pas eu de chance avec les miens. Alors il vaut peut-être mieux ne plus insister. Mais je ne sais pas faire autre chose que servir. Ah ! qu'il est difficile de choisir quand personne, au-dessus de nous, ne commande : avance, recule, tourne à droite, tourne à gauche... J'irai à l'église demain et je brûlerai un cierge devant l'image d'un saint. Mais quel saint ? Là encore il faudra choisir ! Ma pauvre tête !... »

DEUXIÈME PARTIE

Le brouillard chaud et moite se dissipe. On proteste aux quatre coins de la salle :

— Qu'est-ce qui se passe ?

— Donne de la vapeur, imbécile !

Un garçon de bains se précipite et jette de l'eau sur la pierre brûlante du poêle. Des nuages s'élèvent et s'épaississent en chuintant. Dans cette atmosphère étouffante, une vingtaine de fantômes, rosâtres et luisants, se récurent avec des gémissements d'aise. Les garçons de bains vont et viennent, torse nu, pantalons mouillés, les pieds claquant sur le sol de bois qui fume et qui glisse.

— Eh ! l'homme, c'est bien toi qui fais les massages, ici ? demande une voix enrouée venant des hauteurs.

Klim s'essuie la figure avec le revers de la main, plisse les yeux dans le miroitement humide qui l'entoure et distingue, sur le gradin supérieur, un personnage blanc, gras et barbu, qui se bat les flancs avec un balai en brindilles de bouleau.

— Parfaitement, Votre haute Noblesse, dit-il. Si vous voulez vous donner la peine de descendre !

— Attends un peu ! Je n'ai pas fini de me dégourdir !

— Prenez votre temps, Votre haute Noblesse, dit Klim avec un salut.

Et il s'adosse au mur, les bras croisés sur la poitrine. Son esprit chavire de fatigue. Il en est toujours ainsi le samedi, en fin de journée. Le plus difficile, dans ces cas-là, est de ne pas confondre les clients et de donner à chacun l'impression qu'on se souvient de tout ce qu'il vous a raconté lors de sa dernière visite. Cette règle essentielle de la profession, c'est Térenty Kapoustine, le patron de l'établissement, qui l'a enseignée à Klim. Il lui a également appris à deviner le grade et la fortune d'un personnage dévêtu. Ainsi Klim est-il sûr de ne s'être pas beaucoup avancé en donnant du « Votre haute Noblesse » à ce gros monsieur, qu'il voit cependant pour la première fois. Il y a une manière de commander qui ne trompe pas. Assesseur de collège, peut-être même conseiller de collège (1). C'est chose courante chez Térenty Kapoustine. Certes ses étuves ne sont pas des plus luxueuses. On n'y trouve pas, comme dans les établissements de fine renommée, des salles revêtues de mosaïque, des cabinets particuliers, un restaurant au bord d'une piscine ; mais les locaux sont propres, le service sérieux et les prix modérés. Depuis deux ans que Klim est dans la maison, il est passé par tous les emplois : garçon de courses, gardien de vestiaire, garçon de bains... Maintenant il fait, à l'occasion, office de barbier : on lui demande une coupe de cheveux, une excision de cor, un massage...

(1) D'après la table du *tchin* (ou échelle de hiérarchie civile et militaire), l'assesseur de collège (8e *tchin*) et le conseiller de collège (6e *tchin*) avaient droit au titre de « Votre haute Noblesse ».

— Alors, on y va ?

— On y va, Votre haute Noblesse, dit Klim.

Et il invite son client à se coucher sur une table.

— Qui t'a appris à masser ? demande le gros monsieur pendant que Klim le pétrit.

— Mon barine, Vassili Pétrovitch, chez qui j'étais serf autrefois. Il avait souvent des crampes, la nuit...

Klim voudrait continuer à parler de Vassili Pétrovitch, mais le client n'a plus l'air de l'entendre. Les yeux clos, il respire profondément.

— C'était le bon temps ! marmonne Klim.

— Le bon temps ? dit le client en rouvrant les yeux. Tu regrettes de n'être plus serf ?

— Je n'ai pas voulu dire ça ! répond Klim précipitamment, comme pris en faute.

Sans doute le client est-il un de ces esprits forts, qui sont pour l'égalité et la liberté. Il y en a de plus en plus, parmi les gens de haute instruction. Cependant, lorsqu'on a été serf, il vous en reste au cœur une nostalgie. On se remémore cette époque lointaine, les souvenirs accourent, une faiblesse vous vient. Comme si on avait perdu quelque chose. Evidemment tous les anciens serfs ne sont pas dans la même disposition. Nombre d'entre eux jubilent de ne plus appartenir à personne et crachent en évoquant leur passé « de soumission et de honte ». Ceux-là, pense Klim, devaient avoir de mauvais barines. Ou un mauvais caractère. Ils ont sucé le poison de la rébellion avec le lait maternel. Si tu ne veux rien supporter, renonce à vivre, dit le sage. Klim appuie des deux mains sur la poitrine du client. Cinq ans déjà, depuis le manifeste impérial ! Maintenant, toutes les terres sont partagées, toutes les communes organisées. Le tsar a même fini par supprimer les châtiments corporels (1). Le moujik, dit-on, ne recevra plus de coups de son barine, ni le soldat de son officier. Obéir à la seule parole, est-ce possible ?

— Tu me défonces les côtes, abruti !

— Excusez, Votre haute Noblesse ! Si vous voulez vous tourner sur le ventre !

Les mains de Klim s'abattent sur le dos du client dans un rapide mouvement de hachoir. C'est tout de même plus agréable — et plus rémunérateur — que de laver les plats dans une auberge ! En a-t-il fait des métiers, après avoir quitté le service de Lydia Pantéléïevna ! Veilleur de nuit, palefrenier, terrassier, porteur d'eau... Sans Kouvalo, le roulier, il serait encore attelé à quelque besogne misérable. Mais Kouvalo et Térenty Kapoustine sont tous deux originaires de Gjatsk. On ne se refuse rien entre « pays ». Le plus difficile a été de s'habituer à vivre, du matin au soir, dans cette chaleur humide et confinée. Les murs, les fenêtres, le sol, tout ici brille, suinte, ruisselle. A chaque aspiration, une vapeur fade vous descend dans la gorge. Les premiers temps, Klim couchait dans la salle commune, avec les autres. Il y a deux mois, le patron l'a envoyé dormir seul, dans le magasin. C'est une promotion. Mais si des savons ou des torchons de tille disparaissent, il devra en répondre sur ses gages. Mieux vaut ne pas y penser !

— Et voilà, Votre haute Noblesse ! dit Klim.

Il raccompagne le gros homme au vestiaire et l'aide à retrouver ses habits. Déception : la « haute Noblesse » porte une longue veste de

---

(1) La suppression des châtiments corporels avait été décidée par un décret du 7 avril 1863. Seuls les tribunaux cantonaux (composés de paysans élus) avaient conservé temporairement le droit de condamner un des leurs à la flagellation.

drap bleu plissée dans le dos et des bottes de marchand. A qui se fier ? Dix kopecks de pourboire. Klim salue, remercie et va pour offrir ses services à d'autres clients qui se déshabillent, lorsqu'un éblouissement le frappe. Cet homme nu, devant lui, avec son numéro de vestiaire pendu autour du cou par une ficelle, l'œil noir, les lèvres serrées, la mèche de cheveux barrant le front : Plastounoff ! Affaibli de bonheur, Klim murmure :

— Stépan Alexandrovitch !

Plastounoff lui sourit avec une tristesse ironique :

— Eh oui, mon bon Klim ! Que d'étés, que d'hivers ! Tu n'as pas changé ! Ainsi, te voilà garçon de bains !...

— Il faut bien vivre, Stépan Alexandrovitch ! Et vous ?... C'est par hasard... ?

— Non, non, ce n'est pas par hasard ! J'ai appris que tu travaillais aux étuves Kapoustine. Alors j'ai voulu te voir, te serrer la main...

Un espoir démesuré soulève Klim. Il balbutie :

— Avez-vous des nouvelles de mon bartchouk ?... Je veux dire de Vissarion Vassiliévitch Variaguine ?

Plastounoff se rembrunit.

— Non, dit-il. Je l'ai perdu de vue depuis pas mal d'années. J'ignore absolument ce qu'il est devenu.

Klim tombe d'un nuage.

— Je suis comme vous, dit-il. Depuis que Vissarion Vassiliévitch m'a, pour ainsi dire, cédé à Lev Serguéïévitch Sorokine, je ne sais rien de lui. Et ce n'est pas faute d'avoir essayé de le revoir... !

— Sans doute est-il parti pour l'étranger.

— Vous croyez ?

— Mais oui ! Autrement tu aurais de ses nouvelles. Et moi aussi !

— Je vais m'occuper de vous, dit Klim. Si vous voulez me suivre...

La petite salle de savonnage est, elle aussi, pleine de monde. Klim frotte le dos, les épaules, les jambes de Plastounoff et s'étonne de le voir aussi sale. Une croûte grise recouvre ses pieds. Klim redouble d'ardeur. Un ami du bartchouk, pense-t-il. Quelqu'un qui l'a connu, approché, aimé. On pourra parler de lui ensemble. La mousse blanche se gonfle, tremble, glisse sur la peau.

— Maintenant que vous connaissez nos étuves, vous reviendrez souvent, j'espère, dit Klim.

— Malheureusement non ! dit Plastounoff. Je repars demain matin.

— Vous n'habitez pas Moscou ?

— Eh non ! mon bon !... Je me suis fixé dans le Sud.

— Alors je ne vous reverrai plus ?

— Si, bien sûr... à l'occasion d'un autre voyage... Je ne manquerai pas...

Savonné des pieds à la tête, Plastounoff a une chevelure blanche de vieillard et des yeux jeunes.

— Quel dommage ! soupire Klim. Le bartchouk avait tant d'amis ! Et maintenant, chacun va de son côté...

— C'est la vie, ça, Klim, la vie des hommes libres... Toi aussi maintenant tu es un homme libre. Où habites-tu ?

— Ici.

— Comment, ici ?

— Pas dans les étuves, bien sûr ! dit Klim en riant. Je suis garde-magasin. C'est moi qui veille sur toutes les marchandises ! Vous vous rendez compte d'une responsabilité. Aussi, je ne couche pas avec les autres, dans le dortoir. J'ai mon coin à moi, dans la grande cabane.

— Mes compliments ! Elle est loin des étuves, cette grande cabane ?

— Non ! Juste à gauche, en entrant dans la cour.

— Et tu gagnes convenablement ta vie ?

— Pas mal, oui.

— Allons, tant mieux ! Tant mieux !

On passe dans la salle des étuves. La vapeur opaque suffoque Plastounoff qui se met à tousser. Puis il grimpe sur le premier gradin et se fustige avec un balai de brindilles. Ses coudes pointus vont et viennent. Il n'a pas un poil sur la poitrine. Les coups qu'il applique marquent fortement sa chair.

— Ah ! c'est bon ! dit-il.

Klim l'asperge d'eau froide, puisée avec une écuelle dans un baquet. Il le servirait pendant des heures. Mais, subitement, c'est fini, Plastounoff, gratté, récuré, rose et blanc, les cheveux humides collés sur le crâne, retourne au vestiaire. Il enfile ses caleçons, sa chemise. Il rejoint l'univers des hommes habillés. Perdu pour Klim.

— Tiens, dit-il.

Klim reçoit un pourboire. Il voudrait refuser.

— Bonne chance, Klim !

— Bonne chance, Stépan Alexandrovitch.

Pour rester un peu plus longtemps avec Plastounoff, Klim le raccompagne jusqu'à l'entrée. Ici, il fait bon respirer. Elizaveta Térentievna, la fille du patron, est assise derrière sa caisse. Elle rend la monnaie et sourit mécaniquement. Ses joues sont rondes. Une raie médiane sépare les cheveux lisses et bruns. Deux piles de pains de savon l'encadrent. La porte retombe. Un courant d'air glacé enveloppe la poitrine nue de Klim. Il pense à tout ce qu'il aurait voulu raconter à

Plastounoff. Point par point. Lentement. Posément. Comment il a quitté le bartchouk, comment il s'est installé chez les Sorokine, comment Lev Serguéïévitch a été tué, comment lui-même a vécu depuis, changeant de logis et de métier, jusqu'au jour où Kouvalo lui a trouvé cette place. Stépan Alexandrovitch Plastounoff l'aurait écouté et aurait su le comprendre et le plaindre. Au lieu de quoi, bonjour-au revoir, plus personne ! C'est comme si Plastounoff n'était pas venu. Non, c'est pire. Maintenant, le sentiment de la solitude, en Klim, est plus lourd que par le passé.

— Ne restez pas là, Klim ! dit Elizaveta Térentievna.

Il croit qu'elle le chasse parce qu'il obstrue le passage. Mais elle ajoute :

— Vous allez attraper froid !

Il la regarde avec étonnement et va rejoindre les autres employés dans la salle de savonnage.

★

Les feux sont depuis longtemps éteints, mais les dernières vapeurs des étuves flottent dans la cour, pénètrent dans le magasin et l'emplissent d'une odeur propre et douceâtre. Klim se sent seul comme un hibou dans la nuit. Tous dorment, là-bas, dans la baraque, et lui, le moindre craquement l'inquiète. Il rallume la vieille lampe à huile au verre crasseux. Sur des rayons de bois blanc s'alignent les pains de savon, les piles de serviettes, les touffes de brindilles de bouleau, les montagnes de torchons de tille. Tout est en ordre. Un registre ouvert sur une table. « Entrées — Sorties. » Des chiffres. Il a caché son argent et son cahier dans une boîte de métal, fermée par un cadenas. La clef du cadenas pend à son cou, avec sa croix de baptême. Un regard à la fenêtre. Rectangle noir frappé d'une croix blanche. Dehors, c'est le froid de l'hiver. Une cour enneigée avec une barrière au milieu. Et, de l'autre côté, les étuves pour femmes. Elles appartiennent à Galina, la sœur de Térenty. Les deux établissements n'en formaient qu'un autrefois. Mais le frère et la sœur se sont disputés. Ils ne se parlent plus que pour échanger des injures par-dessus la palissade. Et leurs employés font cause commune avec eux. En vérité, les filles de bains qui travaillent chez Galina sont toutes laides et âgées. Ainsi les garçons de bains de Térenty n'ont-ils aucun mérite à les traiter par le mépris. Térenty est veuf. Jadis, c'était son épouse qui, dit-on, faisait fonction de caissière et de guérisseuse. Maintenant, comme caissière, il a sa fille et, comme guérisseuse, la vieille *babka* Stéphanida, qui est un peu sorcière. Quand un client se plaint de torticolis, de démangeaisons suspectes, ou de brûlures d'estomac, c'est elle qui le prend en main. Elle connaît des paroles d'envoûtement et des herbes apaisantes. Au début, elle a craint que Klim, avec ses massages, ne lui enlevât quelque pratique. Mais elle a vite compris que leurs activités ne se contrarieraient jamais. Elle montre, à présent, de l'amitié pour lui. Souvent, le soir, elle lui rapporte, à voix basse, des histoires de son passé. « C'était il y a cinquante ans ! Mon barine avait un harem, je te le jure ! Il nous battait ! Il était beau ! » Vieille folle ! Il ne croit pas un mot de ce qu'elle raconte. Et cependant il aime l'écouter. Elle voudrait que, de son côté, il se confiât. Combien de fois lui a-t-elle demandé s'il n'avait pas une aventure en train ! « A ton âge ! Avec ton gentil museau et tes belles épaules ! Tu ne me feras pas croire... ! » Il refuse de rien lui dire. Ces choses-là, quand on a du cœur, on les garde pour soi. D'ailleurs il n'aurait pas de quoi se vanter. Quelques rencontres avec des femmes qui se font payer. Un plaisir pris en hâte, dans une chambre de maison close...

Il secoue la tête. Stéphanida couche de l'autre côté de la cloison. Elle geint faiblement dans son sommeil. Rêve-t-elle de son maître beau et cruel, mort depuis des dizaines d'années ? Klim aimerait, comme elle, revoir, la nuit, les chers visages de sa vie : Xénia, la petite Matriona, le bartchouk jouant à cache-cache avec lui dans le parc de Znamenskoïé, le vieux barine penché sur son herbier. Mais ils refusent de le visiter en songe. Des rideaux de plus en plus épais et de plus en plus lourds sont tombés entre Vissarion Vassiliévitch et lui avec les années. Si épais et si lourds, qu'aucune main ne peut les écarter. La flamme brûle droite. Klim ouvre sa cassette. Le cahier bleu est dedans. Qu'écrire ?

« Stépan Alexandrovitch Plastounoff est venu aux étuves. Il ne sait rien du bartchouk. J'aurais aimé parler plus longtemps avec lui. Mais il était pressé. Il repart pour le Sud. J'ai récolté en tout deux roubles dix kopecks en pourboires. »

Klim tire un trait sous la dernière ligne et range le cahier. Ça ne l'amuse plus d'écrire. Il le fait par habitude. Par habitude aussi, il ouvre sa vieille bourse de cuir marron, tout usée, toute plissée, et compte ses économies. Près de six cents roubles. Pièces et billets. A quoi bon une telle fortune ? Il ferme le rabat et contemple longuement les trois petites coupoles qui sont brodées dessus en fils d'or et d'argent. Sa pensée flotte agréablement. Demain, dimanche, on ira se promener en bande, dans les allées du parc Sokolniki. Le soir, en rentrant, il fera l'inventaire hebdomadaire du magasin, avec le patron et sa fille. Après-demain, comme tous les lundis, les étuves seront fermées pour le nettoyage des locaux et la confection des balais de bouleau et des torchons de tille. Mardi, le travail reprendra. De 6 heures du matin à 10 heures du soir. Et la vie passera ainsi, monotone et grise, dans le craquement du feu, le giclement de l'eau et le bruit des voix. Klim glisse la bourse dans la cassette, donne un tour de clef au cadenas, éteint la lampe et se couche. Le magasin pèse sur lui. De quelque côté qu'il se tourne, il se cogne du nez à cette écœurante odeur de savon.

2

Soleil et neige, les allées du parc Sokolniki resplendissent de blancheur. Tout le personnel de l'établissement Kapoustine s'est rendu dans le secteur de la Vieille Promenade. On ne sait pourquoi, ce sont les environs du Popérétchny prospect qui ont la faveur des employés aux étuves. D'un dimanche sur l'autre, on est sûr de se retrouver là, entre gens de métier. Devant, marchent Térenty et sa fille. Derrière, en rangs serrés, les douze garçons de bains. Ils portent tous un long cafetan ouvert sur un gilet de couleur, une casquette à visière vernie, des bottes hautes qui grincent et une montre ronde attachée au cou par une chaîne. Chemin faisant, ils dévisagent avec désinvolture les autres promeneurs. Quand Térenty ôte sa casquette devant une connaissance, ils l'imitent avec ensemble. Quand il détourne la tête, ils en font autant. Parfois on croise l'équipe d'une maison rivale. La règle veut que les deux patrons se saluent avec cérémonie. Mais, dans ce cas, les employés ne sont pas tenus de suivre leur exemple. On se regarde d'un camp à l'autre, avec dédain, pendant que les chefs de file échangent quelques mots. Et l'on repart en groupe, dès que la conversation est finie. Klim, qui marche juste derrière Térenty, l'entend qui souffle à chaque pas. Un halètement saccadé et sifflant. Comme s'il avait un trou dans la poitrine. Vieux, usé et podagre, il ferait mieux, sans doute, de rester à la maison. Mais son orgueil est trop fort. Plutôt crever que de ne pas se montrer en grande tenue, un dimanche, à Sokolniki. Il retire sa casquette et éponge son crâne chauve. Un banc libre. Deux garçons de bains se précipitent et lui gardent la place jusqu'à ce qu'il arrive. Il les remercie et s'assied. Sa fille auprès de lui. Et les gars debout, de part et d'autre, en piquet d'honneur. Mais voici venir Galina, encadrée de ses vieilles baigneuses. Alors Térenty cesse de haleter, se redresse, bombe le torse, fait le faraud devant sa sœur.

— Où va-t-elle les chercher, ses guenons ? dit-il. Bientôt ce ne sera plus un établissement de bains, mais un asile pour aïeules impotentes !

Les gars se tordent de rire ; les baigneuses haussent les épaules ; l'une d'elles relève le défi et crie, d'une voix éraillée :

— En voilà des insolents ! Venez donc nous voir un peu aux étuves ! Les aïeules vous étrilleront si fort que vous sortirez à quatre pattes !

— Vous voudriez bien qu'on vienne vous voir, espèces de vieilles figues, réplique un garçon de bains. Mais nous aimons mieux les fruits jeunes, nous !

— C'est sur les fruits jeunes qu'on se casse les dents !

— Et dans les vieux fruits qu'on trouve des vers !

Les rires s'apaisent. Galina s'éloigne avec sa cour. L'escarmouche est terminée. Térenty, satisfait, extrait de sa poche une montre oignon à boitier doré, la consulte en reculant la tête et dit :

— Il faut rentrer, Elizaveta. Et toi aussi, Klim. Pour l'inventaire. Les autres peuvent rester.

Distingué par le patron, Klim sent peser sur lui des regards d'envie. Pourtant il la céderait volontiers, cette place de magasinier !

On regagne la maison en fiacre. Térenty, fatigué, se retire dans sa chambre. Elizaveta s'installe avec Klim dans le magasin. Il passe le long des rayons et compte les articles à haute voix. Elle vérifie si le chiffre annoncé correspond, dans le registre, à la différence entre les « entrées » et « les sorties ». D'habitude, Térenty se tient derrière Klim pour contrôler ses dires. Aujourd'hui, en renonçant à le surveiller, il lui a témoigné un surcroît de confiance.

— Cent soixante-dix-sept torchons de tille ordinaires, dit Klim. Et cinquante-deux de qualité extra...

— C'est juste, dit Elizaveta.

Elle pose son crayon, réfléchit et dit encore :

— Vous trouvez que ces torchons extra sont vraiment meilleurs que les autres ?

— Certainement, Elizaveta Térentievna ! répond Klim. Pensez donc, ils sont faits avec de vieux sacs ayant contenu du sel. La fibre est toute douce. Elle glisse sur la peau. Pas plus tard qu'hier, un client m'en faisait compliment...

Tout en parlant, il s'étonne de l'attention avec laquelle Elizaveta Térentievna l'écoute. La bouche entrouverte, les yeux ronds, elle semble captivée par son exposé sur les torchons de tille. Elle n'est pas jeune : la trentaine au moins ; mais sa peau est blanche, ses traits réguliers, sa poitrine ronde, de toute sa personne émane un air de mollesse et de mélancolie. Elle porte une blouse à petits carreaux bleus et roses, fermée au col par une broche dorée qui représente une cigogne volant.

— C'est merveilleux, dit-elle, comme vous vous êtes vite mis au courant de ce métier !

— Deux ans, ce n'est pas si vite !

— Si ! Si ! Mon père est très satisfait de votre travail !

— Alors, je suis content, moi aussi, dit Klim.

Il attend une seconde et reprend l'énumération des brosses et des serviettes, par catégories. Mais il ne pense plus à ce qu'il dit. Une tendre émotion embrouille ses idées. Est-il possible qu'une jeune personne si aimable s'intéresse à lui ? Tout en elle, de ses cheveux lisses à ses mains blanches, exprime la bonté d'âme. Il voudrait la remercier et continue à citer des chiffres :

— Soixante-sept petites serviettes ; non, soixante-huit... Vous y êtes, Elizaveta Térentievna ?

Elle ne répond pas.

— Ce n'est pas soixante-huit que vous avez dans le registre ? reprend-il.

Silence. Il se retourne, il la regarde. Et alors seulement il remarque le changement qui s'est opéré en elle. Tête basse, elle presse ses mains l'une contre l'autre, se mordille les lèvres et respire difficilement.

— Il faut que je vous parle, Klim, dit-elle. Cela vous paraîtra peut-être absurde... Mais je n'en peux plus... Oh ! j'ai honte !... Ecoutez...

Elle prononce encore quelques mots incompréhensibles et fond en larmes. Ses épaules remuent. De grosses gouttes coulent le long de ses joues et tombent de son menton sur sa blouse à carreaux bleus et roses. Affolé, ne sachant que faire ni que dire, Klim sent ses propres yeux attaqués par un picotement. Il murmure :

— Mon Dieu, Elizaveta Térentievna, qu'avez-vous ? Etes-vous souffrante ?

— Oui ! Souffrante ! dit-elle en lui jetant un

regard enflammé. Souffrante à cause de vous, puisque vous voulez le savoir !...

— A cause de moi ? balbutie-t-il. Mais je n'ai rien fait...

Et soudain il devine ce que, depuis un moment, elle essaie de lui faire comprendre. Un effroi vague le saisit et le paralyse.

— C'est vrai ! s'écrie-t-elle. Vous n'avez rien fait ! Et c'est ça qui est... qui est horrible !... N'en parlons plus !... Oubliez ! Oubliez ! Ah ! que je suis malheureuse !...

Elle bondit sur ses pieds, sort du magasin et, en passant, accroche une chaise qui vacille et tombe. Ce bruit bête retentit dans le crâne de Klim comme le dernier écho d'une catastrophe. Il demeure un instant étonné. Puis il se met à marcher, de long en large, devant les rayons de bois blanc. Le sentiment de sa culpabilité augmente à chaque pas. Comment a-t-il pu, lui, un ancien serf, témoigner de la froideur à cette jeune fille ? Ne vaut-elle pas cent fois mieux que lui ? Sans doute devrait-il courir derrière elle et lui demander pardon ? Et après ? Elle ne se contentera pas de bonnes paroles ! Que fera-t-il si elle se jette dans ses bras ? Ce n'est pas une créature comme celles qu'il lui arrive de fréquenter et dont il oublie le visage aussitôt. Non, c'est une demoiselle, la fille du patron. Porter la main sur elle serait un sacrilège. Même si elle le lui demandait. Elle a perdu la raison, c'est sûr ! Les femmes ont de ces élans !... Ah ! mon Dieu ! Il se signe à trois reprises en se tournant vers l'icône de saint Georges vainqueur du dragon. La flamme de la veilleuse tremblote. Un crépuscule gris encolle les vitres. Elizaveta Térentievna doit pleurer dans sa chambre. Et c'est lui le responsable ! Il était si tranquille avant ! Pourvu qu'elle se ressaisisse ! Pourvu que ça lui passe ! Déjà il appréhende le moment où il la rencontrera de nouveau. Ne va-t-elle pas le détester maintenant ? Il aimait tellement l'intonation mélodieuse de sa voix lorsqu'elle s'adressait à lui, son sourire. Fini ! Perdu ! Il gémit et hoche la tête. A qui demander conseil ? Le monde s'enfonce dans la nuit. Les blocs de savon se dissolvent, pâles, dans la pénombre. Dehors retentissent les rires et les jurons des garçons de bains qui rentrent du parc Sokolniki.

3

— Encore une goutte ! marmonne Stéphanida. J'ai la gorge sèche !

Klim la considère avec amusement. Elle est complètement ivre. Lui aussi, d'ailleurs. Que font-ils tous les deux dans le magasin ? Ah ! oui, il l'a invitée à passer la soirée devant une bouteille de kwass. Celle-ci est vide. Il en prend une autre, la débouche et remplit les verres. Sa tête flotte. Ses idées se nouent et se dénouent comme des nuages dans le ciel. Il ne sent plus le poids de son corps sur la chaise.

— A ta santé, mon pigeon ! dit Stéphanida.

Elle lape le liquide pétillant et s'essuie la bouche avec un coin de son fichu. Ses petits yeux brillent d'un éclat déraisonnable dans la lueur jaune de la lampe.

— A ta santé ! dit Klim.

Il boit à son tour, réprime un hoquet et ajoute, la langue pâteuse :

— Alors, la fin de ton histoire ?

— Elle est terrible ! dit Stéphanida. Terrible !...

— Ah ? marmonne Klim.

En fait, il se souvient à peine du début. Si, si, le barine superbe et cruel, qui avait un harem de filles serves ! Elle s'est remise à parler d'une voix amortie, secrète :

— ... C'était trop beau pour durer ! Il nous aimait toutes les six. Mais j'étais sa préférée. Et par conséquent la plus jalouse. Quand j'ai appris qu'il était allé rendre visite à Marfa Simonovna Ivanoff, dans la propriété voisine, j'ai tout de suite compris qu'il défiait le malheur. Marfa Simonovna avait une fille, Katioucha, une vraie beauté. Et voilà que notre barine en tombe amoureux. Du jour au lendemain, tout change. Finies les baignades au clair de lune et les fêtes costumées ! Nous, les filles, nous ne servions plus à rien, puisqu'il n'y avait plus d'invités à contenter. Même moi, j'étais pour ainsi dire sans emploi. La nuit il couchait seul. Et il pâlissait. Et il maigrissait. Nous n'avions qu'une peur, c'était qu'il se marie et nous renvoie au village. Avec la réputation qu'il nous avait faite, personne n'aurait voulu de nous pour épouses ! Les moujiks crachaient devant nous au passage et nous traitaient de putains. Et c'est vrai que nous l'étions. Il nous avait ensorcelées et dressées. Comme des chiennes. Obéissant au fouet et au sucre !...

Stéphanida rit de sa bouche édentée. Autour de ce trou à chicots, son visage se plisse et se déplisse. Klim tâche de découvrir, à travers les rides et les bouffissures de la vieillesse, la figure fraîche de l'amoureuse d'autrefois. Puis il y renonce, comme fatigué d'écarter des branchages.

— Ce qui devait arriver arriva ! reprend Stéphanida. Un beau jour, notre barine, notre soleil généreux, notre Nicolaï Fédorovitch, apprend que Katioucha est fiancée à un officier. Quelle colère ! Il ne veut pas le croire et m'envoie aux renseignements chez les Ivanoff. J'y connaissais une servante, Dounka. Assise à l'office, je la fais bavarder, mine de rien, et, tandis qu'elle me raconte que le prétendant n'est ni riche ni d'un haut grade mais que sa jeune barynia l'aime pour sa belle âme, la porte s'ouvre et Katioucha elle-même paraît. Elle a tout entendu. « Pourquoi t'intéresses-tu tellement à mon prochain mariage ? » me dit-elle. Et je lui réponds avec un salut : « Ce n'est pas moi qui m'y intéresse, c'est mon barine, Nicolaï Fédorovitch. Il sera bien triste si tu te maries. Il avait espéré... » Elle me coupe la parole : « Comment peut-il espérer quelque chose, alors que tout le monde, dans le pays, connaît sa vie dissolue ? Quand un homme entretient un harem de paysannes, il n'a pas le droit de lever les yeux sur une jeune fille de bonne famille ! Va le lui dire ! Et qu'il me laisse en paix ! » Tu m'écoutes, Klim ?

— Oui, oui ! dit Klim avec un tressaillement.

— Rentrée à la maison, je fais la commission au barine. Je n'en menais pas large. Il m'avait déjà battue pour moins que ça. Mais il reste très calme, convoque les filles et leur ordonne de se confectionner des costumes voyants et riches, avec tous les tissus qui leur tomberont sous la main. Lui-même se taille un manteau dans un rideau vert à dessins or. En huit jours, tout est prêt. Sous nos déguisements, nous avions des allures de princesses. Lui était beau et digne comme un jeune boyard. Il nous fait monter à cheval et nous voilà parties, lui en tête, vers la propriété des Ivanoff. Un vrai cortège de carnaval. Nous arrivons dans le parc, où les invités prennent le thé sous les ombrages. En nous voyant, Katioucha blêmit et laisse tomber sa tasse. Nicolaï Fédorovitch ôte son bonnet de fourrure orné d'une longue plume de coq et dit : « Je vous présente mes femmes ! » Puis il pousse un cri sauvage, cravache sa monture et repart comme un ouragan. Nous le suivons, cramponnées à l'encolure de nos chevaux. Trois d'entre nous tombent et se blessent. Le soir, il s'est enivré et nous a appelées, deux par deux, dans son lit. Je ne t'avais pas encore raconté ça, hein ?

— Non, dit Klim.

Et il détourne les yeux. L'impudeur de cette vieille femme le gêne. Comment peut-elle parler si librement de ses lointaines expériences amoureuses ? C'est aussi laid que si elle se déshabillait pour lui montrer les replis de son ventre.

— En ces années-là, je parle de 1824-1825, les gens avaient le sang vif, la tête brûlante ! poursuit Stéphanida. Rien ne les arrêtait sur le chemin de la passion. Une nuit, j'entends des bruits de pas, une bousculade, des cris étouffés au-dessus de ma tête. Je dormais dans un placard, à l'office. Sortie de mon trou, je me cogne à Pétrouchka, le cocher. Il me dit : « Le barine est fou ! Il vient d'enlever la demoiselle pendant qu'elle se promenait seule, dans le parc ! » Ils y étaient allés en expédition : le barine, Pétrouchka et deux valets. A quatre, ils lui étaient tombés dessus, la pauvrette ! Un mouchoir dans la bouche. Une couverture sur la tête. Ficelée. Empaquetée. Et voilà ! Maintenant elle se débat et gémit là-haut, dans la chambre. Je grimpe l'escalier, j'écoute à la porte : « Vous êtes un misérable ! Je vous déteste ! Libérez-moi ! Non ! Non ! » Et le barine qui rit. Puis les plaintes se calment. Les rires aussi. Et c'est le début des soupirs. Mon cœur saignait de jalousie. Le lendemain matin, Nicolaï Fédorovitch m'a ordonné de coiffer et d'habiller Katioucha. Ensuite il l'a conduite dans notre petite église, et le pope a béni leur union. Le soir, notre cocher a porté une lettre du barine à la mère de Katioucha et une lettre de Katioucha à son fiancé. Le barine a renvoyé toutes les filles au village, sauf moi. Et une vie heureuse a commencé pour lui. Souvent il jouait à cache-cache avec sa femme ; elle courait autour de la table en riant ; il l'attrapait, il l'embrassait, il la portait jusque dans sa chambre. Ils ont commencé à recevoir. Les mêmes messieurs qui, autrefois, venaient se baigner nus, avec nous, les filles serves, je les ai vus arriver, cérémonieux, avec leurs épouses. Tous chantaient les louanges de Katioucha. J'en ai eu assez. Je suis allée trouver Aggnia, la sorcière. Elle m'a dit que j'étais possédée de treize démons et que je devais suer treize sueurs si je voulais m'en débarrasser. Pour cela, elle m'a fait asseoir dans un baquet d'eau bouillante. Puis elle m'a donné à boire un philtre. La moitié d'une petite bouteille. L'autre moitié, elle m'a recommandé de la verser dans le thé de ma rivale. Je l'ai fait. Mais le résultat a été bien différent de ce que j'espérais : Katioucha est tombée enceinte ! J'ai cru que le barine se dégoûterait de la voir grosse. Penses-tu ! Il crevait d'orgueil. Il a fait un voyage à Moscou, exprès pour lui acheter des bijoux. Mais pendant qu'il était loin, voilà que l'ex-fiancé de la barynia s'annonce pour une visite. Il est en uniforme d'officier ; il doit rejoindre son régiment au Caucase ; il aimerait présenter ses devoirs... Elle le reçoit, en tout bien tout honneur. Et moi, je perds la tête ; j'écris une lettre anonyme au barine, à Moscou, pour lui dire que Katioucha le trompe ; et j'attends la suite... Une semaine plus tard, il est de retour. Un visage blanc de haine. Des yeux gris d'acier. Et une cravache à la main. Il s'enferme avec elle dans la chambre. J'entends des cris, des coups, des sanglots. Un corps tombe par terre. Et je me signe de bonheur. La nuit même, le médecin est venu. Katioucha est morte en faisant une fausse couche. Le barine n'a pas mangé de trois jours. Puis il m'a appelée, il m'a interrogée, et j'ai tout avoué en pleurant. Alors il m'a attachée au lit et m'a corrigée si fort que j'ai perdu connaissance. On m'a transportée, toute zébrée de balafres, chez Aggnia. C'est elle qui m'a soignée et sauvée... Quand j'ai pu, de nouveau, me tenir debout, le barine m'a fait revenir à la maison. Tous les candélabres sont allumés. La table est servie pour lui seul. Il trône devant des corbeilles de fruits et des rangées de bouteilles. Habillé de noir, pâle, silencieux, et beau tel un archange. Les cinq autres filles arrivent à leur tour. Nous nous regardons, apeurées. Il fait un signe. Comme autrefois, nous nous mettons à danser. Mais j'ai si mal dans le dos, que je peux à peine lever les bras. Je dois être ridicule. Brusquement, il éclate de rire. Un rire de diable. Je l'ai encore dans les oreilles. Enfin il se tait. Il se dresse. Il porte quelque chose de noir à sa tempe. Un coup de feu. Il est tombé la figure dans le seau à glace. Du sang partout. Nous nous sommes enfuies en criant. La propriété a été vendue. J'ai connu d'autres maîtres. Mais je ne me suis jamais guérie de celui-là. Encore maintenant, à soixante-huit ans passés, je rêve de lui... je rêve de lui comme une femme ! Comprends-tu ce que ça veut dire ?

Klim boit sans répondre.

— Tu es un sage, toi ! reprend Stéphanida. L'amour ne te vrille pas le cerveau ! Ça viendra, ça viendra au moment où tu t'y attendras le moins ! On a bien raison de dire : tant que la foudre ne tombe pas, le moujik ne se signe pas !

Il y a encore un long silence. Klim pense qu'il pourrait peut-être demander conseil à Stéphanida. Mais il n'a pas le droit de mettre en cause la fille du patron. Le secret qui le tourmente ne lui appartient qu'à demi. Ah ! comme Elizaveta Térentievna a changé en huit jours ! Quand elle le croise dans le vestibule, elle détourne les yeux. Si elle l'interpelle pour les besoins du service, c'est toujours d'un ton sec. Tant de rancune après tant de gentillesse ! Ne va-t-elle pas se calmer, se raisonner... ? Il en doute, quand il entend parler Stéphanida. Même si cette vieille ment, il doit y avoir une part de vérité dans son récit. Et cette part de vérité, c'est la folie des femmes. Tout en elles est imprévisible, mystérieux, effrayant. Qu'elles aient le visage craquelé de Stéphanida, ou le beau visage têtu de Xénia courant au rendez-vous du bartchouk, ou le visage lisse d'Elizaveta Térentievna, assise à sa caisse — le même feu les habite.

— Quel âge avais-tu lorsque tout cela est arrivé ? demande Klim.

— Vingt-trois ans, mon pigeon ! Et j'ai l'impression que c'était hier !

Ses lèvres sont flasques, sa tête branle, et elle a un jeune barine pour amant. Klim débouche une troisième bouteille. Ils boivent encore, les yeux dans les yeux.

— Et toi, tu n'as toujours rien à me raconter ? dit-elle en clignant des paupières.

Elle sait quelque chose sur lui, il en jurerait ! Peut-être lit-elle dans les âmes par un procédé magique ? Avec effort, il secoue la tête négativement. On ne tirera rien de lui. Il est de fer.

— Bon, dit Stéphanida. Alors je vais te raconter une autre histoire. Celle d'un pope que j'ai connu, et qui n'avait pas la conscience tranquille. Un jour, on l'a trouvé dans la forêt, couché, les bras en croix, la face contre terre. Des gars lui avaient passé un bâton dans les manches et un autre, de bas en haut, dans les jambes de son caleçon. On racontait qu'il avait déchiré la bouche d'un nourrisson avec la cuiller liturgique...

Stéphanida parle, parle, de sa voix usée, monotone, et Klim ferme à demi les paupières. Dehors le vent s'est levé. Il chasse la neige, il la disperse. Une tôle claque, du côté des étuves. Le chien de Galina aboie en tirant sur sa chaîne. Sous l'icône de saint Georges, la lueur rouge de la veilleuse tremble, secouée par un courant d'air. Et soudain, cette lueur rouge, le bruit du vent, la figure ridée de Stéphanida et ses discours insensés, l'odeur du savon et du kwass, les tintements d'une clochette au loin, les ronds mouillés laissés par les verres sur la table, le grésillement de la mèche qui fume — tout cela se fond dans la tête de Klim en une sombre et douce hallucination. Quand Stéphanida a fini l'histoire du pope, il entend sa propre voix qui dit, très loin, dans une caverne :

— Tu sais, Stéphanida, je crois bien qu'Elizaveta Térentievna a un sentiment pour moi...

4

Au centre de la cour, la montagne de bois de chauffage, livré le matin même, diminue à vue d'œil. Tout le personnel s'est mis au travail. Des garçons de bains se passent les bûches, d'autres les empilent en cubes dans le hangar. Klim est heureux de cet exercice en plein air qui le change de l'atmosphère étouffante des étuves : un jour de fermeture par semaine, ce n'est pas de trop pour se nettoyer les poumons ! Placé au milieu de la chaîne, il attrape la bûche que lui lance Artémy et, en pivotant sur ses hanches, la jette à Karp, cinq pas plus loin. Certaines sont légères et lisses, d'autres lourdes, vieilles, rugueuses, avec une bonne odeur de forêt qui vous évente au passage. Le ciel est bleu ; la neige fond en boue ; une compagnie de moineaux s'abat sur le sol, picore les tas de crottin laissés par les chevaux des charretiers et s'envole avec des pépiements moqueurs. Térenty Kapoustine va et vient, les mains derrière le dos, le front soucieux. Il est vêtu d'une blouse rouge. Son crâne chauve luit au soleil. Tout à coup, il s'arrête devant Klim et marmonne :

— Amène-toi ! J'ai à te parler !

A regret, Klim sort du rang et accompagne son

patron jusqu'au fond de la cour. Là, Térenty s'assied sur un banc adossé au bâtiment des étuves, tire un mouchoir à carreaux de sa poche, se mouche avec bruit, et dit :

— Une chance qu'il fasse beau, ce lundi, pour rentrer le bois !

— Oui, dit Klim, la dernière fois, c'était moins drôle ! Les bûches étaient collées par le gel. Vous vous rendez compte, tout ce qu'on a brûlé en trois semaines ?

— C'est vrai ! On consomme de plus en plus.

— Parce qu'on a de plus en plus de clients. Quand une maison marche bien...

— Elle n'en a plus pour longtemps à marcher aussi bien, la maison ! souffle Térenty en fronçant les sourcils.

— Pourquoi dites-vous ça ?

— Eh ! dans quelques années, je serai trop vieux pour m'occuper d'elle !

Klim reconnaît, à part soi, que la remarque du patron est justifiée, mais il n'ose l'approuver par crainte de lui causer du chagrin. Au bout d'un moment, Térenty balance sa tête charnue, aux traits épais, et reprend :

— Tu me diras qu'il y aura ma fille pour me remplacer. Mais une femme ne peut pas tenir des étuves pour hommes. Surtout une femme dans le genre d'Elizaveta. Délicate, sensible...

Il remue ses gros doigts en l'air, comme s'il lissait le plumage d'un oiseau, et poursuit :

— Sans compter que ma sœur, cette vieille chouette de Galina, fera tout ce qu'il faut pour la décourager. Elle lui débauchera ses garçons de bains, elle la rongera jour après jour, elle lui crèvera le crâne à coups de bec. Non, il faut un homme à la tête d'un établissement comme celui-ci. Un homme de métier. Solide, honnête, qui sache en imposer aux garçons de bains et qui plaise à la clientèle. Toi, par exemple, tu ferais l'affaire !

Klim sursaute, décontenancé, et scrute le visage de son interlocuteur qu'il soupçonne de moquerie. Mais le regard de Térenty n'est pas d'un homme qui plaisante :

— Je n'ai pas raison ?

— Si, balbutie Klim. Enfin... je... je ne sais pas...

— Moi, je sais, dit Térenty. Et ma fille sait, elle aussi !

Pour donner tout son poids à cette phrase, il a pris un air finaud et cligne de l'œil gauche.

— Assieds-toi, dit-il encore. Pourquoi crois-tu qu'Elizaveta est partie, hier, pour Kolomenskoïé, chez sa tante ?

— Vous m'avez dit que sa tante était malade, bredouille Klim en s'asseyant.

— Elle se porte comme toi et moi. C'est Elizaveta qui est malade ! Et sa maladie n'est pas de celles qu'un médecin peut guérir !

— Mon Dieu ! dit Klim. C'est grave ?

— Ne fais donc pas l'imbécile ! grogne Térenty. Stéphanida m'a tout dit !

Le cœur de Klim bondit et retombe. La vieille sorcière ! Elle l'a trahi ! Après lui avoir juré que jamais, jamais...

— Alors, reprend Térenty, j'ai appelé ma fille, je l'ai faite agenouiller devant l'icône, je lui ai ordonné de m'ouvrir son cœur, et j'ai appris qu'elle t'aimait, qu'elle voulait t'épouser et que, toi, tu refusais de la comprendre. Bon ! Qu'aurais-tu fait à ma place ? Je l'ai envoyée chez sa tante pour la changer d'air et j'ai décidé de te parler. Voyons — nous sommes entre hommes ! — qu'est-ce qui ne te plaît pas dans cette idée ?

Attaqué de front, Klim sent qu'il devrait dire quelque chose, mais, à l'intérieur de sa tête, tout n'est que vide et silence. Il ne lui était jamais venu à l'esprit qu'il pourrait épouser la fille de Kapoustine. Un tel honneur l'accable. Il se demande s'il l'aime. Mais oui ! Comment n'aimerait-on pas la fille du patron ? Evidemment, elle n'est plus toute jeune. Mais ce n'est rien, ça, ce n'est rien ! Sa voix chantante, son doux regard, sa blouse à petits carreaux, ses bonnes manières...

— Eh bien ! parle, dit Térenty. De quoi as-tu peur ? Tu la trouves trop âgée pour toi ?

— Oh ! non ! s'écrie Klim. Je ne me permettrais jamais de... Elle n'est pas du tout âgée... C'est plutôt moi qui ne suis pas digne... Je... je suis un ancien serf...

— C'est avec les anciens serfs qu'on fait les nouveaux maîtres !

— Et puis je n'ai pas d'argent...

— J'en ai pour deux. A notre époque, l'important ce ne sont pas les roubles, mais le cœur, la cervelle et les bras. Tu es jeune, tu es sain, tu sais lire, écrire, tenir des comptes, tu conduiras bien l'affaire, tu me donneras de beaux petits-enfants !...

Il rit, et ses yeux noirs, liquoreux, brillent entre ses paupières rapprochées. Pour n'être pas en reste, Klim rit également, un ton plus bas. Mais, en vérité, une angoisse pèse sur sa poitrine. Il en éprouve de la difficulté à respirer. Assis sur le banc, à côté de Térenty, il regarde, au loin, les bûches qui passent, de main en main. La monotonie de ces gestes, cent fois répétés, le fascine. Que n'est-il là-bas, avec les autres, à exécuter un travail manuel simple et joyeux, au lieu de se casser la tête sur des problèmes d'avenir dont la complexité le dépasse ! Il murmure :

— Avez-vous dit à Elizaveta Térentievna que... que vous alliez me parler de tout ça ?

— Penses-tu ! Elle n'est au courant de rien, la pauvrette !...

Un vacarme interrompt Térenty. Déséquilibré par les prélèvements de bûches, tout un côté du grand tas de bois s'effondre. Quelques garçons de bains, qui s'étaient imprudemment rapprochés, sautent en arrière pour éviter l'avalanche. Les autres s'esclaffent.

— Vous ne pourriez pas faire attention, bande d'idiots ? hurle Térenty. Il faut que j'aie l'œil à tout !

La chaîne se reforme, le travail reprend. Une bûchette a roulé aux pieds de Klim. Il la ramasse et la tourne machinalement entre ses doigts. L'écorce, d'un gris tendre, est, par endroits, couverte de mousse.

— Ecoute, Klim, reprend Térenty. A présent, je t'ai dit ce que j'avais à te dire. Mais je sais, par expérience, qu'il est difficile, pour un gars, de se décider à prendre femme. Réfléchis donc bien avant de me donner ta réponse, pèse le pour et le contre. Le contre ? je n'en vois pas. Le pour ? tu seras dans peu de temps le nouveau patron des étuves, les employés te diront vous, tu les embaucheras, tu les renverras, tu discuteras avec les fournisseurs, tu puiseras dans la caisse, tu vivras comme un coq en pâte, avec, à tes côtés, une épouse aimante et douce !... C'est pas tentant, ça ?

Klim se trouble. Tout va trop vite.

— Si, c'est tentant ! marmonne-t-il.

— Alors nous disons oui ?

— Ben, oui...

Térenty lui applique une tape sur l'avant-bras et conclut en riant :

— A la bonne heure ! Maintenant retourne au travail !

Klim remercie, se lève et va reprendre sa place dans la chaîne.

★

A tâtons, il rallume la lampe. Les piles de savons sortent de l'ombre. Comment pourrait-il dormir après sa conversation avec Térenty ? Ce qui le fâche le plus, c'est de ne pas savoir au juste s'il est heureux ou malheureux. « Peser le pour et le contre ! » Facile à dire ! Pour la centième fois, il reprend son raisonnement. S'il refuse d'épouser Elizaveta Térentievna, il perdra vraisemblablement sa place. S'il accepte (mais n'a-t-il pas déjà accepté ?) eh bien ! il deviendra le mari d'une personne en tous points digne d'être aimée. Au fait, est-elle réellement digne d'être aimée ? Oui, oui ! Il évoque ses yeux, une phrase qu'elle a dite. Et les sentiments se gonflent en lui comme la mousse de savon sous l'action d'un torchon de tille. Ah ! qu'il a du penchant pour Elizaveta Térentievna ! Qu'il a hâte de la revoir ! Ils se marieront, ils habiteront la grande maison derrière les étuves, Térenty se retirera de l'affaire... Parvenu à ce point, Klim s'arrête. Quelque chose de lourd et de mou se bloque dans son cerveau. Si seulement il pouvait devenir le mari d'Elizaveta Térentievna sans devenir le gendre de Térenty ! « Les employés te diront vous, tu les embaucheras, tu les renverras, tu discuteras avec les fournisseurs ! » Le souvenir de ces paroles l'agite. Jamais il ne saura commander à ses semblables. Et les décisions à prendre, les rapports avec les clients, avec la police, le compte et le placement de l'argent ! Plus il essaie d'imaginer l'existence d'un propriétaire d'étuves, moins il se sent capable d'en assumer la responsabilité. Mieux vaudrait dégringoler au bas de l'échelle, redevenir l'apprenti qui vide les eaux sales et prépare les balais de brindilles, plutôt que de s'élever dans la solitude et les soucis d'un chef. Tout ce qui procure la domination sur les autres a pour contrepartie l'obligation de choisir. Et choisir c'est prendre, à chaque instant, le risque de se tromper. Il se dresse sur ses pieds, tourne autour de la lampe, s'en rapproche, s'en éloigne, passe de l'ombre à la lumière, mais ne peut ni s'étourdir ni se calmer. On lui a volé la chance de ne rien avoir, on l'a dépouillé de son dépouillement. Il voudrait effacer cette journée. Trop tard. Il est là, englué, attendant l'horrible métamorphose qui fera de lui un patron... Personne, il en est sûr, n'est capable de le comprendre. On l'envierait plutôt ! Est-il donc seul de son espèce ? Ah ! il a été bien inspiré de se confier à Stéphanida ! Avec colère, il empoigne la lampe et sort du magasin. Derrière le dépôt, dans un renfoncement à demi masqué par une toile de sac, Stéphanida repose, allongée sur le dos, sous plusieurs épaisseurs de couvertures déchirées. Ses mains sont croisées sur son ventre comme celles d'un cadavre. Klim, qui était venu avec l'intention de lui parler, hésite à troubler un si profond sommeil. Au moment où il va se retirer, elle dit, sans relever les paupières :

— Qu'y a-t-il, fiston ? Tu ne peux pas dormir ?

Il s'accroupit à côté d'elle et murmure :

– Non... Écoute... J'ai une grande nouvelle à t'apprendre...

— Je la connais, ta grande nouvelle ! chuchote-t-elle en rouvrant les yeux. Tu vas épouser Elizaveta !

— Qui te l'a dit ?

— J'étais au courant de tout depuis belle lurette. Même que Térenty m'a donné une pièce de dix roubles en argent, tout à l'heure, pour me remercier ! Dame, ça lui ôte un sacré poids du cœur, ce mariage ! Depuis le temps que j'essaie de manigancer quelque chose pour sa fille !

— Tu... tu as déjà essayé ?

— Tu ne te figures tout de même pas que tu es le premier ! Une fille, dès qu'elle est en âge de plaire, ses parents cherchent à la caser. Celle-ci a deux avantages : elle est sage et le père a du répondant. Eh bien ! tu me croiras si tu veux, rien à faire ! Chaque fois que je lui amenais un prétendant, à la dernière minute, quelque chose clochait !

— Tu lui en as amené combien, de prétendants ?

— C'est un secret, mon pigeon ! Un secret de dames ! Je me rappelle un certain Triapkine. Il travaillait dans les gazettes, il parlait l'allemand, l'anglais, le français, le latin, les mathématiques. Pendant trois mois, il est venu tous les mercredis et tous les vendredis à la maison. Il prenait un bain de vapeur gratis et ensuite il buvait le thé avec Elizaveta en la regardant de ses yeux de loup. Au bout du compte, je l'ai poussé à se déclarer, je l'ai traîné devant Térenty et il a balbutié en pleurant : « Pardonnez-moi, la fraîcheur d'âme de votre fille m'a fait comprendre ma vieillesse de cœur... Je ne peux pas l'épouser... » On n'a jamais compris ce qu'il voulait dire. Il s'est enfui. Il court encore ! Nous nous sommes rabattus sur un Ukrainien, conservateur des Eaux et Forêts. Celui-là était tellement amoureux d'Elizaveta qu'il ne l'appelait que « mon ange ». Il a discuté de la dot avec le papa, il a présenté un inventaire de son avoir personnel, il a exigé que tous les frais de la cérémonie soient supportés par nous, bref un homme sérieux qui inspirait confiance. On en était à détailler le trousseau et à choisir la date de la bénédiction nuptiale, quand, tout à coup, le voilà en prison pour détournement des deniers de l'Etat ! La petite en a fait une crise de larmes.

— Elle l'aimait ?

— Bien sûr, puisqu'il voulait l'épouser !

— Oui, oui, dit Klim.

Et son malaise s'accentue.

— Mais je peux te jurer, s'écrie Stéphanida, que, de tous, c'est toi que je préfère. Et elle aussi ! Au début, elle hésitait : « Tu crois, vraiment ?... » Et je lui disais : « Mais oui, mais oui, pauvre sotte ! Regarde-le ! Avec lui tu seras heureuse ! Vas-y !... Parle-lui ! Si tu ne lui parles pas, il n'osera jamais... » Elle m'a écouté. Et voilà ! L'affaire est dans le sac. A présent, Térenty va faire revenir Elizaveta en vitesse ! On vous bénira tous les deux. Et on s'occupera de préparer votre mariage. Ah ! que je suis contente !

Elle s'est assise sur sa paillasse et rajuste les tresses grises qui se sont détachées de son chignon.

— Le mariage... tu crois que ce sera pour quand ? demande Klim.

— Tu es pressé, hein ? De toute façon, après les fêtes de Pâques ! Nous sommes en mars. Tu sais bien qu'on ne marie pas pendant le Grand Carême, mon pigeon !

Klim n'avait pas pensé à cet empêchement. Un mois de sursis ! Il se croyait devant un mur et la route continue. Il sourit, la tête brusquement dégagée.

— On tâchera que ce soit une belle noce, dit Stéphanida en se recouchant. Bonne nuit ! Et rêve d'Elizaveta ! Tu en as le droit maintenant !

De retour au magasin, Klim retrouve avec plaisir sa place marquée en creux dans la paillasse.

Il est tranquille, satisfait. Il souffle la flamme de la lampe. Et, ne pouvant dormir, il essaie d'imaginer Elizaveta Térentievna dans toutes les circonstances d'une vie de femme. Mais il a beau faire, il ne la voit que derrière sa caisse, rendant la monnaie.

5

« Elizaveta Térentievna est revenue de Kolomenskoïé et son père nous a bénis avec l'icône. Les garçons de bains nous ont félicités. Karp m'a dit que j'avais beaucoup de chance. Ça m'a fait plaisir, parce que Karp est un homme sincère. On ne lui ferait jamais dire ce qu'il ne pense pas. Ce n'est pas comme Stéphanida, qui parle à tort et à travers. En tout cas, elle a préparé un merveilleux repas de fiançailles. Tout le personnel des étuves a été invité. Et des amis, des voisins. Bien entendu, on a fait maigre. Mais quels champignons marinés, quelle *oukha* (1) de sterlet, quel pâté de saumon, quels éperlans frits ! Au dessert, les convives nous ont demandé, à Elizaveta et à moi, de nous embrasser. Nous l'avons fait. Elle était toute rouge. En me penchant sur sa joue, j'ai pensé à un autre repas de fiançailles, dans la cour de Znamenskoïé, il y a longtemps, longtemps. Alors j'embrassais Xénia, qui allait devenir ma femme. Que d'événements depuis, que de tristesse ! Xénia est morte, et ma petite Matriona, et mon barine ; le bartchouk a disparu ; moi, je vais me marier pour

(1) *Oukha* : soupe au poisson.

la seconde fois. Est-ce vraiment, comme le dit Stéphanida, une récompense de Dieu ? Je crois que oui, vu qu'Elizaveta est très gentille. Comme nous sommes fiancés, je vais la retrouver tous les soirs, après la fermeture des étuves. Térenty nous laisse seuls pendant un quart d'heure. Elle me parle de sa mère qu'elle a à peine connue, de sa tante Galina, qui est méchante, de sa tante Nina, de Kolomenskoïé, qui est bonne. Puis son père rentre. On boit encore un verre de thé. Et je retourne au magasin. Pour le mariage, je me suis commandé une chemise blanche aux poignets brodés, un pantalon de velours et des bottes souples, avec des fers en demi-lune au talon. »

★

« Les garçons de bains me regardent différemment. J'ai beau travailler avec eux, comme avant, dans les étuves, ils savent que je serai bientôt le gendre du patron. J'en vois deux qui bavardent, je m'approche, ils se taisent. Est-ce que c'est ma faute ? Je n'ai pas changé. Alors pourquoi ? Térenty m'a montré ses livres de comptes. Il m'a expliqué aussi la façon dont il roulait le marchand de bois et le marchand de tille. « Regarde comme j'ai confiance en toi ! me dit-il. Maintenant tu connais tous les dessous de l'affaire. Du jour au lendemain, tu pourras me remplacer ! » J'ai peur de ne pas savoir. Pour l'affaire, pour Elizaveta, pour tout ! Aide-moi, mon Dieu ! »

★

« Pâques approche. Est-il possible que dans dix-sept jours... ? »

6

Sept heures du matin. Comme tous les mardis, le grand poêle, qui n'a pas fonctionné de deux jours, est lent à se réchauffer. Heureusement, il y a encore peu de monde aux étuves. Cinq personnes en tout. Des habitués, des gens simples. Marchands ou artisans, ils habitent dans le voisinage. Klim n'a presque pas à intervenir avec eux. Ils se savonnent et se récurent eux-mêmes. C'est tout juste s'ils se plaignent du manque de vapeur. Les clients de qualité dorment encore. Plus ils sont importants, plus ils viennent tard. Un tailleur du coin appelle Klim pour qu'il le fustige. La chaleur augmente. Karp vide un baquet d'eau sur la pierre du poêle. Un nuage glorieux pouffe et s'étale entre les murs. Ça y est, les étuves sont à bonne température. Les fournées de clients se succèdent. Elizaveta Térentievna, qui se lève à 8 heures, prend la place de son père à la caisse. On commence à vendre, à l'entrée, du savon aux amandes et des torchons de tille extra. Pendant que Klim rince doucement, à petits coups de puisoir, un vieillard aux genoux cagneux, la porte du vestiaire s'ouvre avec violence, un homme nu entre, d'un pas décidé, salue à droite, à gauche, et grogne :

— Eh bien ! Qu'en dites-vous, messieurs ? La Russie l'a échappé belle !

— De quoi voulez-vous parler ? demande le vieillard dont Klim achève la toilette.

— Comment ? Vous ne savez pas ? Le tsar a failli périr dans un attentat, hier, à Saint-Pétersbourg !

Après un moment de stupeur, les exclamations fusent :

— Mon Dieu !

— Ce n'est pas possible !

— Le tsar ?

— Etes-vous sûr ?

— C'est en toutes lettres dans le journal !

Les clients se regardent, atterrés. Manifestement, tous ceux qui se trouvent là ou bien ne lisent jamais les journaux, ou bien sont sortis trop tôt de chez eux pour prendre connaissance des nouvelles.

— Et... et ce journal, vous l'avez ? demande quelqu'un.

— Oui, dit l'homme. Dans ma poche, au vestiaire.

Il envoie Karp le chercher. Le garçon de bains revient en brandissant une gazette. Un groupe se forme au milieu de la salle. Klim essaie de lire par-dessus les épaules. Mais l'épaisse buée brouille les lignes devant ses yeux. La feuille, vite ramollie, pend comme un torchon. Autour d'elle, on gronde, on s'indigne, on se récrie.

— Dieu soit loué ! soupire un gros homme en signant sa poitrine velue. Le scélérat l'a manqué de peu !

Certains clients sont tellement choqués qu'ils interrompent leur séance de sudation, se rhabillent et s'en vont. D'autres, tout aussi étonnés, préfèrent rester sur place pour discuter de l'événement. Ils remontent sur les gradins, se fustigent, transpirent et parlent, parlent, parlent... Il semble à Klim que l'univers entier vient d'échapper à un cataclysme. Il avise le journal qui traîne, tout mouillé, sur une banquette, s'en saisit et lit avec émotion : « Saint-Pétersbourg. Hier, lundi, 4 avril 1866, en fin d'après-midi, pendant que l'empereur faisait sa promenade habituelle au jardin d'Eté, la foule s'était réunie auprès de sa voiture pour l'attendre. Au milieu de cette foule, animée d'un sentiment de dévouement et d'amour, se trouvait un misérable, qui avait conçu le criminel dessein d'attenter à la vie du souverain. Mais dans le moment où il se préparait à exécuter son projet, la Providence, pour détourner le malheur qui menaçait la Russie, prit comme instrument de sa volonté un simple moujik, Ossip Ivanovitch Komissaroff... Ossip Komissaroff est un jeune homme de vingt-cinq ans environ, originaire du village de Molvitine, dans le gouvernement de Kostroma. Le domaine où il est né appartient au baron Kuster et il fut lui-même, autrefois, serf du baron... »

— Eh ! Klim ! Viens par ici !

A regret, Klim abandonne le journal et court frotter le dos d'un client, qui souffle et geint, courbé en avant, les mains sur les cuisses :

— Plus fort ! Plus fort !

— Vous avez vu ce qu'ils disent de ce Komissaroff ? murmure Klim.

— Oui ! C'est le ciel qui l'a envoyé ! Sans lui... !

Quand la peau du client a pris une coloration rose vif, Klim revient en hâte au journal, qui, entre-temps, s'est encore imprégné de vapeur. Tenant une loque grisâtre entre ses mains, il déchiffre difficilement le texte :

« C'était, ce jour-là, la fête patronale de Komissarof ; il voulut aller prier à la chapelle du Vieux-

Pétersbourg, près de la maison de Pierre le Grand. En arrivant à la Néva, non loin du palais de Marbre, il vit que les passerelles de bois qu'on établit l'hiver, sur la glace, étaient retirées et qu'il n'était plus possible de traverser le fleuve. Il revint alors sur ses pas, et, en passant devant le jardin d'Eté, trouva beaucoup de monde réuni près d'un équipage arrêté à l'entrée. Ayant appris que c'était la calèche de l'empereur, qui se promenait lui-même au jardin d'Eté, et heureux de trouver une occasion de voir Sa Majesté, Komissaroff se mêla à la foule. Bientôt, la foule s'agita, car l'empereur approchait de la grille. Avant de monter en voiture, le monarque mit son manteau. Au même moment, quelqu'un commença à vouloir fendre la foule avec force, près de Komissaroff. Frappé par l'insolence de l'individu, Komissaroff ne le perdit pas de vue. Soudain il le vit qui sortait, de dessous son paletot, un pistolet et visait l'empereur... »

— La vapeur baisse ! Klim ! Klim !

Klim se précipite, jette de l'eau sur le poêle et reprend sa lecture :

— « ... et visait l'empereur. Alors Komissaroff le frappa fortement au coude. Le bras et le pistolet furent soulevés. Le coup partit, mais, grâce à Dieu, la balle se perdit en l'air. Le meurtrier fut immédiatement arrêté...

« Aussitôt après, Sa Majesté se rendit à la cathédrale de Kazan pour remercier le Seigneur d'avoir détourné de sa poitrine le coup du meurtrier.

« La nouvelle de l'attentat se répandit rapidement dans la ville. Les hauts dignitaires de l'Etat, qui étaient en séance au palais d'Hiver, eurent les premiers l'honneur de voir Sa Majesté et de lui exprimer leur douloureuse émotion... Puis les généraux, les officiers et toutes les personnes reçues à la cour furent admises à complimenter Sa Majesté... Après avoir adressé aux assistants quelques gracieuses paroles, l'empereur désira voir Komissaroff. On le lui amena. Tous les yeux se portèrent avidement sur un jeune homme d'une taille moyenne et d'un extérieur fort ordinaire. Le souverain exprima sa gratitude à Komissaroff et lui annonça qu'il l'anoblissait. Un bruyant et unanime hourra répondit à l'empereur.

« Désormais le nom de Komissaroff restera célèbre dans toute la Russie. Il passera de génération en génération. Et aux grandes familles nobles, fameuses pour les services de leurs aïeux, il s'en joindra une, dont le fondateur a été, hier, le sauveur de l'empereur Alexandre II. »

Le journal coule entre les doigts de Klim. Et lui-même n'est plus que larmes, faiblesse, bonheur, dévotion. Un moujik a sauvé l'empereur. Un ancien serf. Un homme comme lui. Ah ! qu'il aurait voulu être à la place de ce Komissaroff ! Mais il ne se serait pas contenté de détourner le coup. Il aurait saisi le meurtrier. Il l'aurait tordu entre ses mains comme un torchon de tille. Sur les gradins, les clients discutent toujours :

— On ne dit rien de cette canaille !

— Que fait la police ?

— Jamais encore, dans toute l'histoire de la Russie...

— Permettez... il y a déjà eu des attentats contre les tsars, dans le passé...

— Oui, mais les meurtriers étaient des courtisans, des nobles ! C'est la première fois qu'un roturier...

Klim se demande si sa fiancée connaît la nouvelle. Il enfile son cafetan sur son torse nu et sort de la salle. Dans le vestibule, Térenty et

Stéphanida s'agitent autour d'Elizaveta. Oui, elle sait déjà ! Sous le coup de l'émotion, elle a même, paraît-il, été prise de faiblesse. Elle vient juste de recouvrer ses esprits. Assise à la caisse, elle pleure. Klim est heureux d'avoir une fiancée qui a le cœur tendre.

— Quel homme, ce Komissaroff ! dit Térenty. Il se promène, il voit le tsar, il lève le bras, et paf ! le coup passe à côté...

— Oui, oui ! dit Klim avec élan. Et c'est un ouvrier, un ancien serf !

— On s'endort serf, on se réveille noble ! dit Stéphanida en fixant les yeux au plafond. Il suffit que Dieu le veuille !

Un vent froid s'engouffre dans le vestibule. Klim frissonne sous le cafetan qui lui râpe la peau. D'autres clients arrivent. Parmi eux, Potapenko, un habitué, qui est journaliste. Celui-là doit en savoir long. Vite, Klim retourne aux étuves.

Nu, Potapenko a l'air d'un squelette. Ses favoris noirs, mouillés, pendent comme des ailes de corbeau. On l'entoure. Il dit :

— D'après les renseignements que j'ai pu recueillir, on ne sait toujours pas grand-chose de l'assassin... Un homme jeune... Peut-être un étudiant... Il refuse de dire son nom... Mais la police finira bien par lui délier la langue !

— En tout cas, ce ne peut être un Russe ! clame un monsieur bedonnant et chauve qui est employé au Consistoire. Jamais un Russe ne porterait la main sur le tsar. Un tel sacrilège !...

— Qui voulez-vous donc que ce soit ?

— Un Juif ! Ou un Polonais !

— Nous avons été trop bons avec eux !...

— Moi, je crois que c'est un Russe, dit Potapenko. Mais un Russe socialiste. Ça sent le complot politique. Il paraît qu'on a trouvé un papier sur lui : « Si je vis jusqu'au 5 avril, j'accomplirai ce que j'ai promis ! »

— Les socialistes n'ont aucune raison de s'attaquer au tsar. Notre monarque a des idées libérales. Il a émancipé les serfs, il a aboli les châtiments corporels...

— Vous ne connaissez pas ces gens-là ! Ils sont insatiables ! Des fanatiques ! Ils nient tout ce qui est sacré ! Ils ne rêvent que de sang et de flammes !

— Et s'il s'agissait d'un noble, d'un propriétaire foncier ruiné par les mesures de distribution des terres ?

— Voilà qui est fort offensant pour l'aristocratie de notre pays, Alexandre Borissovitch ! Concevez-vous un noble qui...

On appelle Klim à l'autre bout de la salle. Tout en passant le torchon de tille sur les épaules et les reins d'un client, il essaie d'entendre ce qui se dit là-bas, autour de Potapenko. Mais le sifflement des balais frappant les corps nus, le claquement des pieds sur le sol, les toux étouffées couvrent les propos du journaliste. De minute en minute, la vapeur augmente. Des dos rouges pivotent lentement. Une couronne de têtes congestionnées et barbues flotte dans le brouillard. Un baquet passe de main en main. L'eau gicle. Des gens partent, d'autres arrivent.

— Vous savez la nouvelle ? Le tsar vient d'échapper à un attentat !

— Non ?

— Un socialiste !

— Canaille ! Judas !

A midi, Klim sort prendre l'air. Les passants qu'il croise sur le trottoir ont tous, lui semble-t-il, une expression pensive. La petite église, au coin de la rue, est pleine de fidèles. Il se joint à eux, brûle un cierge devant l'image de saint Vladimir et retourne aux étuves où les garçons de bains mangent sur le pouce, pendant la pause, en parlant encore de l'attentat ! Aussitôt après, quel afflux de monde ! On dirait qu'il n'y a pas un Russe qui n'ait envie de passer aux étuves pour effacer les mauvais souvenirs de la journée. Les clients sont de plus en plus excités. Le ton monte avec la température. Certains préconisent de fermer les Universités, centres de pourriture libérale. Au milieu du vacarme, une voix de basse entonne : « Dieu protège le tsar ! » Immédiatement une autre voix, sèche, métallique, retentit :

— Monsieur, on ne chante pas l'hymne impérial dans cette tenue ! Je vous ordonne de vous taire !

— Qui êtes-vous, monsieur, pour me parler sur ce ton !

— Je suis un officier, monsieur !

Le chanteur se tait et disparaît dans un nuage. Klim court d'un client à l'autre, frotte, gratte, étrille, reçoit des pourboires. A la fin de l'après-midi, sa fatigue est telle qu'il vacille sur ses jambes et voit partout des bulles de savon. Comme chaque soir, il va prendre le thé avec Elizaveta Térentievna. Là encore, il n'est question que du « monstre sans nom » et du « sauveur » Komissaroff. A peine remise de ses craintes, Elizaveta Térentievna a un air vague, pâle et touchant. Elle dit que, demain, elle ira, elle aussi, brûler un cierge à saint Vladimir qui a protégé le tsar. Térenty l'encourage à le faire. Il est d'excellente humeur : la recette a été exceptionnelle pour un mardi ! Penché vers Klim, il lui chuchote un chiffre à l'oreille.

— Très bien ! Très bien ! dit Klim.

Mais son esprit est ailleurs ; le tsar n'est-il pas déçu de voir que, malgré tout ce qu'il a fait pour son peuple, un de ses sujets a voulu l'abattre ? Quelles peuvent être les réflexions du criminel, enfermé dans un cachot, et entendant gronder autour de lui la colère des honnêtes gens ? Et comment Ossip Komissaroff aborde-t-il sa nouvelle vie de moujik anobli ? Certains bonheurs doivent vous ôter la raison. Térenty regarde sa montre oignon et pose une main sur l'épaule de Klim. L'heure est passée. Il est temps de partir. Klim s'incline devant Elizaveta et lui effleure le front d'un baiser.

— Plus que huit jours, Klim, et tu ne la quitteras plus après le thé du soir ! dit Térenty en le raccompagnant jusqu'au seuil.

★

Tard dans la nuit, Klim se réveille en sursaut. Ne l'a-t-on pas appelé ? Non, c'est son rêve qui continue. Il se voyait poursuivant un malfaiteur à travers une longue galerie au parquet ciré. Il ferme les yeux. Et de nouveau : « Klim ! Klim ! » Cette fois, pas de doute ! Il se lève et ouvre la porte. Dans le clair de lune qui baigne la cour, une forme noire se détache. Klim tend le cou, écarquille les yeux et s'étonne.

— Stépan Alexandrovitch, dit-il. Vous êtes revenu de voyage ?

— Tais-toi ! chuchote Plastounoff. Viens !

Klim se rajuste et sort dans la cour. Une joie mêlée d'inquiétude l'aiguillonne. Il voudrait poser des questions, mais Plastounoff lui fait signe de se taire et l'entraîne vers le hangar à bois. Ils marchent dans la zone d'ombre. La bâtisse des étuves, la maison de Térenty, le dortoir, le réfectoire, les cuisines sont autant de cubes aux pans nets, séparés par des vides d'argent. Un brouillard tiède et odorant stagne encore autour de l'établissement de bains. Des flaques savonneuses brillent devant le seuil. Enfin le hangar. Ils entrent. A l'intérieur, tout est sombre. Les piles de bois font corps avec la nuit. Mais les yeux de Klim s'habituent vite à l'obscurité.

— Où allons-nous, Stépan Alexandrovitch ? demande-t-il.

Au même instant, la silhouette d'un homme lui barre la route. Une voix étouffée sort de l'ombre :

— C'est toi, Klim ?

Il tressaille ; il ne distingue pas les traits du visage ; il a peur de se tromper ; il avance la main ; il touche un coude, une épaule ; et soudain la certitude le frappe, joyeuse, assourdissante, comme un carillon pascal. Il balbutie :

— Vissarion Vassiliévitch ! Vissarion Vassiliévitch !

Et il tombe aux pieds du bartchouk.

— Ça va ! Ça va ! dit Vissarion brièvement. Nous nous attendrirons plus tard. Maintenant il faut que tu nous aides.

— Tout ce que tu voudras ! dit Klim en se remettant debout.

— Peux-tu nous cacher ?

— Vous cacher ? Mais pourquoi ?

— Je t'expliquerai une autre fois. Plastounoff m'a dit que tu couchais seul dans un magasin...

— Oui et non. A côté, il y a la *babka* Stéphanida...

— Alors, ça ne va pas ! dit Plastounoff. Et ici ? Pourrions-nous rester ici sans être vus ?

— Peut-être, dit Klim. A condition de vous installer tout au fond.

— Bon ! décide Vissarion. C'est ce que nous allons faire. Conduis-nous.

Klim s'engage à tâtons dans le passage central du bûcher. Vissarion et Plastounoff le suivent. Ils arrivent ainsi jusqu'à un espace libre, une sorte de ruelle, entre le mur du hangar et le dernier tas de bois. Plastounoff bat le briquet et allume une bougie qu'il a tirée de sa poche. La flamme s'allonge. Sur un fond de bûches superposées, apparaît le visage du bartchouk. Comme il a changé ! Mal rasé, la joue cave, il promène autour de lui un regard traqué. Ses yeux brillants s'arrêtent sur Klim. Et, aussitôt, Klim se sent enveloppé et repris en charge.

— Là, dit-il, vous serez bien. Je vais vous apporter des paillasses.

— Et de quoi manger ! dit Vissarion.

— Bien sûr !

— Nous filerons demain, avant l'aube.

La panique s'empare de Klim : laisser repartir le bartchouk, c'est impossible ! Tout vaudrait mieux que ce deuxième arrachement ! Sans réfléchir plus avant, il s'écrie :

— Alors je pars avec vous !

— Quoi ? dit Vissarion. Tu perds la tête !

— Maintenant je suis libre, je peux aller où je veux...

Vissarion hausse les épaules :

— Tu ne comprends donc pas, imbécile, que nous sommes recherchés par la police ?

Klim demeure un instant sans voix. Il lui semble que tout court autour de lui, les bûches, les maisons, la nuit, alors qu'il reste en place.

— Tu as fait quelque chose de mal ? demande-t-il enfin.

— Mais non, mais non, dit Vissarion en s'adossant au tas de bois.

— Alors qu'est-ce qu'ils te veulent ?

— Ça ne te regarde pas !

Plastounoff intervient :

— Si, ça le regarde, Vissarion. Il faut lui dire...

Et, tourné vers Klim, il explique :

— A la suite de l'attentat contre le tsar, les

policiers ont perdu la tête. Ils arrêtent les gens à tour de bras dans les milieux libéraux de Saint-Pétersbourg.

— Les milieux libéraux ?

— Tu ne sais pas ce que c'est, peut-être ? grogne Vissarion.

— Si, si, balbutie Klim. Mais toi, Vissarion Vassiliévitch, tu n'as rien à craindre, puisqu'ils tiennent l'assassin !

— Ça ne leur suffit pas. Ils recherchent ses amis !

— Tu es un ami de cet homme ?

— Il n'était pas à proprement parler notre ami, dit Plastounoff, nous le connaissions...

— Et... et vous saviez ce qu'il allait faire... ?

— Il nous en avait parlé, nous ne l'avions pas cru...

Klim se signe à trois reprises, et la vague d'épouvante qui se levait en lui s'apaise. Comme si, au-delà d'un certain degré d'horreur, la raison ne s'insurgeait plus.

— Quelqu'un a dû nous dénoncer, à Saint-Pétersbourg, poursuit Plastounoff. Nous avons fui sous le nez des gendarmes qui venaient perquisitionner dans notre maison. Et voilà qu'à notre descente de train, à Moscou, un mouchard nous prend en filature ! Par miracle, nous avons pu le semer. Je me suis souvenu de toi. Nous avons couru jusqu'ici. Tu vois bien, Klim, que tu ne peux pas venir avec nous ! Nos idées nous obligent à vivre dans la clandestinité. Toujours cachés sous de faux noms, sautant d'une ville à l'autre, brouillant les pistes. Tu nous gênerais plutôt. Et tu ne serais pas heureux. Ne m'as-tu pas dit toi-même que tu te plaisais dans ces étuves ?

— C'était avant d'avoir retrouvé Vissarion Vassiliévitch !

— Qu'est-ce que ça change ? Ta place, ici, n'est pas plus mauvaise parce que tu l'as revu, ce soir !

— Si, maintenant que je l'ai revu, ma place, ici, est très mauvaise. Je dois m'en aller. Je dois le suivre. Il est mon bartchouk.

Le visage de Vissarion se crispe :

— Je ne suis pas ton bartchouk, espèce de mule ! Il n'y a plus de bartchouk ! Il n'y a plus de barine ! Les lois ont changé tout ça !

— Excuse-moi, Vissarion Vassiliévitch, dit Klim avec douceur, en se courbant dans un salut, les lois peuvent changer beaucoup de choses, mais tu resteras toujours mon bartchouk. Autrefois ton père m'avait envoyé à Moscou pour que je veille sur toi. Je dois continuer à le faire. Surtout si tu es en danger...

La colère assombrit les yeux de Vissarion, il va éclater, mais Plastounoff le retient :

— Attends ! Ce que dit Klim mérite considération. Il n'est pas fiché par la police. Personne ne se méfie de lui. Si nous le prenions avec nous, il pourrait aller et venir sans éveiller de soupçons. Ce serait un grand avantage...

— Un grand avantage ? dit Vissarion. Je n'en suis pas aussi convaincu que toi ! Dieu nous préserve des imbéciles de bonne volonté !

Et brusquement il éclate d'un rire hargneux, qui lui plisse le milieu du visage. Klim reconnaît cette grimace de gaieté méchante pour l'avoir vue cent fois à Vissarion, lorsque, tout enfants, ils jouaient ensemble dans le parc de Znamenskoïé. C'était la façon de rire du bartchouk, quand il avait perdu.

— Bon, dit Vissarion à Plastounoff. Si tu prends la responsabilité de ce recrutement... !

Une joie fulgurante traverse Klim : accepté, adopté, il a de nouveau un maître !

— Maintenant, dit Plastounoff, il s'agit de bien nous organiser. Nous nous reposerons ici quelques heures. Et, avant le lever du jour, en route !

— Où voulez-vous aller ? demande Klim.

— Pour commencer, à Kalouga. Ma sœur s'y est réfugiée depuis quelques mois. Nous y serons en sécurité. Mais il faudra trouver un moyen de transport... je veux dire quelqu'un de sûr pour nous conduire là-bas...

— Je vais m'en occuper, dit Klim. Cette nuit même. Je connais un roulier qui habite à deux pas. Vous verrez, vous serez contents. Et ça ne coûtera pas cher... D'ailleurs, même si ça coûtait cher !... J'ai de l'argent !

— Tu as de l'argent, toi ? dit Vissarion subitement intéressé.

— Oui, cinq cent quatre-vingt-treize roubles, toutes mes économies !

— C'est extraordinaire !

Vissarion rit de nouveau, mais cette fois son rire est plus franc, plus large. Klim jubile, monté sur des échasses.

— Eh bien ! Klim, tes cinq cent quatre-vingt-treize roubles, je puis t'assurer qu'ils seront les bienvenus ! dit Vissarion.

— Et maintenant, dit Plastounoff, va nous chercher à manger. Nous crevons de faim.

— Tout de suite ! Tout de suite ! bredouille Klim.

Il ressort en courant. Un sentiment irréel de force et de légèreté l'accompagne à travers la nuit. Comme s'il avait rejoint la bonne route après des années d'errement. Soudain il bute sur un obstacle : la pensée d'Elizaveta Térentievna le cloue. Mais il ne l'aime pas, il en est sûr ! Et elle ne lui est pas imposée par la volonté de son barine, comme le fut Xénia autrefois. Epouser quelqu'un dans ces conditions, n'est-ce pas prononcer un mensonge, en pleine église, à la face de Dieu ? Il ne sera pas le mari d'Elizaveta, il ne sera pas le patron des étuves, il ne commandera personne !... Quel soulagement ! Il rentre dans le magasin, tire d'une caisse à claire-voie, qui lui sert de garde-manger, un bout de pain, des concombres crus, du fromage, du lard, une bouteille de kwass, empile le tout dans un panier, se rue dehors, puis se ravise, revient sur ses pas, ouvre sa boîte en fer, y prend la grosse bourse de cuir avec les trois coupoles brodées dessus, et repart.

Vissarion et Plastounoff ont trouvé deux billots pour s'asseoir dessus. Un troisième leur tient lieu de table. La lueur tremblante de la bougie les éclaire par en dessous. Ils mâchent voracement de gros morceaux qui leur gonflent les joues. Leurs vêtements sont sales, élimés, leurs traits tirés par la fatigue. « S'ils pouvaient prendre un bain de vapeur, demain, aux étuves ! pense Klim. Mais non ! Même cela leur est interdit, les pauvres ! Ils doivent se cacher comme des criminels. » Accroupi sur ses talons, il ne peut détacher les yeux de son maître qui mange.

7

— Voilà, dit Klim, c'est ainsi qu'il est mort. Assassiné, ni plus ni moins. Comme l'empereur a failli l'être. Et pourtant, c'était un homme bon et juste, Lev Serguéïévitch !

— Oui, oui, j'ai lu un compte rendu de l'affaire, en son temps, dans les journaux, dit Vissarion.

La charrette grince à chaque tour de roue. Le jour se lève. Sous les bâches fermées, règne une forte odeur de suint.

Plastounoff dort, assis sur le plancher de la voiture, le dos calé par un ballot de peaux de mouton.

— Et toi, Vissarion Vassiliévitch, demande Klim, qu'as-tu fait depuis... depuis... ?

Vissarion devine que Klim n'ose dire : « depuis que tu m'as perdu au jeu », et achève à sa place :

— ... depuis que nous nous sommes perdus de vue ?

— Oui.

— Oh ! bien des choses ! soupire Vissarion. J'ai commencé par rejoindre Plastounoff en Finlande, où il s'était réfugié. J'ai pris contact avec ses amis. J'ai travaillé à répandre nos idées...

Il se rencogne. Parler le fatigue. La nuit précédente, il n'a pas fermé l'œil, dans ce hangar. A chaque instant, il croyait entendre des pas précipités derrière la porte. Pourtant il devrait être habitué, depuis le temps qu'il change de domicile. Perdre la mémoire. Ne plus penser. Dormir. Il ferme les yeux, les rouvre. Des jurons éclatent. Là-bas, du haut de son siège, le roulier crie sur les chevaux qui faiblissent :

— Oh ! carnes ! Voleuses d'avoine ! Je vais vous apprendre, moi !...

C'est Klim qui, en quelques heures, a organisé le voyage. Tout compte fait, Plastounoff a eu raison d'insister pour le prendre avec eux. Les chevaux tirent à plein collier maintenant. La charrette avance par saccades. Klim s'est assoupi, à son tour. La tête balancée par les cahots, la bouche ouverte, les bras mous. Tout est simple pour un homme du peuple. Qu'il ait un morceau à manger, un coin où reposer sa tête, un maître à suivre — et le voilà heureux ! A le voir endormi, là, tout près de lui, Vissarion s'étonne d'avoir attaché tant d'importance jadis au stupide incident de la salle de jeu. Comme il était jeune, exalté et vulnérable à l'époque ! Le fait d'avoir perdu un homme aux cartes l'avait frappé d'une sorte d'épouvante religieuse. « Prenez-le en paiement, Lev Serguéïévitch ! Je vous assure qu'il vaut largement deux mille roubles... » Dette réglée. L'honneur est sauf. On quitte la table, le front haut. Et, dans le vestibule, ce regard de chien couchant, cette prière muette. Enfin la rue, la nuit, la neige qui tombe. Plus de Klim. Une solitude à hurler de désespoir. Où aller ? Qui appeler ? Que croire ? Le dégoût fait tache d'huile. Dire que, pendant des années, le remords a eu pour Vissarion ce visage de moujik au nez retroussé et aux cheveux blond de paille... Stiopa,

Ida, il s'est raccroché à eux comme un noyé à une épave. Leurs retrouvailles à Viborg, dans cette maisonnette en bois, bâtie sur pilotis et entourée par les cris des mouettes. Ils l'ont écouté, ils l'ont grondé, ils l'ont aidé à revivre, à vivre. Avant, il se disait libéral. Grâce à eux, il l'est réellement. Il sait enfin que le socialisme est plus qu'une croyance : un métier. Un métier dangereux, méthodique, ingrat, qui ne rapporte rien, hormis la satisfaction d'aller à contre-courant. Et il est si peu fait pour cette existence d'ombre et de privation ! Peut-être est-ce pour cela qu'il ne tient pas à en changer ? Plaisir secret de la contrainte. Volupté du mauvais traitement. Combien d'idéalistes sont des masochistes qui s'ignorent ! Ce qu'ils aiment d'abord, c'est souffrir. En politique comme en religion, la foi n'est souvent qu'une excuse morale au besoin physique de la pénitence. Cette charrette se traîne. Ils mettront trois jours au moins pour arriver. Et après ? Rien ne presse. L'important, c'est qu'on perde leur trace. Le roulier ne soupçonne-t-il pas leur véritable identité ? Ils voyagent comme ouvriers, avec de faux passeports. Klim répond du roulier qui est, dit-il, un ami de son ami Kouvalo. Mais qui répond de Klim ? Il ronfle. Ses mains pendent. Roses, douces. La vapeur des étuves lui a fait une peau d'aristocrate. C'est lui, Vissarion, qui, maintenant, a des mains caleuses et sales. Sa pensée, malgré lui, revient à Klim. Encore ! Serait-il incapable de s'intéresser à un être tant qu'il ne l'a pas sous les yeux ? Son père le disait autrefois : il est un lieu de passage, une place ouverte à tous les vents, rien ne le marque... Pourtant il a changé au contact de ses amis. C'est même pour cela, vraisemblablement, qu'il a plus de mal à supporter la présence à ses côtés de ce témoin obscur et servile de sa jeunesse. A vivre entre deux personnages hautement intelligents comme Stiopa et sa sœur, il a perdu l'habitude des regards ahuris, des silences apeurés, des paroles banales. Ce n'est pas que Klim soit totalement borné ; il a même souvent un jugement sain, des réflexions pertinentes ; mais ce sont des éclairs. A l'instar des enfants, dont la raison brille dix minutes par jour et qui, le reste du temps, divaguent dans le monde des jeux, il n'est lucide que par à-coups. Au moment où l'on s'y attend le moins, il émerge de son état ancillaire, prononce trois phrases qui étonnent par leur bon sens et, aussitôt après, retombe, épuisé, dans l'apathie et la sottise de ses congénères. Il faudra plusieurs générations de Klim pour créer une race de vrais citoyens russes. Mais on y arrivera, on y arrivera... Les roues gémissent de plus en plus fort. Un rayon de soleil pénètre sous la bâche. Dérangé par le pinceau lumineux qui lui chatouille les paupières, Klim se réveille tout à fait. Il s'étire et interroge :

— As-tu bien dormi, Vissarion Vassiliévitch ?

— Non, dit Vissarion.

— Si tu m'avais laissé t'installer convenablement, hier soir...

Cette sollicitude, dont il a depuis longtemps oublié le goût, agace Vissarion. Il se demande si Klim ne va pas le ramollir en lui rappelant un passé de confort et d'oisiveté. Klim rêvasse un instant et dit encore :

— Vissarion Vassiliévitch, est-ce que tu peux m'expliquer pourquoi cet homme a voulu tuer le tsar ?

— En voilà une question ! dit Vissarion avec humeur.

— Oui... C'est peut-être bête... Mais tout le monde dit que seul un fou, un brigand, ou un ennemi de la Russie a pu avoir cette idée... Et toi, tu n'as pas l'air de cet avis... Toi, tu penses...

— Moi, je pense que cet homme a eu tort de choisir la violence, mais que, si ses méthodes sont répréhensibles, son but mérite la plus haute considération.

— Son but ? Quel but ?

— Le bonheur du peuple.

— Il a tiré sur le tsar pour le bonheur du peuple ?

— Oui, Klim.

— Je ne comprends pas !

— Tant pis pour toi, grogne Vissarion. Je ne vais pas perdre mon temps à t'expliquer des choses qui te dépassent !

Plastounoff remue, au fond de la voiture.

— Eh bien ! moi, Klim, je vais t'expliquer, dit-il. Maintenant que tu es des nôtres, tu dois savoir, tu dois comprendre...

Cette dernière phrase, prononcée d'une voix égale, flatte Klim en même temps qu'elle l'inquiète : le bartchouk ne va-t-il pas se fâcher d'être contredit devant lui et à cause de lui ? Par chance, tout se passe bien. Vissarion sourit, lèvres collées, et dit :

— Tu te fais des illusions, Stiopa, comme toujours ! Il est bouché, notre Klim !

— A qui la faute ? dit Plastounoff.

Et, se penchant vers Klim, il ajoute :

— Qu'est-ce qui te paraît obscur dans nos idées ?

— Tout, Stépan Alexandrovitch, dit Klim. Presque tout. Par exemple, Vissarion Vassiliévitch dit que cet homme a tiré sur le tsar pour le bonheur du peuple. Mais d'abord, le peuple n'est pas malheureux !

— Ah ! tu trouves ?

— Enfin... pas tellement !... Il a l'habitude... Et

puis le tsar, lui aussi, veut le bonheur du peuple... Il a fait des lois pour ça...

— Oui, dit Plastounoff. Des lois qui devaient donner aux moujiks la terre, la liberté, la prospérité. Mais ces bonnes intentions ont été vite oubliées... Rappelle-toi, Klim, il y a quelques années, avant la publication du manifeste, je te disais moi-même qu'une ère nouvelle allait commencer pour la Russie. Eh bien ! nous avons tous été bernés par le tsar !

Klim écoute, hoche la tête et s'attriste. Comment le bartchouk et Plastounoff peuvent-ils dénigrer ce que tant d'autres approuvent ? Est-il possible qu'ils aient raison, à deux ou trois, contre des millions ? Bien sûr, ils sont plus instruits et plus intelligents que beaucoup. Mais Lev Serguéïévitch Sorokine, lui aussi, était instruit et intelligent. Et il bénissait le tsar d'avoir ordonné la libération des serfs. Entre deux grincements d'essieux, Klim hasarde :

— Pourtant mon ancien maître, Lev Serguéïévitch, qui était arbitre de paix...

— Il est mort avant d'avoir pu constater l'échec de la réforme, tranche Plastounoff. S'il avait vécu, il serait aujourd'hui de notre bord...

— Je ne pense pas ! soupire Klim. Lev Serguéïévitch voulait tout arranger...

— Et nous ? Qu'est-ce que tu crois ? Que nous voulons tout déranger, peut-être ? Est-ce notre faute si, dans ce pays, il est impossible de rien obtenir par la douceur ? Que le gouvernement nous donne ce que nous exigeons, et nous redeviendrons des sujets respectueux !

— Qu'est-ce que vous exigez ? Qu'est-ce que tu exiges, Vissarion Vassiliévitch ? demande Klim en se tournant vers le bartchouk.

— Pour moi personnellement, rien, répond Vissarion. Pour toi et tes semblables, beaucoup.

— Oui, Klim, reprend Plastounoff. C'est pour vous autres que nous travaillons. Vous êtes tellement écrasés par des siècles de servage que vous n'oseriez pas élever la voix. Alors nous nous substituons à vous. Nous parlons et nous agissons à votre place. Et nous n'avons même pas besoin de votre approbation pour le faire. Car nous savons mieux que vous ce qui est nécessaire à votre bonheur !

— Ça, bien sûr, dit Klim.

Et il pense que le bartchouk et Stépan Alexandrovitch ont un grand mérite à s'occuper ainsi du sort des petites gens. Evidemment il est regrettable que tout cela se fasse contre la volonté du tsar. Mais le tsar est trop loin, trop haut pour que l'on sache au juste ce qu'il désire. Ce n'est donc pas au tsar qu'il faut que lui, Klim, obéisse, mais à l'autorité la plus proche de lui, c'est-à-dire au bartchouk. Il doit porter les idées du bartchouk comme autrefois il portait sa livrée. Sans réfléchir. Sans discuter...

— Tu comprends maintenant ? demande Vissarion.

Et Klim répond :

— Oui, je comprends, Vissarion Vassiliévitch. Je comprends.

Vissarion allume un petit cigare. L'odeur du tabac recouvre celle des peaux de mouton. La charrette pénètre dans un bois. Il y a encore de la neige sur le talus, mais la route n'est qu'ornières et flaques. Derrière l'entrelacs des branches, brille un ciel bleu sans fond. Tout à coup, Klim éprouve le besoin d'être mieux renseigné sur son maître. Le présent et le passé se raccordent mal dans sa tête. Il demande à Plastounoff :

— Stépan Alexandrovitch, quand vous êtes venu la première fois aux étuves, vous ne saviez vraiment pas où se trouvait Vissarion Vassiliévitch ?

— Je le savais, mon bon, répond Plastounoff en souriant. Mais je ne pouvais pas te le dire !

— Oui, oui. Et déjà à ce moment-là vous cherchiez un endroit où vous cacher ?

— Dans notre situation, on est toujours en quête d'un refuge, d'une position de repli...

— J'ai été votre position de repli ?

— Exactement ! C'est grâce à toi que nous avons pu échapper à la police !

Klim se gonfle de fierté, réfléchit et murmure :

— Une chance que vous ne soyez pas venus huit jours plus tard !

— Pourquoi ?

— J'aurais été marié !

— Tu devais te marier ? s'écrie Plastounoff.

— Oui, dit Klim.

Et il rit, le poing sur la bouche.

— Avec qui ? demande Vissarion.

— Avec la fille du patron.

— Eh ! diable ! dit Plastounoff. Ce n'était pas mal, ça ! Tu aurais peut-être dû...

— Non, non..., dit Klim. C'était Térenty qui voulait que j'épouse sa fille... Mais moi je ne l'aimais pas vraiment... Tout est mieux comme ça, je vous assure... Oh ! elle était bien gentille et bien délicate... Elle avait déjà eu beaucoup de fiancés... Elle ne mangeait que du pain blanc...

Il voudrait raconter toute l'histoire. Mais personne ne lui pose plus de questions. Alors il continue de rire en remuant les épaules. La charrette entre dans un village.

— J'ai une de ces faims ! dit Vissarion. Si on s'arrêtait ?

8

— Bon, bon ! s'écrie Vissarion. Je ne dirai plus rien !

— Qui te demande de ne plus rien dire ? marmonne Plastounoff. Laisse simplement finir Ratnikoff. Tu parleras à ton tour. Vas-y, Ratnikoff ! on t'écoute.

Vissarion croise les bras, se renverse sur le dossier de sa chaise et lève ostensiblement le nez au plafond. L'intérêt que Plastounoff porte à ce Simon Ratnikoff l'exaspère. Un libéral mollasson à la barbiche blonde, plein de ses récentes lectures et prétendant résoudre tous les problèmes par des références à Proudhon. Ida elle-même semble le trouver à son goût. Elle l'écoute passionnément, les paupières mi-closes, le menton dans les mains, comme elle écouterait un violoniste. Au vrai, Vissarion est déçu par elle. En trois mois de séparation, il avait fini par oublier ses traits accusés, son nez long, sa peau terne, pour ne garder en mémoire que la lumière de ses yeux noirs, brûlants d'intelligence. Maintenant, il ne voit plus les yeux, il voit le reste. La lampe à contrepoids de cuivre verse une clarté dure sur les visages inclinés. Simon Ratnikoff parle avec chaleur. Klim, assis par terre, raccommode des chaussettes. Plastounoff pianote sur le bord de la table. Le samovar bout. Les cigarettes fument.

— ... Dans ces conditions, vous comprendrez que je me refuse à approuver cet attentat contre le tsar ! lance Katnikoff. Karakozoff (1) a agi en orgueilleux, en illuminé. Résultat : à cause d'un violent, tous les non-violents sont menacés par la police. On nous traque. Nous devons rentrer sous terre et nous regrouper. Moins nous serons nombreux, plus il faudra que nous soyons accueillants pour nos frères, quelles que soient les nuances de leur pensée. D'abord nous serrer les coudes...

— Il y a certains coudes que je n'aimerais pas sentir contre le mien ! grogne Vissarion.

— De nouveau, tu l'interromps ! dit Plastounoff.

— Laissez donc ! dit Ratnikoff. J'ai fini.

Et il regarde Ida en souriant, comme pour lui demander si elle est contente de la façon dont il a exécuté sa jonglerie. Elle répond à son sourire et dit :

— Simon a raison. Même si nous ne sommes pas toujours d'accord avec les « narodniki (2) », je crois que, dans le malheur et la déroute, nous devons nous rapprocher d'eux. Ce sont des gens intelligents, courageux et sincères. Ils l'ont prouvé à maintes reprises. Nul ne peut nier que Tcher-

---

(1) L'identité de celui qui, le 4 avril 1866, attenta à la vie d'Alexandre II ne fut connue qu'une dizaine de jours après son arrestation. Il s'agissait d'un certain Karakozoff, étudiant à l'université de Moscou et membre d'un cercle révolutionnaire.

(2) Les « narodniki », ou « Amis du peuple », ainsi nommés parce qu'ils voyaient le salut de la Russie dans un rapprochement des élites avec les masses laborieuses des campagnes, détentrices de la vraie sagesse.

nichevsky, Nekrassof, Saltykoff ont fait du bon travail dans le *Contemporain*... (1)

— Du bon travail ? proteste Vissarion. Vous trouvez ? Ah ! non, Ida ! Je ne vous reconnais plus ! Depuis quand êtes-vous pour la camomille politique ? Je prétends, tout au contraire, que ces messieurs du *Contemporain* ont émasculé le mouvement révolutionnaire en défendant dans leur journal une idéologie désuète et sans rapport avec les exigences de notre temps. Pour désarmer la censure et séduire un nombre toujours plus grand de libéraux hésitants, ils ont présenté leur programme sous les couleurs poétiques de la marche vers le peuple...

— Ce n'est pas une raison suffisante pour creuser un fossé entre leur parti et le nôtre !

— Si ! En nous mêlant à eux, nous nous laisserions gagner par leur seule dialectique. Ils rêvent du bonheur des humbles à la façon de ce roi français, Henri III ou IV, je ne sais plus : « La poule au pot ! » Et nous, socialistes russes, nous sommes contre « la poule au pot » ! Car « la poule au pot » n'est qu'une façon déguisée de réduire le peuple en esclavage. « La poule au pot », c'est l'abêtissement dans la satiété et la gratitude. « La poule au pot », c'est pis que l'aigle bicéphale. Oui, tant qu'à faire, j'aime encore mieux être dans les serres d'un rapace que sous le croupion d'une volaille de basse-cour !

Ayant jeté sa formule, Vissarion guette la réaction de l'auditoire et constate avec satisfaction que les yeux de Plastounoff scintillent de malice. Mais Ida reste de glace. Comme si elle lui en voulait d'être si brillant. En vérité, il n'est pas foncièrement hostile aux gens du *Contemporain* ;

(1) Périodique de tendance libérale et populiste.

il reconnaît même, à part soi, que leur propagande dans les milieux intellectuels a souvent été très utile ; si Ratnikoff les avait attaqués, il les aurait peut-être défendus pour le plaisir de le contredire... Mais voilà, c'est plus fort que lui, il ne peut abonder dans le sens de ce blondin douceâtre, myope et barbu... Ah ! Plastounoff a eu une riche idée d'envoyer sa sœur à Kalouga, sous prétexte qu'elle courait un danger avec eux, à Viborg. Le danger, c'est ici qu'elle l'a rencontré. Non sous les espèces d'un mouchard, mais sous les traits d'un compagnon de lutte. Est-elle amoureuse de Ratnikoff ? Vissarion hésite à le croire. Quand on a de l'amitié et de l'estime pour une jeune fille, fût-elle disgraciée par la nature, il est toujours triste, pense-t-il, de la voir s'éprendre d'un homme qui ne la mérite pas. Son avis est d'autant plus désintéressé en la matière, que, personnellement, il n'a jamais été attiré par elle.

— Votre histoire de « poule au pot » est très drôle, dit Ratnikoff. Mais on ne construit pas une révolution sur bon mot !

— On la construit moins encore sur un bon sentiment ! réplique Vissarion.

— Je partage l'opinion de Vissarion, dit Plastounoff. Tout en comprenant, mon cher Simon, les raisons de votre indulgence envers les « narodniki », je crois que, plus le temps passe, plus nous devons nous détacher d'eux. Ils appartiennent à l'époque révolue des élans du cœur et nous entrons dans l'époque du positivisme réaliste. Nous savons maintenant que l'évolution des peuples est soumise à des lois sociales aussi précises, aussi implacables, que les lois physiques. Si nous mettons le bonheur humain en équations, nous constatons que le résultat : « du pain pour tous », ne peut être obtenu qu'en passant par la phase : « renversement de l'ordre établi ». Je dis bien renversement et non amélioration. Or, ce renversement, le peuple n'osera le tenter que s'il est acculé au désespoir. Contrairement aux libéraux de style romantique, nous devons donc redouter les initiatives humanitaires du gouvernement et souhaiter le durcissement des méthodes policières, l'accroissement de la misère, la généralisation de l'injustice. Il faut que l'ouvrier perde son travail, que le paysan quitte sa terre, que la famine s'installe, afin que tous les mécontents, tous les deshérités acceptent de nous suivre dans la conquête du pouvoir.

— Bravo ! s'écrie Vissarion. Voilà qui est parlé !

Et il lance à Ida un regard victorieux. Elle serre sur ses épaules maigres un châle vert à dessins noirs, se tourne vers son frère et dit :

— Je voudrais simplement savoir une chose, Stiopa : si, à l'instant, on frappait à la porte et si tu voyais paraître sur le seuil un de ces « libéraux bourgeois », un de ces « narodniki » que tu condamnes, et s'il te demandait de le cacher, de l'aider, que ferais-tu ?

Plastounoff rit, ne répond pas et avance sa tasse. Ida la remplit à demi d'un thé concentré et rajoute de l'eau bouillante.

— Existe-t-il un seul théoricien socialiste qui, après avoir énoncé une règle générale, ne bute pas sur un cas particulier ? dit Ratnikoff. La prise en considération des cas particuliers est une preuve d'honnêteté intellectuelle !

— Ou de faiblesse congénitale ! dit Vissarion.

Et il regrette sa grossièreté. Comme toujours, il est allé trop loin. Cependant Simon Ratnikoff n'a même pas l'air offensé. Changeant de sujet, Ida évoque l'organisation de leur vie commune, à Kalouga. Ne pourrait-on accueillir d'autres amis dans le « local conspiratif » ? Ratnikoff hésite à se prononcer. Stiopa, lui, refuse catégoriquement.

— Il ne faut pas tirer sur la ficelle ! dit-il. Déjà notre arrivée, à nous, n'est pas passée inaperçue. Si des camarades nous rejoignent, les voisins finiront par trouver que Simon emploie trop de monde dans son atelier. A qui ferions-nous croire que la fabrication des bols et des ronds de serviette se développe si rapidement en Russie ? Nous devons respecter la vraisemblance...

— Oui, dit Vissarion. Et pourtant j'aimerais savoir ce que sont devenus Mazimoff, Gourévitch...

— Il est trop tôt encore pour avoir de leurs nouvelles, dit Plastounoff. S'ils ont suivi mes instructions, Maximoff, Gourévitch, Stréletsky doivent être à Brest-Litovsk, Ivanoff et Tchaïkine à Tsaritzyne... En ce qui me concerne, je me demande si je ne devrais pas franchir la frontière pour prendre contact avec nos amis de Genève...

— Pourquoi te préoccupes-tu de ce qu'ils pensent ? demande Vissarion.

— Eux seuls ont une vue d'ensemble de nos différents mouvements.

— Leur vue d'ensemble, c'est le lac Léman ! Ils se prélassent devant ces eaux calmes et prétendent nous dicter notre conduite, à nous qui vivons et luttons dans l'enfer russe. S'ils veulent absolument jouer aux chefs politiques, qu'ils prêchent donc la révolution aux Suisses !

— Tu raisonnes comme une cruche ! dit Plastounoff en faisant craquer les jointures de ses doigts. J'irai là-bas. Je discuterai du moyen de coordonner nos efforts. Et, à mon retour...

Le père de Ratnikoff, Akim Akimovitch, rentre en traînant les pieds. Il est vêtu d'une sorte de lévite brune. Ses yeux petits et noirs se serrent contre la racine d'un long nez osseux, dévié sur la gauche. Des traces de couleur strient sa barbe, car il lui arrive d'essuyer son pinceau dans ses poils.

— Je vous annonce que, dans un élan d'inspiration artistique comparable à celui de Léonard de Vinci devant la Sainte Cène, j'ai fini de peindre la série des coquetiers ! dit-il. Et vous, je suppose que vous avez, pour la centième fois, retourné la Russie de fond en comble, confisqué l'or des riches, organisé des élections et placé un comité de moujiks et d'ouvriers à la tête de la nation ?

Les opinions extrémistes de son fils l'amusent sans le convaincre. Pour excuser son indifférence, il se prétend sceptique à la manière de Pyrrhon. En fait, il a simplement une âme molle. Inconsistant, insouciant et fantasque, il se laisse porter par le flot de la vie. Tel que, Vissarion le trouve plus sympathique et plus avisé que Simon Ratnikoff. Ida propose une tasse de thé à Akim Akimovitch. Il s'étonne qu'on lui parle de thé et non de dîner. C'est vrai, à discuter, ils ont oublié l'heure ! Klim se précipite à la cuisine et rapporte du saucisson, du fromage, des harengs, des pommes de terre froides et des oignons coupés en tranches. Comme d'habitude, Plastounoff lui dit :

— Assieds-toi donc, Klim.

Et, comme d'habitude, Klim répond :

— Non, non, Stépan Alexandrovitch. Je préfère comme ça... de mon côté...

Vissarion apprécie la déférence dont témoigne ce refus. Si attaché qu'il soit à la suppression des barrières sociales, il lui déplairait de dîner à la même table que Klim.

Klim s'assied dans l'encoignure de la fenêtre et mange sur ses genoux, en surveillant à la dérobée les autres convives. De temps en temps,

Vissarion rencontre son regard. « Que peut-il bien comprendre, dans sa lourde tête de moujik, en nous entendant parler de liberté, de révolution, de démocratie ? se dit-il. Incontestablement, nous avons de la chance par rapport à lui ! Or, toute chance crée une dette. Les innombrables Klim de la terre russe sont nos créanciers. Et nous les remboursons en luttant contre le gouvernement ! » Cette mise au point satisfait son besoin de logique. Il boit une rasade de kwass et retourne à la discussion. Les convictions se rapprochent tellement, dans le brouhaha et la chaleur, que, parfois, il ne sait plus si telle phrase bien timbrée a été prononcée par lui ou par son voisin :

— La recherche du bonheur sur terre est un devoir sacré pour tout homme digne de ce nom !

— La richesse matérielle n'est pas condamnable en soi, c'est le système de distribution de cette richesse qui est condamnable ! Encore un peu de thé ?

— Tu m'embêtes avec ton thé ! Passe-moi la bière !

— Réformer, c'est réparer. Ce qu'il faut, c'est casser, balayer et reconstruire.

— Selon quels plans ?...

— Vous devriez tous vous inspirer de *Que faire,* de Tchernichevsky. C'est un chef-d'œuvre, une Bible...

— Je préfère *Force et Matière,* de Büchner !

— Pourquoi pas le bon vieux *Manifeste des Egaux,* de Babœuf ? Non, notre étoile est, et doit demeurer, Bakounine !

— Et Marx ? Et Engels ?

— Ce sont des nouveaux. Je me méfie.

— Marx est génial...

— Génial, mais allemand. Voilà qui gâte tout !

— Qu'as-tu contre les Allemands ?

— Ils aiment trop marcher au pas !

— Ce qui signifie ?...

— ... Qu'ils seront toujours allemands avant d'être socialistes, alors que nous autres, nous serons toujours socialistes avant d'être russes !

C'est Simon Ratnikoff qui a lancé cette réplique. Vissarion ne la désavouerait pas. Mais pourquoi Ida est-elle si excitée ? Par son agitation, ses regards brillants, la rougeur de ses joues, elle empêche, semble-t-il, que s'installe dans cette maison une atmosphère de franche camaraderie. Akim Akimovitch se lève, empoigne sa guitare et prend quelques accords en fredonnant, lèvres serrées. Vissarion reconnaît un de ces airs tziganes, doux-amers, dont il était si friand autrefois. Le temps est loin où il courait les cabarets avec ce fou de Constantin Loujanoff, qui riait pour un rien et jetait l'argent par les fenêtres. Une sale nostalgie lui barbouille le cœur. La guitare joue en sourdine. Il va protester, mais Simon Ratnikoff le devance :

— Non, père, pas maintenant, je t'en prie ! Tu vois bien que tu nous déranges !

— Ah ! Seigneur, que vous êtes donc sérieux, que vous êtes donc ennuyeux, que vous êtes donc vieux ! dit Akim Akimovitch.

Et il pose sa guitare contre le mur.

— Il y a deux processus parallèles pour passer du régime capitaliste au régime socialiste, dit Plastounoff. Le premier, c'est la diffusion de l'idée d'injustice et de revendication dans les masses ; le deuxième, c'est le développement des effets de la dégradation économique...

Malgré sa lassitude, Vissarion fronce les sourcils et s'impose la discipline d'écouter chaque mot. Mais, tout en écoutant, il continue d'observer Ida. Elle n'est pas si laide, lorsqu'elle penche la tête et ferme à demi les paupières.

— Nous pouvons, nous devons contrôler ces deux processus ! dit Plastounoff. Qu'est-ce que vous en pensez ?

— Je ne suis pas tout à fait d'accord, dit Vissarion.

La lumière de la lampe baisse. Il faudrait rajouter de l'huile. Akim Akimovitch propose d'aller dormir. Tous refusent. On allume une bougie. Et la discussion reprend.

9

« Nous voici à Kalouga. Evidemment, là-bas, à Moscou, Térenty doit être furieux et Elizaveta pleure. Je n'allais quand même pas rester avec elle après avoir retrouvé Vissarion Vassiliévitch ! Elle pourra dénicher un autre mari quand elle voudra, avec l'aide de Stéphanida. Sans doute n'est-ce pas convenable de partir en secret, la nuit, comme je l'ai fait, lorsqu'on a été bien traité dans une maison. Cependant, par la longue lettre que je lui ai laissée, Elizaveta a dû comprendre que je n'avais pas le choix. Bien sûr je ne lui ai pas indiqué où nous allions, puisque maintenant, comme dit Stépan Alexandrovitch, je suis un « clandestin », un « combattant de la liberté ». Ici, nous ne combattons pas beaucoup. Nous attendons « le moment propice ». Et, pour gagner un peu d'argent, nous taillons et colorions des objets en bois. C'est une besogne très agréable. Simon Akimovitch Ratnikoff travaille au tour avec son père ; Ida Alexandrovna, Stépan Alexandrovitch et le bartchouk font les dessins ; moi je passe le vernis. Un revendeur achète le tout et l'envoie dans d'autres villes.

« Quelquefois j'ouvre les yeux, la nuit, dans la cuisine, et je me dis : « J'ai rêvé... Ce serait trop beau !... Il n'est pas là... » Puis je pousse la porte et j'entends sa respiration. (Il couche dans la salle à manger, avec Stépan Alexandrovitch Plastounoff.) En revenant à ma paillasse, je suis si heureux que je ne sais plus de quel côté me tourner. C'est un grand réconfort, pour un domestique, de penser qu'à chaque instant il peut, s'il le veut, faire quelque chose pour son maître, lui chauffer de l'eau, lui brosser ses vêtements, lui cirer ses bottes, lui poser une question et l'entendre pester contre cet imbécile qui le dérange. J'aime aussi l'écouter parler avec les autres, le soir, après le travail. On discute de ce qu'il faut changer pour que la justice et la liberté règnent en Russie. Tous, à la maison, semblent d'accord et, brusquement, à force d'être d'accord, ils ne le sont plus. C'est le bartchouk qui a la langue la mieux pendue. Il explique la vérité à tout le monde. Surtout à Simon Akimovitch Ratnikoff. Moi, je me tasse dans un coin pour qu'on m'oublie. « Ouvre les oreilles et tu t'enrichiras », disait mon père. Ici, l'or de l'instruction ruisselle du matin au soir. Malheureusement je ne comprends pas toujours ce qui se dit. Les journaux ont publié des détails sur ce Karakozoff qui a voulu tuer le tsar. Il appartenait à un groupement clandestin, appelé « l'Organisation », dont le chef était un certain Ichoutine. Tous les membres de l'Organisation ont été arrêtés. On dit que Karakozoff est un étudiant extrémiste. Un révolutionnaire. Comme nous. Mais nous, nous ne voulons pas répandre le sang. Stépan Alexandrovitch et le bartchouk l'ont encore répété hier. Le bartchouk a déjà meilleure mine, depuis quinze jours que nous sommes à Kalouga. Il mange bien, il dort bien. Mais il ne sourit pas comme avant. C'est vrai que nous ne sommes plus très jeunes, lui et moi : trente ans ! A cet âge-là, les soucis pèsent double ! »

10

Vissarion referme son livre, bâille et se dirige vers le canapé de cuir noir qui lui sert de lit. Plastounoff dort déjà, sur un canapé plus étroit, poussé contre le mur opposé. On ne voit pas son visage, tourné vers l'ombre. Un plaid à carreaux lui couvre les jambes. Après avoir baissé la mèche de la lampe, Vissarion s'assied et se met à retirer ses bottes. La salle à manger baigne dans une odeur de soupe aux choux et de tabac. Ouvrir la fenêtre ? Non, il fait trop froid dehors. Le bruit d'une respiration engorgée traverse la porte de la cuisine. C'est Klim qui couche là. Il ne ronflait pas si fort, dans le temps. Le secouer ! Au moment où Vissarion se décide à le faire, le ronflement s'arrête. Il reste assis, les mains sur les genoux. Au-dessus de sa tête, le plancher craque : Ida va et vient entre son lit et l'armoire. Simon Ratnikoff lui a cédé sa chambre et s'est transporté dans celle de son père. La maison est petite, mais propre, bien calfeutrée. Tiens ! le plancher ne craque plus. Ida s'est mise au lit. Vissarion se déshabille et se couche à son tour. En plus de sa grosse couverture rouge piquée, il étale sur ses jambes son manteau et celui de Plastounoff. Un silence mou l'enveloppe. Il tend la main vers la lampe et s'apprête à souffler la flamme dans le manchon, mais Plastounoff se dresse sur un coude.

— Je croyais que tu dormais ! dit Vissarion.

— Non. Que penses-tu de Simon Ratnikoff ?

Vissarion le considère avec surprise et répond :

— C'est un tiède !

— Je ne te parle pas de sa valeur sur le plan politique.

— Et sur quel plan ?

— Sur le plan humain.

— Sur le plan humain, il ne m'intéresse pas, dit Vissarion.

— Moi, si, dit Plastounoff. N'as-tu pas remarqué qu'il tournait autour d'Ida ?

— Peut-être, en effet...

— Comment, peut-être ? s'exclame Plastounoff. Quand nous discutons, elle le dévore des yeux, elle boit ses moindres paroles...

Vissarion pense, avec amusement, que Stiopa est jaloux de sa sœur. Sans lâcher son ami du regard, il dit :

— Qu'est-ce que ça peut te faire ?

— Ça peut me faire que... que c'est ridicule ! bégaye Plastounoff. Ridicule et dangereux ! Crois-tu qu'on puisse à la fois se dévouer au bonheur du peuple et à son propre bonheur ? Il n'y a pires égoïstes que les amoureux ! Les yeux dans les yeux, la main dans la main, ils oublient le monde. Ce monde que toi et moi nous voulons réformer !...

L'indignation de Plastounoff est si forte, sa parole si chaude, que Vissarion, tout à coup, n'a plus envie de sourire. Son ami a raison : la vocation révolutionnaire exige le sacrifice du cœur à l'idée. Ce sacrifice, Ida l'a consenti depuis longtemps, et une fois pour toutes. Elle n'est pas une femme, mais un compagnon de combat.

Elle appartient à Stiopa et à Vissarion, par le travail et l'amitié. Personne n'a le droit de la leur prendre.

— Je me refuse à croire, dit-il, que ta sœur, qui est l'intelligence et la finesse mêmes, soit réellement amoureuse d'un personnage aussi inconsistant que Simon Ratnikoff !

— Le choix des femmes est incompréhensible ! réplique Plastounoff. En as-tu vu beaucoup qui recherchent des hommes de leur niveau ? Les plus sottes se jettent à la tête des génies et les plus hautement douées se pâment devant quelque crétin avantageux ! Non, non, Ida peut très bien prendre flamme pour Simon. Et — tu la connais ! — avec sa droiture, son exigence, elle ne se contentera pas d'une amourette passagère...

— Quoi ? balbutie Vissarion de plus en plus inquiet. Tu n'imagines tout de même pas qu'elle pourrait... ?

— L'épouser ? Mais si !

— Ça alors... !

— Un mariage dans notre situation ! Tu te rends compte ? Et les enfants qui naîtront ! Des langes séchant partout dans le « local conspiratif » ! Une réunion clandestine entre deux tétées ! La police sonnant à la porte, et nous déguerpissant dans la nuit, un petit Ratnikoff sous chaque bras !...

Le visage de Stiopa grimace dans la pénombre. Sa fièvre se communique à Vissarion. Lui aussi, maintenant, tremble de colère. Il y a quelque chose de grotesque, d'indécent, lui semble-t-il, dans cet engouement d'Ida pour l'intrus. Brusquement, elle a un corps sous sa robe.

Après un long silence, Plastounoff reprend d'une voix amortie :

— Qu'une créature jeune et belle soit prise

par l'amour jusqu'à en perdre la tête, je le comprends, je l'admets. Mais une vieille fille comme Ida, laide et contrefaite, c'est... c'est tout simplement répugnant... Tu l'imagines, toi, dans les bras d'un homme, nue, avec son grand nez, les cheveux défaits, bredouillant des mots d'amour ?

Cette explosion de haine fraternelle déconcerte Vissarion qui était sur le point d'emboîter le pas. Il ne peut suivre son ami aussi loin. Il le regarde s'agiter et s'étonne. Même il le plaint un peu d'en être réduit à salir Ida pour se soulager d'une peine inavouable.

— Que comptes-tu faire ? demande Vissarion.

— Lui parler !

— Tu as peut-être raison : il faut lui montrer le danger qu'elle court...

De nouveau, le plancher craque : Ida ne peut dormir. L'amour la tourmente. Silence. Elle s'est recouchée. Plastounoff chuchote :

— J'étouffe ! Tu ne trouves pas qu'il fait anormalement chaud ?

— Non.

— L'idiote ! L'idiote !

Vissarion souffle la lampe. Les yeux ouverts dans l'obscurité, il pense à Ida, à Stiopa. Soudés l'un à l'autre, nourris l'un de l'autre, inséparables. Sa seule famille. Que ferait-il sans eux ?

11

Ida trempe son pinceau dans un godet plein de couleur rouge et l'approche du morceau de bois façonné : quatre pétales vermillon éclatent au flanc du coquetier. Plastounoff le lui prend des mains et ajoute deux feuilles vertes. Vissarion et Klim, à la table voisine, passent le vernis sur les articles décorés. A l'autre bout de l'atelier, Simon Ratnikoff et son père, penchés en avant, actionnent, chacun de son côté, la pédale d'un tour. Un nuage de poudre blonde les environne. Akim Akimovitch chante en travaillant. Klim sifflote. Un rayon de soleil brille derrière la vitre poussiéreuse. Ida prend un autre coquetier dans la rangée. L'odeur de la colle et du vernis lui serre les tempes. Une douleur sourde écrase ses reins. Chaque mois, il en va de même. Ce rappel de sa condition féminine l'agace. Elle voudrait l'oublier et ne le peut. Sa fatigue augmente. Elle raidit les épaules. Trop de couleur sur le pinceau. Une bavure rouge. Tant pis. Elle repose le coquetier d'un geste brusque. Vissarion envoie Klim chercher de la bière à la cuisine. Klim revient, les bras ballants.

— Tu n'en as pas trouvé ? dit Simon Ratnikoff.

— Non, dit Klim. Toutes les bouteilles sont

vides. Mais il y a deux hommes à la porte. Deux ouvriers. Ils demandent si vous n'auriez pas du travail pour eux...

— Tu les as renvoyés, j'espère !

— J'ai voulu. Mais ils insistent pour voir le patron. Ils disent qu'ils ne prendront pas cher...

— Je n'aime pas beaucoup ça ! dit Plastounoff.

— Tu crois que ce sont des mouchards ? chuchote Ida.

— Ils ont vraiment l'air d'ouvriers, affirme Klim.

Vissarion lui jette un regard froid et grogne :

— Imbécile !

— J'y vais ! dit Simon Ratnikoff.

— Soyez prudent ! crie Ida à sa suite.

Tout le monde la regarde. Un flux de chaleur monte à ses joues. Pourquoi a-t-elle dit ça ? Elle est furieuse et s'impatiente de sentir que son visage continue à flamber.

L'absence de Simon Ratnikoff se prolonge. Enfin le voici ! La poitrine d'Ida s'allège. Mais elle ne souffle mot.

— Ils sont partis, dit Simon Ratnikoff. Je suppose que c'étaient réellement des ouvriers en quête d'un emploi.

La lumière du jour décline. Plus qu'une heure de travail. Ida laisse échapper son pinceau, le ramasse et, en se redressant, éprouve un vertige.

— Je vais prendre l'air, dit-elle.

Derrière l'atelier, s'étend un carré d'herbe galeuse, mi-jardin, mi-dépotoir. Au bout d'un sentier, deux caisses assemblées servent de banc. Ida s'assied dessus et renverse la tête. Sa faiblesse l'irrite. Elle voudrait la dominer, la nier. De l'autre côté de la palissade, une bande de gamins se poursuivent et s'interpellent à longs cris aigus. Des hirondelles piaillent en rayant le ciel de leur vol fou. Emergeant d'un amas de bouteilles vides et de paniers défoncés, un buisson de lilas dresse ses thyrses encore verts.

— Ça ne va pas ?

Ida tressaille. Son frère est devant elle.

— Mais si, dit-elle. Très bien !

Et instinctivement elle se redresse, affermit son regard. Il s'assied près d'elle, hanche contre hanche. Elle l'entend qui respire fort, comme en proie à une douloureuse réflexion. Soudain il murmure :

— Ida, ce que j'ai à te dire est grave... Je t'observe depuis quelque temps et je ne te reconnais plus... De toute évidence, tu es sous l'empire d'un sentiment très nouveau pour toi... Je ne puis t'en blâmer, bien sûr, puisque toutes les jeunes filles, toutes les femmes passent par cette... par cette expérience... Mais tu as choisi une vie de combat qui t'interdit, en quelque sorte, les voies communes...

D'abord elle ne comprend pas. Puis elle s'écarte de lui et le regarde. Tout ce qu'il n'ose dire encore, elle le lit dans ses yeux. Elle balbutie :

— Quoi ? Quoi ? Qu'est-ce que tu te figures ?

Il fait front :

— Prétendras-tu que Simon Ratnikoff te laisse indifférente ?

Une fureur d'orgueil la saisit, la retourne, l'empêche de parler. Elle halète :

— Tu es fou ?...

— Qu'y aurait-il d'extraordinaire à ce que tu éprouves un penchant pour lui ? dit-il. Après tout, il a ton âge, il n'est pas bête, il est de notre bord, il...

Elle l'interrompt violemment :

— Je t'interdis, Stiopa... ! Quand on a consacré autant d'années que moi à la lutte clandestine, on ne se laisse pas aller à des rêves vaporeux de pensionnaire. Le supposer, c'est me manquer de respect. Je n'ai pas mérité cela. Simon Ratnikoff n'est rien pour moi. Rien qu'un camarade comme les autres. Ne l'oublie jamais !

Elle se lève et se dirige d'un grand pas vers la maison. Derrière la fenêtre de l'atelier, une silhouette s'efface rapidement : Vissarion ! A-t-il observé la scène ? Etait-il au courant des intentions moralisatrices de Stiopa ? Peu importe.

Elle monte dans sa chambre et referme la porte sur elle. Son cœur bat vite. Plus elle s'efforce de recouvrer son sang-froid, moins elle comprend que son frère ait pu la croire capable d'un pareil manquement à la discipline du groupe. Aussi profondément qu'elle s'interroge, rien dans sa conduite ne justifie les accusations qu'il a portées contre elle. Sans doute a-t-il interprété dans le sens le plus vil les sourires, les propos aimables qu'elle a échangés parfois avec Simon Ratnikoff. Est-ce un crime de trouver du plaisir à discuter avec un compagnon courtois et intelligent ? Pourquoi opposerait-elle un visage de bois à qui lui est sympathique ? Mais elle n'admettra jamais qu'un homme se serve de ses sens pour s'emparer de sa volonté. Voilà ce que Stiopa devrait savoir, depuis le temps. Elle marche de long en large dans la chambre, la respiration entrecoupée. Cette chambre qui n'est même pas à elle. Du reste, rien n'est à elle dans le monde. Même pas son cœur, même pas son corps. Tout appartient à la cause. Son regard effleure le lit étroit, sous sa couverture au crochet, le fusil de Simon Ratnikoff pendu au mur, les livres rangés sur un rayon, et une amertume lui monte dans la bouche. Est-ce à cause de l'injure que son frère lui a infligée ? Elle se découvre perdue, trahie, seule comme elle ne l'a jamais été. Son reflet, dans le miroir de la table de toilette, la frappe. Cheveux dépeignés, nez long, teint olivâtre ! Dieu qu'elle est laide !... Les larmes lui piquent les yeux. C'est devant cette glace que, d'habitude, Simon Ratnikoff se rase et noue sa cravate. Des voix montent du jardin. Les hommes ont dû finir leur travail. Elle se recoiffe avec des gestes courts, défripe sa robe et descend.

Ils se lavent les mains et le visage dans un baquet, au milieu de l'herbe. L'eau gicle. Les rires fusent. Akim Akimovitch s'ébroue et fredonne :

— « Dis-moi... pourquoi t'ai-je rencontrée !... »

Ida s'approche du groupe et prononce d'une voix nette :

— Stiopa, il faut absolument que nous partions demain !

Il tourne vers elle une figure ruisselante, aux petits yeux clignotants. Les autres aussi se redressent, éberlués.

— Pourquoi ? dit Plastounoff.

— J'ai réfléchi, répond Ida. Ces deux ouvriers qui se sont présentés tout à l'heure me semblent fort suspects. Trop de gens s'intéressent à nous, par ici...

— Quelle méfiance ! dit Vissarion. Autrefois...

— Autrefois le danger était moins pressant ! La police fermait les yeux. Et nous n'étions pas aussi nombreux dans notre organisation. Maintenant, nous avons véritablement charge d'âmes. Nous devons éviter tout risque inutile à nos camarades. Leur liberté, leur vie dépend de notre vigilance, de la rapidité de nos déplacements...

Une lueur de contentement rusé apparaît dans les yeux de Plastounoff. Vissarion réprime un sourire. Simon Ratnikoff baisse la tête. Ses cheveux sont trempés. Des gouttes d'eau brillent dans sa barbiche blonde.

— Tu as raison, dit Plastounoff au bout d'un moment. Le coin n'est pas sûr !

Et son regard noir s'appuie sur Ida avec une expression d'autorité, de connivence et de remerciement.

— J'ai pensé que nous pourrions aller à Brest-Litovsk, rejoindre les autres, reprend-elle dans un effort.

— Oui, Brest-Litovsk, ce serait parfait.

— Et moi ? marmonne Simon Ratnikoff. Moi, irai-je avec vous ?

— Non, dit Plastounoff. Ton domicile légal est ici. Tu ne pourrais en bouger sans éveiller les soupçons des autorités.

Les yeux de Simon s'agrandissent. Il se tourne vers Ida. Elle ne peut supporter la supplication étonnée de ce regard, pivote sur ses talons et s'éloigne.

12

« Une nouvelle ville, une nouvelle maison, de nouveaux visages. Quinze jours déjà que Vissarion Vassiliévitch, Stépan Alexandrovitch, Ida Alexandrovna et moi sommes à Brest-Litovsk. Nous logeons dans une grande baraque, en dehors de la cité. Huit personnes dorment avec mon maître dans la même salle. Comment lui, un seigneur, peut-il accepter cela ? Chaque matin, toute notre compagnie se disperse. Ils vont en ville, à des réunions, à des rencontres secrètes. Moi, je fais le ménage. Personne ne m'aide. C'est dire que je n'ai pas le temps de fignoler. Je balaye les pièces, je vide les seaux, je retape les paillasses, je mets la table, je prépare le repas. Avant notre arrivée, c'était un jeune étudiant, Miron Casimirovitch, qui se chargeait de ces travaux. Maintenant il participe à l'action, avec les autres. Nos messieurs vont parler aux ouvriers des fabriques. Et aux Polonais, qui sont furieux contre le tsar depuis l'échec de leur insurrection. Et aux Juifs, très nombreux dans la région. Tous les mécontents sont, paraît-il, avec nous. Ça doit représenter beaucoup de monde, vu que — comme disait notre pope de Znamenskoïé, le père Séraphin — il n'y a guère que Dieu qui soit satisfait de son sort. Il ferait un drôle d'œil, le père Séraphin, s'il me voyait dans un cercle révolutionnaire ! Lorsque les nôtres rentrent, par deux ou trois, ils sont tout heureux de retrouver la maison rangée et la table mise. En mangeant, ils parlent de ce qu'ils ont vu, de ce qu'ils ont dit. Chacun veut raconter son histoire et force la voix pour se faire entendre. Ça donne un beau vacarme. S'il n'y avait pas Stépan Alexandrovitch pour rétablir l'ordre, de temps en temps, où irions-nous ? Lui, dès qu'il ouvre la bouche, tous se taisent. Il est vraiment le chef. Vissarion Vassiliévitch est également très écouté. C'est Ida Alexandrovna qui tient la caisse. Toutes mes économies sont dedans. Nous vivons sur elles. Et aussi sur ce que nous gagnons par-ci par-là, en travaillant. Tout est mis en commun. Moi, ça me plaît. Ida Alexandrovna me laisse décider, pour les repas. Je nourris la compagnie à bon compte. Choux, lard, pommes de terre, harengs, voilà notre ordinaire. Quoi que je fasse, ils sont contents. Ils avalent tout pêle-mêle. La politique ouvre l'appétit. Je me demande combien de temps nous resterons ici. Sans doute tant que les gendarmes ne nous auront pas flairés. Alors nous changerons de ville. Quand je vais au marché, pour les provisions, les vendeurs me questionnent : « Chez qui travailles-tu ? » Je réponds ce qui me passe par la tête, j'invente des histoires. Et on me croit. Le peuple gobe tout ! Combien y en a-t-il, parmi les gens simples, qui lisent les journaux ? Pas un sur cent, je parie ! Nous, à la maison, nous en lisons beaucoup. Et de toutes sortes. Les clandestins d'abord, qui viennent de Suisse ou d'Angleterre, et qu'un étudiant polonais nous apporte, à la tombée de la nuit. Et les autres aussi, les journaux des deux capitales. Ils arrivent ici avec du retard. Quand il y a des articles importants, l'un de ces messieurs les lit à haute voix, après le dîner. Nous détestons Katkoff, de *La Gazette de Moscou,* qui est un ennemi de la jeunesse libérale. Tout ce qu'il publie n'est que « plate servilité envers le pouvoir ». Il voudrait, dit-on ici, revenir de dix ans en arrière, rétablir le servage, remettre les universités au pas. Je me demande ce que j'écrirais dans mon cahier, si, au lieu d'être au service du bartchouk, j'étais au service de ce Katkoff ? »

★

« Nous avons quitté Brest-Litovsk, parce que la police était, paraît-il, sur le point de découvrir notre cachette. Maintenant nous nous trouvons à Bobrouisk, chez un forgeron socialiste. La femme du forgeron n'est pas très aimable avec nous. Elle dit que nous sommes des gens « de complication et de malheur », que là où nous passons l'herbe ne repousse plus. Pourvu qu'elle ne nous dénonce pas ! Le forgeron jure qu'elle n'oserait jamais !... Seulement, moi, je vois bien qu'il tremble ! »

★

« Fini, Bobrouisk. Nous sommes à Pinsk. Pourquoi Pinsk ? Je n'en sais rien. Notre hôte est un certain Békétoff qui a une demi-douzaine de chiens pour son plaisir. Les chiens aboient tout le temps. Même la nuit. Le bartchouk se plaint qu'il ne peut dormir. Moi-même, j'ai du mal à fermer l'œil. Mais il n'est pas question de bouger avant des mois : nous n'avons personne de sûr dans la région. Depuis hier, nous travaillons tous les quatre (Vissarion Vassiliévitch, Stépan Alexandrovitch, Ida Alexandrovna et moi) chez un tisserand, comme emballeurs. »

★

« Il fait encore très chaud pour un mois de septembre. Karakozoff, l'auteur de l'attentat, et Ichoutine, le chef de l'Organisation, ont été condamnés à mort. Jusqu'au dernier moment, on a cru que le tsar allait les gracier. Et puis, non ! Ils viennent d'être pendus à Saint-Pétersbourg. Les nôtres sont indignés. »

★

« Les fêtes de fin d'année ont été tristes. Moi seul suis allé à l'église, la veille de Noël. J'ai prié pour que tous les nôtres (et spécialement le bartchouk) demeurent en bonne santé et réussissent dans leurs entreprises. En rentrant de la messe, je les ai trouvés buvant et riant. Ils n'ont pas parlé de politique. Peut-être un jour y renonceront-ils tout à fait ? Alors nous vivrons dans l'amitié et la sécurité, portes et fenêtres ouvertes. Que nous réserve cette année 1867 ? Si j'osais, je ferais couler de la cire dans un baquet d'eau froide, comme font, à la campagne, les filles qui veulent interroger l'avenir. »

★

« Je croyais que nous devions rester toute l'année à Pinsk. Mais nous voilà à Minsk, maintenant. Logés chez Guérassime, le gardien d'un vaste domaine, dont le seigneur vit à Moscou. Guérassime est tout à fait dans nos idées. Il a mis sa petite maison à notre disposition et s'est installé, lui-même, dans une resserre. La grande maison est fermée. Je me promène dans les allées neigeuses, je regarde les arbres nus et je pense à Znamenskoïé. Quelle tristesse qu'une propriété sans barine ! »

★

« Vissarion Vassiliévitch et Stépan Alexandrovitch rédigent des proclamations et les autres les recopient à la main. Comme j'ai une bonne écriture, on m'a mis, moi aussi, à la tâche. C'est une grande preuve de confiance. Je m'applique. A force de reproduire le texte, je le connais par cœur : « Ouvriers, paysans, frères dans le malheur, venez à nous qui comprenons vos souffrances et sommes décidés à combattre pour votre véritable libération... Montrez aux yeux de l'univers entier que vous n'êtes plus des serfs !... »

« Bien sûr, le bartchouk et ses amis ont raison. Mais je me demande parfois s'il y a des gens vraiment libres dans le monde. Même le tsar n'est pas libre, puisqu'il croit en Dieu. On est toujours le serf de quelqu'un. La liberté, c'est peut-être, tout simplement, la servitude des orgueilleux... »

★

« Mai 1867. Notre tsar est en voyage. Il va rendre visite au tsar des Français. Aujourd'hui, le bartchouk et Stépan Alexandrovitch sont sortis, des proclamations plein les poches, et sont revenus, trois heures plus tard, les poches vides. Ils sont contents. Ils disent qu'ils ont enfin rencontré « des ouvriers conscients », à la fabrique de jute. »

★

« Il s'en passe de belles, en France ! D'après les journaux, non seulement ils ont mal reçu notre tsar, mais hier, 25 mai 1867 (1), un misérable a tiré sur lui pendant qu'il roulait en calèche avec Napoléon III, au retour d'une revue. Heureusement, cette fois encore, la Providence veillait. La balle n'a pas atteint notre souverain, mais a frappé la tête d'un cheval. La foule a voulu mettre l'assassin en pièces. Deux attentats à un an d'intervalle ! Qu'est-ce qu'ils ont tous contre lui ? Le coupable est un Polonais : Bérézowsky. Une canaille qui voudrait que la Pologne se détache de la Russie. Hier, il y a eu une grande discussion à table. Ida Alexandrovna a soutenu que Bérézowsky n'avait pas le droit d'agir seul, sans consulter personne. D'après elle, le fait que l'attentat ait été commis en France, et par un Polonais, sera ressenti « comme une gifle » par tous les Russes. Même les libéraux oublieront, dit-elle, leurs idées antimonarchiques pour réagir en patriotes... »

★

« Stépan Alexandrovitch a rédigé un nouveau tract où il dit que l'attentat contre le tsar est « un avertissement solennel à tous les tenants de la monarchie ». C'est une très belle proclamation. Elle tient toute une page. Je la recopie en allant souvent à la ligne. Le procès du criminel vient de commencer à Paris. »

---

(1) Le 6 juin 1867, d'après le calendrier grégorien.

★

« Le Polonais n'a pas été condamné à mort, mais simplement aux travaux forcés. Il paraît que son défenseur — un certain Emmanuel Arago — a dit des choses horribles sur la Russie, et qu'il s'est trouvé des avocats parisiens pour aller serrer la main de l'assassin après le jugement. *Les Annales de la Patrie* écrivent : « L'Europe comprendra-t-elle enfin d'où vient ce sentiment du peuple russe qu'elle s'obstine à appeler haine de la Pologne ou ultra-patriotisme ? Les Français qui nous prêchent la nécessité d'une réconciliation avec les Polonais doivent se rendre compte que ce n'est pas à nous de leur tendre une main pacifique, mais qu'il nous faudrait, tout au contraire, prendre beaucoup sur nous pour croire en la sincérité de leurs intentions. » J'aurais voulu recopier tout l'article, tant il est beau. Presque aussi beau que la proclamation du bartchouk. En tout cas, les Français ne nous aiment pas. Ils préfèrent les Polonais. Comment est-ce possible ? »

★

« La vie a repris, unie et calme. La petite maison de Guérassime nous convient tout à fait. Je couche dans la cuisine, près du fourneau. Le bartchouk, lui, dort, dans une chambre avec Stépan Alexandrovitch. L'autre chambre est pour Ida Alexandrovna. Elle est bonne et douce. Mais elle a toujours l'air triste. Elle parle peu. Comme si elle était offensée de quelque chose. Aujourd'hui ils sont tous allés en ville, pour discuter avec les ouvriers d'une briqueterie. Ils rentreront plus tard que d'habitude. Cela me laisse du temps pour écrire. Il fait beau. La maison est silencieuse... »

Arrivé au bas de la page, Klim pose son porte-plume et se relit. Toujours l'écriture fausse la pensée. Ce qu'il y a dans sa tête est vaste comme la steppe, ce qui figure sur le papier est étroit comme un potager. Il voudrait expliquer que cette existence nomade n'est pas tout à fait de son goût, qu'il aimerait cent fois mieux voir le bartchouk marié et père de famille, dans une vraie maison, avec un vrai métier, un vrai grade, une vraie fortune... Les mots s'assemblent difficilement dans son esprit. Il lève les yeux, regarde la fenêtre, cherche une idée au loin, et une masse sombre s'interpose entre lui et la lumière du jour : le bartchouk est entré dans la cuisine. Klim ne l'attendait pas si tôt. Il se lève précipitamment. Le cahier reste ouvert sur la table.

— Qu'est-ce que tu faisais là ? demande Vissarion.

Immédiatement, Klim se sent en position de coupable. Il balbutie :

— Je... j'écrivais, Vissarion Vassiliévitch.

— A qui ?

— A personne.

— Comment ça : à personne ?

— Enfin... à moi, si tu préfères...

— A toi ? Voyons un peu...

Vissarion prend le cahier, le feuillette, en lit une phrase, par-ci par-là. Son visage, d'abord souriant, s'assombrit. La peur de Klim augmente sans qu'il devine encore ce qui lui sera reproché. Il voudrait se signer et n'ose lever la main. Brusquement, c'est l'explosion :

— Ma parole, tu tiens ton journal, tu racontes ta vie !

— Je ne pensais pas que c'était défendu, Vissarion Vassiliévitch, bredouille Klim.

— Comment ? Comment tu ne pensais pas... ?

— C'est vrai que, dans ma condition, je devrais...

— Il ne s'agit pas de ta condition, imbécile, mais de notre condition à tous ! Imagine que la police fasse une perquisition ici et tombe sur tes gribouillages. Elle y trouverait exactement ce qu'elle cherche. Les noms de nos amis, les adresses des locaux conspiratifs...

Ecrasé par l'importance de sa faute, Klim reste bouche bée, les genoux ouverts, les bras coupés.

— Ainsi, reprend Vissarion, nous nous cachons, nous brouillons nos pistes, nous évitons de correspondre par lettres pour ne laisser aucune trace de nos activités, et toi tu te fais l'historiographe du groupe ! Comprends-tu, au moins, ce que je te reproche... ?

— Oui, Vissarion Vassiliévitch. Je comprends...

— Il faut absolument détruire ça !

Vissarion brandit le cahier dans sa main gauche, se dirige vers le fourneau, saisit un crochet et ouvre le portillon métallique. Une lueur furieuse jaillit. Le cahier disparaît dans les flammes. Le portillon retombe avec un bruit sec. La rapidité du geste laisse Klim étonné. Il n'a pas mal et cependant quelque chose d'essentiel lui manque. Comme si le choc de l'amputation masquait encore la douleur.

— Il n'y en a pas d'autres, j'espère ? demande Vissarion d'un ton menaçant.

D'abord étourdi, Klim pense au premier cahier, à couverture jaune, qu'il cache parmi un tas de hardes, dans son sac. Ce premier cahier est celui de ses souvenirs d'enfance à Znamenskoïé, celui de sa vie avec le bartchouk à Moscou, celui de ses plus grandes joies et de ses plus grandes tristesses. A l'idée de s'en séparer, une angoisse lui serre la gorge. Il s'entend dire :

— Non, Vissarion Vassiliévitch, il n'y en a pas d'autres.

Et il craint qu'un roulement de tonnerre ne réponde à cette contre-vérité. Mais le ciel reste muet, la lumière ne baisse pas et Vissarion dit en reposant le crochet :

— Bon ! Ne t'avise pas de recommencer ! Plus une ligne, plus un mot ! Si tu as envie d'écrire, recopie des proclamations, ça vaudra mieux !

Le bartchouk sort de la cuisine et claque la porte. Un soulagement honteux s'installe en Klim. Il se sent épuisé et malpropre. C'est la première fois de sa vie qu'il ment à son maître. Un tel péché doit vous marquer l'âme à jamais. Cependant il a des excuses : le cahier à couverture jaune ne contient rien qui puisse intéresser la police... Il se rassied et prend sur ses genoux un panier plein de légumes pour la soupe. Son cœur est lourd comme après une mauvaise action. Machinalement il épluche quelques carottes. Puis, n'y tenant plus, il va chercher son sac, en tire le cahier à couverture jaune et, avec un soupir, le jette dans le feu.

TROISIÈME PARTIE

1

Le visage vultueux et poilu de Spiridon se renfrogne.

— Je n'ai pas de travail pour vous ! grogne-t-il.

Vissarion contient mal l'aversion que lui inspire ce moujik enrichi, assis derrière sa table, dans une pose de seigneur.

— On nous a pourtant dit que tu cherchais des ouvriers pour le fauchage, dit Stiopa.

— C'est vrai, dit Spiridon. Mais vous n'êtes pas des ouvriers.

— Qu'est-ce qui te fait croire ça ?

— Votre allure, mes pigeons ! Vous venez de la ville, ça se voit comme le nez au milieu de la figure !... J'ai déjà reçu des étudiants qui voulaient travailler la terre. Je leur ai dit : « Pas de mains blanches, chez moi. Je ne vais pas dans vos livres, ne venez pas dans mes champs ! »

— Nous, nous saurons travailler, dit Stiopa. Nous l'avons déjà fait...

— Où ça ?

— Du côté de Kolomna.

Spiridon secoue la tête négativement. Sa barbe noire va et vient, balayant le devant de sa chemise rouge. Debout derrière lui, sa femme, Agafia, croise les bras sur son ventre.

— A Kolomna, ce n'est pas comme ici, dit-elle. La terre est douce.

Vissarion juge que Stiopa insiste trop. Mieux vaudrait partir. En vérité, depuis deux mois ils n'ont trouvé que ce paysan, près de Kolomna, pour les employer. Il est plus facile de porter la bonne parole dans les villes qu'à la campagne. Les ouvriers d'usine ont l'esprit ouvert aux idées. Ceux de la terre se méfient de tout. Un étranger au village est pour eux un ennemi. Ils écouteraient plutôt le diable s'il était né parmi eux que le Christ s'il venait de l'autre côté de la rivière. Et pourtant il faut les endoctriner, coûte que coûte. Le succès de la révolution dépend de l'adhésion des masses rurales. Ida est si fatiguée qu'elle s'adosse au mur. Elle porte un fichu sur la tête, comme une paysanne. Sa jupe est grise de poussière. Spiridon la dévisage en fronçant les sourcils ; puis son regard se pose sur Plastounoff, glisse vers Vissarion, s'arrête sur Klim. Il les soupèse, il les évalue. Tous trois sont habillés en moujiks. Mais, pense Vissarion, la peau du visage ne ment pas. Spiridon pointe son doigt vers Klim et interroge brusquement :

— Et toi, qui es-tu ?

Klim veut répondre ; Stiopa le devance et dit :

— C'est un ami. Il va partout avec nous.

— Lui, il doit savoir se servir de ses mains, dit Spiridon, lui, je l'emploierais bien !

— Je ne resterai pas sans eux, dit Klim.

Spiridon lisse sa barbe. Agafia chasse les mouches devant elle, d'une main molle. Une charrette passe en grinçant. Il fait chaud dans la petite pièce carrée qui sert de bureau et dont un store de toile blanche masque à demi la fenêtre.

— Prends-les donc tous, dit Agafia, puisque celui-là te convient. Il travaillera pour quatre !

— Eh ! comme tu y vas ! dit Spiridon. Qu'ils me disent d'abord combien ils veulent !

— La nourriture, un toit et cinquante kopecks par jour et par personne, dit Stiopa.

— Pour la nourriture et le toit, d'accord ! dit Spiridon. Pour le reste, on verra...

— Cinquante kopecks, ce n'est pourtant pas beaucoup !

— Je veux vous voir à l'ouvrage avant de faire mon prix.

— Bon, dit Stiopa.

— Elle travaillerait aussi, celle-là ? demande Spiridon.

— Pourquoi pas ? dit Ida. Et, quand j'aurai du temps de libre, j'aiderai l'instituteur.

— Korolenko ? C'est une canaille ! dit Spiridon.

— C'est lui qui nous a envoyés chez vous.

— Peut-être. C'est tout de même une canaille. Alors nous disons : le vivre et le couvert...

Spiridon ouvre un registre sur la table et reprend :

— Vos noms ?

— Pour quoi faire ? dit Stiopa.

— Pour la règle. J'inscris toujours ceux que j'emploie et combien je les paye.

— Mais tu ne nous payes rien encore !

— Je devrais vous payer, c'est tout comme. Remarquez que je ne vous demande pas vos passeports. Vos noms, c'est tout !

Stiopa donne de faux noms, sans sourciller. L'autre les inscrit lentement, lettre après lettre, en appuyant fort sur la plume. Visiblement il est fier de montrer qu'il sait écrire. D'après Korolenko, Spiridon est un usurier, un *koulak* (1), qui,

(1) *Koulak*. Littéralement : poing. On désignait ainsi, dès cette époque, les paysans enrichis qui exploitaient leurs voisins.

ayant grugé le seigneur dont il était l'intendant à l'époque du servage, lui a peu à peu racheté toutes ses terres. Les villageois des environs se sont endettés et lui, on ne sait comment, a arrondi son bien.

— Tu as une belle maison, lui dit Stiopa.

— Oui. C'était celle du barine, Ivan Maximovitch Strannikoff. Il me l'a vendue pour une bouchée de pain avant de partir.

— Pour où est-il parti ?

— Pour la France. Il avait trop de créanciers, le pauvre. Je l'ai aidé à filer. Que Dieu l'assiste parmi les païens !

Il se tourne vers le coin des icônes et se signe.

— Voilà, dit-il encore, vous dormirez dans la vieille grange. Andriouchka vous montrera l'endroit. Demain on commence à 4 heures...

En sortant, Vissarion se retourne et regarde la maison. Elle est en bois noir, sur une assise de briques brunes, avec un toit de planches peint en rouge, un perron de trois marches et deux colonnes vermoulues de chaque côté de la porte. Les fenêtres, petites, sont garnies de vitres en verre irisé. Au levant, il y a une terrasse, dont la base disparaît dans l'ortie, la bardane et l'absinthe. Cette demeure, Vissarion l'a déjà vue cent fois : elle est typiquement la résidence des propriétaires fonciers de vieille souche. A cette idée, son cœur se serre. Sans rien savoir d'Ivan Maximovitch Strannikoff qui est parti pour la France, il le plaint d'avoir dû tout abandonner entre les mains d'un moujik.

Le soir tombe. Andriouchka, un gamin de quinze ans, bossu, aux jambes torses, conduit les nouveaux venus vers la grange. Vissarion ne peut se contenir et demande :

— As-tu connu Ivan Maximovitch Strannikoff ?

— Non, dit Andriouchka. J'étais trop petit quand il a décampé.

Un gros chien roux se lève paresseusement et emboîte le pas au groupe. Ida s'arrête pour souffler. Klim veut lui prendre des mains son balluchon. Elle se rebiffe :

— Non, non... Il n'y a aucune raison !... Ce n'est pas lourd !...

Elle a les traits tirés, le regard fiévreux. Mais Vissarion la connaît bien maintenant : plus elle doit prendre sur elle, plus elle est heureuse.

La grange est une bâtisse désaffectée, au toit crevé, aux murs de lattes disjointes, avec, dans un coin, des tas de paille, un seau et une planche posée sur deux pierres, en guise de table.

Andriouchka s'éloigne en traînant la patte. Ida soupire : elle est trop lasse pour manger. Les hommes mettent bas leurs cafetans, retirent leurs bottes. Une odeur aigre et forte saisit les narines de Vissarion. Il fait la grimace et dit :

— Je vais au puits me laver. Tu viens, Stiopa ?

— Non, dit Stiopa. Je suis fatigué. Demain...

Il dit toujours demain quand on le presse de faire toilette. Sa malpropreté agace Vissarion. Comment un homme si intelligent peut-il se négliger à ce point ? Klim sort derrière son maître. Il porte un bout de savon et une serviette. Pas pour lui, bien sûr, pour le bartchouk. Lui, il se débarbouille à l'eau et s'essuie avec un tampon d'herbe.

— Laisse-moi tes chaussettes, Vissarion Vassiliévitch, dit-il, je les laverai et les mettrai sous moi, la nuit, pour les sécher.

Vissarion accepte. Quand ils rentrent dans la grange, Stiopa a déjà déballé les provisions : pain noir, saucisson et concombres.

— Nous serons bien, ici, dit Stiopa la bouche pleine.

— Tu n'es pas difficile, grogne Vissarion.

Stiopa fronce les sourcils :

— Je ne parle pas du logement, mais du travail que nous pourrons faire. D'après Korolenko, cette région n'a pratiquement pas été touchée par la propagande.

— Il y a tout de même ces étudiants qui sont passés...

— Ce ne sont pas quelques étudiants bavards qui peuvent remuer les foules. En matière de révolution, comme en tout le reste, je me méfie des amateurs. Espérons simplement qu'ils ne nous auront pas trop compliqué la tâche en prêchant à tort et à travers. Il est très important pour nous de nous implanter solidement dans les villages.

— C'est ton idée, réplique Vissarion paresseusement, ce n'est pas la mienne ! Je persiste à croire que le peuple des campagnes est trop lourd, trop dispersé, pour se soulever contre l'autocratie. Les ouvriers, parqués dans les grands centres, sont tellement plus évolués, plus éveillés, plus faciles à encadrer ! Nous aurions dû continuer notre propagande dans les usines au lieu d'aller nous perdre dans les steppes. Regarde ce qui s'est passé en France. La révolution est partie des villes...

— Tu oublies une chose, mon bon ! dit Stiopa. Les habitants des villes représentent en France trente pour cent de la population totale, alors qu'ils en représentent cinq pour cent chez nous. Encore la majorité des villes russes ne sont-elles que de grands villages, séparés par des distances énormes. Le feu ne pourrait donc se propager d'une ville à l'autre sans le secours de ces paysans que tu dédaignes !

— En rase campagne, dix mille moujiks armés

de faux, de fourches et de haches détaleront devant un bataillon de soldats !

— Non, Vissarion. Je ne vois pas du tout l'avenir ainsi. Je suis sûr que les bandes de moujiks envelopperont les troupes régulières comme des tourbillons d'oiseaux, qu'elles plumeront les petits détachements et s'évanouiront devant les grands ; jusqu'au jour où l'armée épuisée, démoralisée, les laissera se jeter sur les villes. Autrement dit, pour lutter contre l'art militaire, la révolution agraire bénéficiera du nombre et de l'espace. Dans les villes, la tactique de l'insurrection devra être toute différente. Là, ni retraite ni fuite pour les ouvriers qui auront pris les armes. Leur salut sera dans la promptitude et la violence du premier élan. Le temps deviendra le plus redoutable allié de l'ennemi. Par conséquent, il faudra que le soulèvement commence dans les campagnes et que ce soit seulement lorsque l'armée régulière se trouvera engagée dans mille combats de diversion en province que les grands centres se soulèvent à leur tour. Comprends-tu maintenant pourquoi je tiens tellement à porter la parole socialiste dans nos villages ? Il n'y a pas d'adoration aveugle de ma part envers ces braves moujiks russes, chers au clan slavophile. Mais je veux les préparer à leur rôle explosif. Les masses paysannes, bien malaxées, formeront la dynamite dont nous avons besoin. Les ouvriers, eux, constitueront le système d'allumage. Quand l'étincelle des villes rencontrera la pâte combustible des campagnes, le trône des tsars sautera !

Vissarion approuve de la tête, moins par conviction que par abattement. La sécheresse dogmatique de son ami le heurte et l'attriste. Le théoricien en Stiopa étouffe l'homme. Sa sœur, sous une froideur apparente, est tout de même plus douce et plus conciliante que lui. Elle a écouté leur discussion sans intervenir. Assise dans la paille, elle délace ses souliers. On a fait dix verstes à pied, aujourd'hui. Pourtant elle ne se plaint pas. D'ailleurs, depuis qu'ils vont ainsi, de ville en ville, de village en village, à travers la Russie, jamais Vissarion ne l'a entendue protester contre la longueur des étapes ou l'incommodité des gîtes. Trois ans déjà ! Quelle drôle de fille ! Elle n'a rien mangé. Courbée en avant, la peau cuite, les yeux brillants, elle se masse les chevilles. Puis elle se couche, tout habillée, sur la paille, comme une vraie paysanne. Sa poitrine se soulève, s'abaisse... Vissarion, lui aussi, se laisse aller en arrière. La paille craque sous son poids. Il fait presque nuit dans la grange. Klim s'agenouille et se met à prier. Une faible lueur, filtrant par la porte entrouverte, enveloppe sa silhouette lourde. Il se signe, se casse en deux, touche le sol avec son front, se redresse et se signe encore. Cette piété obtuse agace Vissarion. Mais le peuple est ainsi. Et on ne peut critiquer le peuple sans trahir la cause de la liberté. Les intellectuels se sont enfermés dans ce dilemme ! Klim, ayant fini de prier, creuse son nid dans la paille. Encore une minute et on l'entendra ronfler. Ça y est ! Longue aspiration nasale, gargouillement d'arrière-gorge, expulsion sifflante... Chaque nuit, le concert recommence. La cohabitation avec un homme de basse extraction est décidément trop pénible ! On peut aimer le moujik, le plaindre, le secourir, combattre pour lui, au besoin, mais vivre en sa compagnie — non ! Où habitait Spiridon quand il n'était que l'intendant du domaine ? A-t-il gardé les meubles de son ancien maître ? La table-bureau en acajou, de style Biedermeier, derrière laquelle il siège n'a certainement pas été achetée par lui ! Non plus que le secrétaire à panneaux peints et à colonnettes d'albâtre, entre la fenêtre et la porte.

— Bonne nuit, dit Stiopa.

Il se couche, se recroqueville. Klim ronfle de plus en plus fort. Vissarion, les yeux ouverts dans le noir, pense longtemps encore à ce Strannikoff qui est parti, ruiné, pour la France.

2

La faux va et vient avec une légèreté ailée. Un filet de sueur coule dans le dos de Klim, mais il n'éprouve aucune fatigue. Son effort répété lui procure même une impression de bien-être. Pourtant il n'a pas été habitué aux travaux des champs. Suffirait-il d'être né dans le peuple pour aimer la terre ? Une belle journée. Le soleil cru. Des prairies folles, à perte de vue. Et vingt hommes là-dedans. Les lames brillent. Un soupir rauque déchire la poitrine de Klim :

— Han !

Il s'arrête pour aiguiser sa faux et jette un regard par-dessus son épaule. Au bout de la ligne des faucheurs, Vissarion Vassiliévitch et Stépan Alexandrovitch vacillent d'épuisement. A chaque pas, ils perdent du terrain sur les autres. Leurs andains irréguliers, zigzagants, contrastent avec les andains des paysans, qui sont comme tirés au cordeau. Le bartchouk tiendra-t-il jusqu'à la pause ? Pourvu qu'il ne se blesse pas en maniant la faux ! Il est si maladroit !

Klim crache dans ses mains et repart. Son voisin de parcours, un petit vieillard sec, en longue blouse blanche, lui crie :

— Ils n'ont pas l'air de la fête, tes deux compères !

Encore maintenant Klim ne peut s'habituer à l'idée que des étrangers le prennent pour un ami du bartchouk. Cette erreur l'offusque d'autant plus qu'il n'a pas le droit de la dénoncer. Il retient son indignation et grogne :

— Il y en a qui sont nés pour faucher et d'autres pour penser !

Le sifflement de la faux couvre ses paroles. L'herbe tombe, coupée net, en rideau. Elle est fraîche, luisante, elle sent bon. Le bartchouk s'est encore arrêté. Il veut retirer sa chemise qui est trempée. Klim lui explique par signes qu'il ne faut pas le faire, c'est dangereux. Et il lui montre le soleil, haut dans le ciel. Le bartchouk comprend, s'essuie le front du revers de la main et secoue la tête. Même vu de loin, avec sa chemise ceinturée à la taille et ses bottes, il n'a rien d'un moujik. « Déguisé, emprunté, pense Klim, tout comme moi lorsque, jadis, on m'a habillé en barine pour m'envoyer au théâtre. » Le mouvement reprend. Torse pivotant sur les hanches et faux largement balancée. La lame heurte un caillou. Il faut la vérifier. Tiens ! un faucheur a coupé en deux une couleuvre. Il jette les tronçons en l'air. Un gars éclate de rire. A l'orée du bois, des femmes en fichus bleus et rouges crient quelque chose qui doit être bête et drôle, comme tout ce que disent les femmes. Une caille s'envole, effrayée. Enfin le chef de file s'arrête et agite les bras en demi-cercle. Tous les faucheurs se redressent. La pause. Klim met sa faux sur l'épaule et descend à la rencontre du bartchouk :

— Ça va, Vissarion Vassiliévitch ?

— Ne m'appelle pas comme ça devant eux, imbécile ! gronde Vissarion.

Dans son visage brun, ruisselant de sueur, ses prunelles brillent d'une alacrité inhabituelle. Fier d'avoir tenu le coup, il s'appuie à l'épaule de Stiopa, qui, lui aussi, paraît enchanté de sa performance.

Les faucheurs se réunissent au bord de la rivière. Pendant qu'ils se lavent le visage et les bras dans le courant, les femmes ouvrent les paniers. Des cruches de kwass, bouchées avec des tortillons de papier, ont été mises à rafraîchir dans l'eau. Ida, qui a passé la matinée à l'école, arrive juste pour le casse-croûte. On s'installe à l'ombre d'un petit bois. D'abord les hommes mangent en silence, l'œil hébété de contentement. Seules, les femmes, moins fatiguées, caquettent. Puis, peu à peu, la conversation s'élargit.

— Alors, comme ça, vous allez de ville en ville, de village en village ! dit le grand paysan blond qui dirigeait les faucheurs. Vous vous louez à la journée..

— Oui, dit Stiopa. Et, comme nous ne savons pas faire grand-chose, nous ne demandons pas cher !

— Trop cher encore pour Spiridon, je parie ! dit un jeune gars aux cheveux carotte.

— Comment se fait-il que vous travaillez tous pour lui ? interroge Vissarion. N'avez-vous pas vos propres terres à cultiver ?

— Nos terres ont rétréci et nos dettes ont grandi ! marmonne le vieillard à la blouse blanche.

— Vous êtes tout de même mieux qu'avant !

— Avant quoi ?

— Avant l'abolition du servage...

— Oui et non !

— Les terres n'ont pas été partagées équitablement ?

— Si. L'arbitre de paix est venu. Tout a été signé dans les règles. Et puis les années ont passé. Le moujik est bête ! On lui offre de l'argent et il le prend, sans penser au taux de l'intérêt. Il nous fallait de l'argent pour les graines, pour les outils. Spiridon nous en a prêté. Et il nous a étranglés, petit à petit. Que veux-tu ? On a beau faire des tas égaux ; à la longue, le plus malin se retrouve sur une montagne et les autres au fond d'un trou. Avant, il y avait le barine, maintenant, il y a Spiridon.

— Comment était-il, votre barine ? demande Vissarion.

— Ivan Maximovitch ? Oh ! c'était un homme de poids. Joueur, buveur, mais pas méchant. Il ne cognait jamais. Et toujours la main à la poche pour un pourboire...

— Vous n'allez pas me dire que vous le regrettez !

— C'est pas lui qu'on regrette, c'est de ne plus rien avoir à espérer ! soupire le vieux.

— Comment ça ?

— Eh oui ! avant la libération, on se disait : bientôt les choses vont changer, bientôt il y aura un manifeste impérial écrit en lettres d'or, bientôt nous serons heureux ! A présent, les choses ont changé, et le manifeste impérial a été lu partout, et nous ne sommes pas heureux, et il n'y a plus rien à attendre...

— Si, dit Vissarion.

— Quoi, mon pigeon ? Que veux-tu attendre encore ? Que le tsar descende de son trône pour te donner à manger de la confiture à la cuiller ?

— Non, grand-père, répond Vissarion. Ce n'est pas du tsar que j'attends quelque chose. C'est de vous, les moujiks, les travailleurs. Vous êtes nombreux, vous êtes forts, mais vous n'en avez pas conscience. Chacun de vous ne pense qu'à ses soucis personnels. Si vous savez vous unir, rien ne vous résistera !

— Nous unir contre qui ?

— Contre ceux qui vous ont promis la liberté, la prospérité, et qui vous ont conduits à un second esclavage.

— Ça veut dire la police, le gouverneur... ?

— Oui.

— Et Spiridon ?

Vissarion hésite. Un regard de Stiopa lui conseille la prudence. Mais il est lancé. Il dit :

— Et Spiridon !

Le vieux hoche la tête :

— Non, frérot, Spiridon est trop malin !

— Il trouvera plus malin que lui ! s'écrie Vissarion. Nous en reparlerons. Ici, ce n'est pas commode. Ce soir, au village, chez l'un de vous...

— Oui, dit le vieux. Viens chez moi, avec tes amis. Nous nous réunirons dans la cabane à outils. Mais il ne faudrait pas que Spiridon le sache !

— Il est si terrible que ça, votre Spiridon ? demande Vissarion.

— C'est un vautour ! dit le vieux.

Et il crache par terre.

Sa femme, ridée, moussue, intervient avec humeur :

— En voilà une idée ! Pourquoi ces gens-là viendraient-ils chez nous ? Toujours il faut que tu te mettes dans des histoires ! Nous sommes bien comme ça !

— Oui, oui, disent d'autres femmes, nous sommes bien comme ça ! C'est en bougeant qu'on attire la foudre !

— Viens ce soir, répète le vieux. Tu entends ?

— Je viendrai, dit Vissarion.

Il est fier que ses paroles aient porté. D'ordinaire, c'est Stiopa qui engage le dialogue. Avec moins de succès parfois. Le grand paysan blond se lève :

— Il est temps de reprendre la fauche !

Les femmes rangent le reste des provisions, en marmonnant. Toujours mécontentes, méfiantes. On dirait que c'est leur fonction de grogner après les hommes. Vissarion prend Stiopa à part :

— Ça a marché, hein ?

— Je crains que tu n'aies été trop vite en besogne, dit Stiopa.

— C'est aussi mon avis, dit Ida. Vous n'aviez pas à parler comme vous l'avez fait. Il fallait attendre qu'ils se soient habitués à nous, qu'ils nous aient marqué leur confiance...

Vissarion, qui espérait des félicitations, se hérisse. Vraiment, Ida est de parti pris. Pas une fois, depuis qu'ils travaillent ensemble, elle ne l'a encouragé d'un compliment. On dirait qu'elle ne peut admirer que son frère. Son frère qui est laid et qui a les pieds sales. Elle ne le voit pas tel qu'il est ; elle l'idéalise. Sans doute même en veut-elle à Vissarion d'être, à l'occasion, aussi brillant que lui. Quel caractère renfermé et complexe ! Toujours sur la défensive. Une vraie vieille fille !

— Je retourne à l'école, dit-elle en balayant Vissarion d'un regard froid. Les gamins de Korolenko sont charmants.

Vissarion reprend sa faux et se dirige, à pas comptés, vers la prairie. A Znamenskoïé aussi il y avait une prairie, songe-t-il. Combien de fois, là-bas, a-t-il vu les moujiks — *ses* moujiks ! — faucher l'herbe — *son* herbe ! « C'est mieux ainsi ! Il faut que ce soit mieux ainsi. Autrement ma vie n'aurait pas de sens. » Des ampoules ouvertes cuisent dans le creux de ses mains. Les muscles de ses épaules sont douloureusement contractés. Klim et Stiopa le rejoignent. On se remet en ligne. Le grand paysan blond lève sa faux qui brille au soleil. Et le travail recommence, lent et saccadé. Des fleurs tombent, fauchées en même temps que l'herbe. Bientôt un vertige vert occupe le cerveau de Vissarion. Il ne pense plus à rien, il avance vers il ne sait quoi, il est heureux.

★

Au mot de « liberté », toutes les têtes, autour de Stiopa, se redressent. Une souche de sapin, fichée dans le mur, brûle et fume au-dessus d'eux. Ils sont une quinzaine, rassemblés en cercle dans la resserre à outils de Foma, le staroste.

— Eh bien, reprend Stiopa, qu'est-ce que c'est, pour vous, la liberté ? Voyons, toi, Vassia, réponds.

Vassia, le grand paysan blond qui conduisait les faucheurs, réfléchit, la face assombrie, et annonce :

— La liberté, c'est n'avoir pas de maître, ne jamais travailler et manger quand même à sa faim.

— Cette liberté, dit Stiopa, si quelqu'un te la promet, tu pourras lui dire qu'il ment. Nul ne peut prétendre vivre sans travailler.

— Si, les seigneurs !

— Leur temps est fini. Le vôtre commence. Il faut vous y préparer. C'est-à-dire prendre conscience de votre dignité d'homme, vous mettre dans la tête que l'habit n'est rien, que l'argent n'est rien, que les lois ne sont rien, que tout être, à sa naissance, a les mêmes droits qu'un autre...

Tandis que Stiopa parle, les deux mains à hauteur de la poitrine, le visage frémissant de passion, Vissarion lutte contre la somnolence. Cette journée de travail en plein air l'a épuisé. Et le discours de Plastounoff n'est qu'une resucée de ce qu'ils ont si souvent répété, l'un et l'autre, devant des auditoires d'ouvriers. Les mêmes mots, les mêmes gestes, les mêmes effets... Des acteurs en tournée, jouant, dans un théâtre de province, une pièce à laquelle ils ne croient plus. Sans doute retrouverait-il un peu de conviction si c'était lui, et non Stiopa, qui haranguait les moujiks. Il se sent inutile, dans son coin, il s'ennuie, il doute. La critique naît de l'inaction. Comment Ida peut-elle écouter son frère avec un intérêt toujours neuf ? Debout à côté de l'instituteur Korolenko, elle tend le cou, elle palpite. La lueur de la torche lui modèle des pommettes et des arcades sourcilières de kalmouk. Elle est la seule femme de l'assistance. Ainsi qu'il fallait s'y attendre, les épouses des moujiks ont boudé la réunion. De temps à autre, Klim va à la porte et jette un regard dehors.

— Quand vous vous serez intimement convaincus que la société, qui a été faite par les hommes, peut être aussi défaite par eux, que rien n'est définitif ni sacré en ce monde, qu'il faut abattre avant de reconstruire, alors, croyez-moi, la partie sera déjà à demi gagnée, continue Stopia. Lesquels d'entre vous savent lire ?

Le staroste et Vassia lèvent la main. Stiopa tire une brochure de sa poche et la tend à Foma :

— Tu liras ça aux autres, à haute voix, à la veillée. C'est un bon livre. Il dit la vérité...

Vissarion pense qu'il ne leur reste plus qu'une quinzaine d'exemplaires de cet ouvrage imprimé à Zürich. Le réassortiment posera des problèmes. Foma tourne la brochure entre ses mains. Sait-il réellement lire ? Ne va-t-il pas arracher les pages, une à une, pour rouler des cigarettes avec le papier ? Tant de paysans recherchent les livres uniquement pour cet usage !

— Vous êtes un peu plus d'une dizaine, n'est-ce pas ? reprend Stiopa. Il me faut donc un dizainier.

— Pour quoi faire ? demande le starote.

— Pour maintenir le contact entre les hommes, débattre avec eux de tous les problèmes...

— Je suis staroste, je peux bien être aussi dizainier.

— Parfait ! Tu le seras. Nous en nommerons d'autres dans la région. Ils se tiendront en communication avec un centenier. La Russie est un pays immense, mouvant, incontrôlable. Il faut la diviser ainsi, placer un peu partout des conseillers du peuple, des guides du peuple... Comme centenier pour le canton, je propose Korolenko. C'est un homme de sang-froid et de bonne volonté. Vous le connaissez de longue date, il apprend à lire et à écrire à vos fils ; il vous apprendra, à vous, comment vous unir en secret, comment interpréter les événements politiques, comment prendre patience, comment agir enfin lorsque nous lancerons l'ordre du soulèvement général... Acceptez-vous Korolenko pour votre centenier ?

Korolenko s'avance dans le rond de lumière. Il sourit, gêné, comme s'il s'exhibait dans un costume neuf.

— Oui ! Pourquoi pas ? dit Foma.

Les autres approuvent de la tête. Sans enthousiasme. Vassia marmonne :

— Est-ce vraiment nécessaire, ce dizainier, ce centenier ? On se croirait à l'armée !

— Mais vous finirez par constituer une armée ! s'écrie Stiopa. Une armée de paysans et d'ouvriers, qui prendra le pouvoir pour réaliser le bonheur du peuple. Quand nous fauchions, tout à l'heure, tu étais bien le chef de file, Vassia, tu dirigeais le mouvement...

— Oui.

— Sans toi, chacun aurait tiré de son côté et nous aurions fait du mauvais travail.

— Oui.

— Il en est de même pour la révolution. Nous avons besoin de chefs de file pour entraîner les masses. Comprends-tu, maintenant ?

Klim, qui guette à la porte, se retourne et dit :

— J'entends du bruit, par là !

— Ça vient d'où ? demande Korolenko.

— De derrière la cabane, on dirait...

— Ta balalaïka ! chuchote le staroste.

Vassia saisit une balalaïka dans un coin et sa main droite racle les cordes qui bourdonnent faiblement. Il chantonne :

« Un bateau descend la rivière, Aniouta,
« Le lilas fleurit... »

— Va voir, Klim, dit Vissarion.

Klim plonge dans la nuit et s'oriente. La resserre à outils se trouve hors du village. Au bout d'une route défoncée par les charrois, se pressent des isbas sombres et trapues. De l'autre côté, la route rétrécie s'enfonce dans un bois de chênes. Les masses feuillues des arbres sont comme des éponges pleines d'encre. Elles ont pompé tout le noir du ciel, qui, au-dessus, rayonne, bleu et lisse, avec ses mille étoiles suspendues. Klim prête l'oreille. Tout est calme. Pourtant il lui semble bien avoir entendu un pas. Il contourne la cabane. Et, tout à coup, jaillissant d'un fourré, une ombre bondit et détale. En trois enjambées, Klim rattrape le fuyard. Il le saisit au collet. L'autre se retourne, haletant, et brandit le poing. Une noix dure frappe Klim au menton. Il tape à son tour dans quelque chose de mou qui est un visage. Puis il ceinture son adversaire, le soulève, le balance, le jette au sol et s'agenouille sur sa poitrine. Maintenant que le vaincu, affaissé et disloqué, bouge à peine, on peut distinguer ses traits. Klim se penche, regarde de plus près et s'effraye : Spiridon. Un filet de sang et de morve coule dans la barbe de l'homme, ses yeux luisent de colère, il souffle comme un bœuf :

— Canaille, lâche-moi ! Lâche-moi !...

Au bruit de la lutte, les autres sont sortis de la cabane. « J'ai fait une bêtise ! pense Klim. On m'avait simplement dit d'aller voir... Le bartchouk va m'attraper !... » Des voix se rapprochent. Spiridon bouge de plus en plus sous les genoux qui le coincent. Klim se demande s'il ne devrait pas s'excuser auprès de lui, l'aider à se remettre debout, épousseter ses vêtements... Il marmonne :

— Tu n'as pas trop mal, Spiridon ?

Spiridon ne répond pas et, à demi dressé sur ses coudes, regarde avec terreur le groupe qui s'avance. Une lanterne oscille au rythme de la marche, éclairant par saccades des barbes et des poings. Le cercle se ferme. Klim et Spiridon sont dans un puits à la margelle formée de visages rapprochés, oreille contre oreille.

— Je l'ai surpris derrière la cabane, balbutie Klim. Il s'est enfui. J'ai couru après...

— Tu as bien fait, dit Vissarion.

Et Klim, étonné, entre au paradis. Il se relève, frotte l'une contre l'autre ses mains endolories et sourit à la ronde. Spiridon, lui, reste assis par terre, tête basse, reniflant et crachant.

— Que faisais-tu derrière la cabane ? dit Stiopa. Tu nous écoutais ?

— Oui, dit Spiridon.

Et son regard brille soudain d'une menaçante assurance. Comme s'il avait compris que la seule chance, pour lui, de s'en sortir, était l'intimidation.

— Je vous écoutais, poursuit-il, et ce que j'ai entendu ne m'étonne pas ! J'avais immédiatement deviné ce que vous veniez faire dans notre coin, avec vos mains blanches et vos airs sucrés ! Des prêcheurs de ce genre, le gouvernement les envoie en Sibérie ! Un mot de moi, et vous auriez la police à vos trousses ! Mais je ne veux pas d'histoires ! Décampez et je ne dirai rien. Autrement...

Tout en parlant, il s'est remis debout ; il rajuste ses vêtements et essuie sa barbe du plat de la main.

— Autrement quoi ? dit Vassia.

— Autrement je vous ferai tous coffrer !

Les moujiks se taisent, inquiets. Et Spiridon se gonfle, triomphe, reluit, engraisse. Comme tous se taisent, il fait un pas. Le cercle s'ouvre devant lui. Nul ne songe à le retenir. Il s'éloigne, tête haute, bedaine en avant.

— Il fait le fanfaron, comme ça, dit Vassia, mais au fond, il tremble de frousse. Pas de danger qu'il dénonce qui que ce soit ! Il sait trop que, le lendemain, on le retrouverait dans le bois, pendu à une branche. Un suicide. Comme le vieux Schwarz, l'usurier. Vous vous rappelez, les gars ?

Tous rient à mi-voix, autour de la lanterne. Stiopa prend Vissarion et Ida par le bras et chuchote :

— Ça commence à sentir mauvais !

— Tu as peur de Spiridon ? demande Ida.

— C'est d'eux que j'ai peur ! dit Stiopa. Ils sont si bêtes ! S'ils massacrent Spiridon, la police débarquera ici. Nous n'avons pas le droit de faire courir ce risque à l'Organisation...

— Je suis tout à fait de ton avis ! dit Vissarion.

L'empressement avec lequel il approuve cette décision amène sur les lèvres d'Ida une moue narquoise et détachée. Comme si elle avait prévu ce qu'il vient de dire. Comme si c'était lui qui était inquiet et non Stiopa. « Quand cessera-t-elle de me considérer comme un pleutre ? » pense Vissarion. Les moujiks se concertent :

— Est-ce qu'on dit aux femmes que Spiridon nous est tombé dessus ?

— Non, non... Il vaut mieux pas...

— Va, elles le sauront quand même !

— Quelle correction il a reçue !

— Tu aurais dû taper plus fort, Klim !

Enfin on se sépare. L'instituteur, tenant la lanterne, raccompagne Stiopa, Ida et Vissarion jusqu'à la grange. Marchant derrière eux, Klim songe avec joie que le ciel est étoilé et qu'il fera bon travailler demain, dans les champs. Il a pris goût à la fauche. Les gens sont gentils, dans le village. Si on pouvait rester une semaine, un mois... On traverse la forêt. Entre les feuillages rapprochés, un peu de ciel nocturne serpente, avec des transparences de ruisseau. Klim respire l'odeur sombre du sous-bois. Devant lui, les messieurs discutent. Vissarion se retourne :

— Eh Klim ! Nous partirons demain, à l'aube. Que tout soit prêt. Tu entends, espèce d'abruti ?

— J'entends ! J'entends, Vissarion Vassiliévitch ! dit Klim.

Et il fait quatre pas en courant pour se mettre à la hauteur du bartchouk.

3

Assis à croupetons sous un arbre, Klim croque des graines de tournesol en attendant ce que les autres décideront. Evidemment le village d'Oukhvatovo, qui est vaste, riche et bien disposé au bord d'une rivière, conviendrait pour une halte de quelques jours. Mais une dizaine d'étudiants costumés en moujiks s'y sont déjà installés. Ils sont gentils et bruyants, ils offrent de se serrer pour faire de la place, dans la grange, aux nouveaux venus. Stiopa, Vissarion et Ida se consultent à l'écart. D'après ce que Klim croit comprendre, en tendant l'oreille, Stiopa n'a aucune sympathie pour ces jeunes gens, qui sont ici « moins pour obéir à leurs convictions que pour passer des vacances originales ».

— L'année précédente encore, dit-il, c'était supportable : les intellectuels amoureux du peuple étaient l'exception ! Mais maintenant, avec les beaux jours, l'espèce prolifère ! J'en ai assez de croiser partout, sur les routes, des jeunes filles de bonne famille habillées en paysannes, des étudiants en philosophie chaussés de lourdes bottes et vêtus de chemises de toile grossière ! Ils veulent soi-disant payer « leur dette au moujik » en travaillant la terre. Quelle plaisanterie !

Croient-ils donc qu'il suffit de se salir les mains pour blanchir sa conscience ?

Klim trouve que les propos de Stiopa sont sages. Il faut laisser les révolutionnaires faire la révolution et les étudiants faire des études. Mais Ida se fâche contre son frère, hausse ses maigres épaules et se met à parler très vite. Klim se penche pour mieux entendre :

— ... Tu es injuste, Stiopa ! Nous n'avons pas le droit de critiquer l'entreprise de ces étudiants, qui, toute maladroite qu'elle est, prouve la vitalité de la jeunesse russe. Bien sûr, ils n'ont pas l'efficacité des vrais révolutionnaires, mais ils nous aident sans le savoir, ils travaillent dans le même sens que nous, ils sont l'avant-garde bénévole du mouvement qui emportera le régime...

Stiopa ricane, le nez froncé :

— Quel romantisme !

— Je suis de l'avis d'Ida, dit Vissarion.

— Deux contre un, je m'incline, dit Stiopa. Démocratiquement ! Mais je n'en pense pas moins !

Ils reviennent vers Klim :

— On reste.

Klim se met debout, jete le sac sur son épaule et saisit dans chaque main une valise entourée de ficelles. Ainsi chargé, il suit Vissarion, qui s'avance vers le groupe des étudiants. Six garçons affublés de blouses déteintes, de pantalons bouffants, de bottes, et quatre filles en fichus et robes à bretelles. Ils ont tellement l'air déguisé, pense Klim, que, par comparaison, le bartchouk, Stiopa et Ida paraissent d'authentiques travailleurs de la terre. En apprenant que « les voyageurs » ont décidé de rester à Oukhvatovo, ils se réjouissent et s'affairent. On ouvre les portes de la grange, on arrange des litières, on fait les présentations. Stiopa déclare que lui et ses amis sont des typographes en chômage, et qu'ils parcourent les routes en attendant d'avoir retrouvé du travail. Klim l'admire de mentir avec tant d'aplomb. Les étudiants, eux, disent certainement la vérité. Les noms, qu'ils donnent avec simplicité, sonnent juste : « Matvéïeff, Dragomirsky, Soukhotine, Soultanoff... » Et leurs qualités : « étudiant de première année en chimie, en histoire, en philosophie... » Mais qu'ils sont donc jeunes ! Le garçon qui se pose en chef de la troupe — Apollon Matvéïeff — a un visage poupin, au front haut et bombé. Un autre — Igor Hoffman — se ronge les ongles à la dérobée, tiraille ses maigres favoris blonds pour les défriser et, par intervalles, note quelque chose dans un carnet, d'un air important et nerveux. L'une des demoiselles, que ses amis appellent Katia, est très jolie, avec un long cou flexible, une mâchoire légère, et des yeux effilés, d'un gris d'ardoise. Sa taille est si mince qu'à tout instant on a envie de regarder cette partie de son corps pour voir comment le haut et le bas tiennent ensemble. Elle annonce d'une voix chantante que, depuis l'installation de leur groupe à Oukhvatovo, tout le village se montre avec eux d'une amabilité « quasi fraternelle ». Aujourd'hui ils ont participé à la moisson. Demain... On l'interrompt. Il est l'heure de dîner. Bien entendu, les nouveaux arrivants sont cordialement invités. La table a été dressée devant la grange. Une planche sur des tréteaux, un banc de chaque côté, des cuillers de bois, des écuelles...

— Nous aurions voulu nous répartir entre les isbas, pour mieux nous mêler à la vie du village, dit Apollon. Mais les paysans ont refusé. Ils sont très méfiants. Leur intérieur, c'est comme une caverne, n'y entre pas qui veut ! Même en nous aimant bien, ils préfèrent nous voir parqués loin de chez eux...

— Ils nous ont tout de même prêté la grange ! dit Katia.

— Oui, observe une autre étudiante. Mais, pour la nourriture, quelle avarice ! Savez-vous qu'ils nous vendent tout au prix fort : les légumes, le lait... ?

— C'est normal ! Ils sont pauvres ! Les propriétaires ont sucé leur sang ! s'écrie Hoffman. Qui a fait la cuisine, aujourd'hui ?

— Mania !

— Ça sent rudement bon !

Une marmite cuit, en plein air, sur un foyer de pierres. Mania, une grande blonde, en tablier bleu, soulève le couvercle.

— Apportez les assiettes !

— Où te crois-tu, Mania ? dit Apollon. Dans la salle à manger lambrissée de tes parents ? Il n'y a pas d'assiettes, ici ? Heureusement ! Tout ce que nous avons à t'offrir, ce sont des écuelles ! En avant, les écuelles !

Klim veut se lever pour faire le service, mais Vissarion, d'un regard violent, le cloue sur place. Chacun, à son tour, prend sa propre écuelle et va la présenter à Mania. Une platée de borsch délavé et tiédasse, un quartier de pain noir, un oignon cru, un hareng, une pomme...

— Je n'ai jamais rien mangé d'aussi délicieux ! dit Katia.

Ida, assise en face d'elle, lui décoche un regard froidement sarcastique. Stiopa, rembruni, ne lève même pas les yeux de son écuelle. Le bartchouk, en revanche, paraît très à l'aise parmi les étudiants. Il rit, il parle, on pourrait croire qu'il a leur âge. Klim est heureux de le voir si enjoué. Les étudiants affectent de manger coudes écartés et dos ronds, comme de vrais moujiks. Ils boivent le kwass à grandes rasades en clappant de la langue ; ils tranchent des morceaux de pain et les portent en bouche à la pointe du couteau. Instruit du bon usage à la table des maîtres, Klim ne sait quelle attitude prendre. Par politesse, il manie la cuiller avec des gestes étroits ; il n'ose s'abandonner à l'instar des autres ; il écoute, il sourit, confus et isolé, au milieu de tous ces gens qui se veulent ses semblables. Peu à peu, cependant, les convives, rassasiés, se calment, la conversation devient plus sérieuse. Klim apprend que Katia est la fille unique d'un écrivain ami du peuple, un certain Koupalnikoff. Vissarion s'écrie qu'il admire infiniment les œuvres de cet auteur, qu'il a presque tout lu de lui. Mais Klim observe dans les yeux du bartchouk cette petite lueur de gaieté hardie, de conviction présomptueuse, qui est chez lui le signe du mensonge. Pourquoi se donne-t-il tant de mal ? Ce ne serait pas un crime d'avouer qu'il n'a jamais ouvert un livre de ce Koupalnikoff ! Il ne doit pas être le seul !

— Il y a tant de force, tant de vérité dans ses moindres descriptions ! déclare-t-il.

— Je suis heureuse de vous l'entendre dire, murmure Katia. Moi aussi, j'admire mon père. Et pourtant il m'a gravement déçue. Savez-vous que lui — le libéral, le novateur ! — a voulu s'opposer à mon départ, avec le groupe, pour les travaux des champs ?

— C'est une attitude normale chez les gens de sa génération, dit Apollon en croquant un oignon. Nos revendications les dépassent. Ils sont enracinés dans ce monde que nous condamnons et tremblent d'être balayés par la tempête...

— Peut-on savoir ce que vous condamnez exactement dans ce monde ? demande Stiopa.

— Tout, dit Apollon. Et d'abord la structure

de la société, qui, malgré l'abolition du servage, continue à vivre sur des habitudes nées de ce servage. La vie russe est pénétrée de despotisme ; despotisme familial du père sur les enfants et du mari sur la femme ; despotisme universitaire du professeur sur l'étudiant ; despotisme militaire de l'officier sur le soldat ; despotisme industriel du patron sur l'ouvrier ; despotisme administratif, despotisme rural, despotisme, despotisme...

Il ne trouve plus ses mots et avale un verre de kwass.

— Mais votre père vous a tout de même autorisée à partir ? dit Vissarion en se penchant vers Katia.

— Je me suis enfuie en lui laissant une lettre.

— Moi aussi, dit Mania.

— Et ils ne vous font pas rechercher ?

— Non, ils ont compris ! lance une étudiante a lunettes. C'est le début d'une ère nouvelle, pour nous. Après l'émancipation du moujik — l'émancipation de la femme. Il est inadmissible qu'au dix-neuvième siècle la jeune fille soit encore une sorte de poupée frisottée, enrubannée, élevée en vue du mariage comme on élève une oie en vue de la consommation. Le mariage sans amour, décidé par les parents, est une honte. L'union libre, voilà l'avenir ! Nous voulons choisir nos compagnons comme nous l'entendons, les quitter quand nous le voulons, être traitées par les hommes en égales, en collaboratrices. Nous n'avons que faire des égards désuets dont on nous entoure. Pourquoi un homme céderait-il sa chaise à une femme si elle n'est pas fatiguée ? En revanche, si elle a envie de s'instruire, de se cultiver, il l'aidera de ses lumières...

L'étudiante à lunettes parle vite, sans reprendre le souffle, comme elle réciterait une leçon. Apollon saisit la main de Katia sur la table et la porte à ses lèvres. Elle se laisse faire, souriante, nullement gênée. Klim en déduit qu'ils sont « un couple libre ».

— En somme, vous êtes ce qu'on est convenu d'appeler des nihilistes (1) ! dit Vissarion.

— C'est un mot de romancier, dit Apollon avec suffisance. En réalité, nous sommes des matérialistes, des athées, des évolutionnistes à la Spencer. Nous ne nous inclinons que devant la raison. La fade sentimentalité de nos pères nous écœure...

— Et vous n'appartenez à aucune organisation ? demande Stiopa.

— Quelle organisation ?

— Une organisation politique... secrète... Il en existe quelques-unes, paraît-il, en Russie...

Le visage rose et imberbe d'Apollon se dilate dans un éclat de rire :

— Vous y croyez, vous ? Ce sont des histoires inventées par le gouvernement pour justifier les activités de la police. Qu'il y ait des comités révolutionnaires russes installés à l'étranger, en Suisse, en Angleterre, oui ! Qu'ils fassent passer des brochures illégales en Russie, c'est certain ! Que ces brochures soient réceptionnées et répandues dans le public par quelques spécialistes de la lutte clandestine, nul ne le conteste ! Mais de là à parler d'organisation politique...

— Oui, bien sûr ! marmonne Stiopa. Et qu'espérez-vous de votre mouvement, s'il ne se rattache à aucune organisation, à aucune direction ?...

— Nous n'avons pas besoin de direction... Nous

---

(1) Le terme de « nihiliste » fut employé pour la première fois par Ivan Tourguénieff, dans *Pères et Enfants* (1862).

agissons selon notre inspiration personnelle... Nous allons vers le peuple, nous travaillons côte à côte avec le moujik, nous le persuadons qu'il n'est pas seul, que les intellectuels l'aiment et l'admirent pour sa simplicité, qu'il a moins à apprendre de nous que nous n'avons à apprendre de lui, qu'il représente le sel de la Russie, que...

Un sourire fielleux bride les paupières de Stiopa :

— N'est-ce pas là une conduite dictée par le cœur bien plus que par la raison ? Vous me disiez tout à l'heure que la sentimentalité de vos pères vous écœurait !

— Pardon ! Pardon ! s'écrie Apollon. Il ne faut pas confondre !...

Il semble à Klim que Stiopa prend plaisir à taquiner les étudiants, dont l'exaltation et l'incohérence l'agacent. Ida le seconde par des questions en apparence naïves, mais qui déroutent les jeunes gens et les forcent à se contredire. Quant à Vissarion, après s'être passionné pour les problèmes politiques, il paraît vouloir surtout retenir l'attention de Katia. Voilà maintenant qu'il lui parle de son admiration pour le poète Nékrassoff. Il cite des vers, les yeux au ciel, en balançant un doigt pour marquer la cadence. Elle l'écoute, sourit, puis retourne au débat, mais en continuant à le regarder, de temps à autre. Chose curieuse, à présent que les étudiants sont pris par le feu de la conversation, ils oublient de se tenir comme des paysans. Les dos se redressent, les bouches s'ouvrent moins grand, le naturel revient malgré les costumes. Klim se retrouve à table avec des messieurs. Le ciel est déjà sombre. Hoffman allume une lanterne et la pose au milieu des plats. Les visages qui s'effaçaient renaissent, orbites et narines éclairées par en dessous. Des chauves-souris tournent, affolées, dans les hauteurs.

— Quelle belle nuit ! dit Katia.

— Combien de temps vous et vos amis comptez-vous rester à Oukhvatovo ? demande Vissarion.

— Oh ! nous ne sommes pas près de partir ! Après la moisson, il y aura le battage...

— Oui, poursuit Apollon, tout récuser, vous comprenez ?... Nous refusons... nous estimons... La société telle qu'elle nous a été léguée... Il faut une autre charpente... Repenser la vie... Un monde meilleur, un monde juste...

Stiopa opine de la tête. Hors de l'ombre, des silhouettes surgissent et s'imposent : quelques moujiks d'Oukhvatovo sont venus en curieux. Devant ce public populaire, les étudiants n'osent plus parler librement. D'instinct, ils adoptent un ton badin.

— Vous voyez, on n'arrive pas à se coucher, on discute ! dit Apollon en se tournant à demi sur son banc. Demain, ce sera une rude journée, frérots, pas vrai ? Fera-t-il beau, au moins ?

— Pour faire beau, il fera beau, dit un moujik. Il le faut bien, avec tout ce qu'on a à moissonner !

— Ce sont des terres communales ? demande Stiopa.

— Oui. Des terres communales. Et des terres qu'on a louées à l'ancien barine...

Mania et deux autres étudiantes allument des cigarettes. Beaucoup de jeunes filles russes ont découvert le tabac en même temps que le socialisme. Cela fait partie, pour elles, des revendications féminines, avec l'égalité des droits politiques et l'instruction obligatoire. Katia, elle, ne fume pas. Vissarion lui en sait gré. La conversation languit. Les moujiks s'en vont. Hoffman s'est endormi, écroulé sur la table, le nez dans son coude. On le réveille et il grogne : « Quoi ? Déjà ? Il... il ne fait pas encore jour ! » Les jeunes filles éclatent de rire. Mais elles-mêmes ont de la peine à tenir les yeux ouverts. Apollon prend la lanterne et, à sa suite, tout le monde rentre dans la grange. Katia est pendue à son bras. Longtemps, la lumière éteinte, Klim les entend remuer et chuchoter dans la paille.

4

Au retour des champs, les hommes font la queue devant le puits du village. Bien que le soleil soit couché, une chaleur torride vient du ciel et du sol à la fois. Le jaune des blés danse encore dans les yeux de Vissarion. Il se revoit nageant dans cette mer éblouissante et craquante, à odeur de poussière et de grain. La gorge sèche, les yeux brûlés et une sensation de richesse dans le ventre. A cause de la couleur, sans doute. Ces murailles d'or qui tremblent et tombent. Il est content de lui. Le matin, il fauchait mal ; mais, l'après-midi, il a trouvé la cadence. Une paysanne, derrière lui, nouait les gerbes. Puis elle a cédé la place à Katia. Tous les dix coups de faux, la jeune fille se baissait, ramassait les tiges de blé et les serrait avec un lien de javelle. Quelle souplesse dans ses mouvements ! Il lui a demandé ce qu'Apollon Matvéïeff représentait pour elle. « Un camarade, rien de plus ! » a-t-elle répondu en le regardant avec défi. Et il en a éprouvé un plaisir déraisonnable. Plus tard, tout en aiguisant sa faux, il lui a dit négligemment qu'il avait beaucoup souffert dans sa vie, et que, d'ailleurs, il n'était pas un simple typographe. Impru dence voulue. Devant son air énigmatique et grave, elle a détourné les yeux.

Il s'avance vers le puits. Klim soulève le seau de bois au-dessus de sa tête.

— Vas-y !

L'eau gicle sur Vissarion, l'aveugle, le renouvelle. Il s'ébroue, heureux et jeune. Combien de gerbes a-t-il abattues ? Des centaines ! Stiopa n'en a pas fait la moitié. Et il se plaint déjà de courbatures. Quant aux étudiants, tous des mauviettes ! Les moujiks riaient en les regardant peiner dans les champs. Le staroste a même dit : « Heureusement qu'ils ne demandent rien pour nous aider, ceux-là ! Nous devrions les faire payer pour leur apprendre l'ouvrage ! Ce n'est pas comme vous, les nouveaux !... » Klim tend discrètement un linge et un peigne à son maître. Il lui a aussi apporté une chemise propre. Agacé par ces prévenances, Vissarion jette un regard à la ronde pour s'assurer que personne, parmi les étudiants, ne l'observe. Quelqu'un tape sur une casserole, du côté de la grange. C'est le signal : le dîner est prêt.

Vissarion s'arrange pour être assis en face de Katia. Elle paraît surexcitée par le soleil, la fatigue et la nouveauté de la situation. Ses yeux brillent, ses joues flambent. Elle dévore, elle rit, elle parle avec volubilité. A côté d'elle, Apollon, sombre et absorbé, mange à peine. Il s'est blessé à la main en fauchant. Un pansement sale lui entoure le pouce. Son nez pèle, rougi par un coup de soleil. Lui, si loquace la veille, ne prend aucune part à la conversation. Stiopa et Ida sont, eux aussi, en veilleuse. A la fin du repas, Vissarion se penche vers Katia et lui propose, à voix basse, de faire un tour avec lui, dans la campagne. Le ciel est encore clair. Des grillons chantent. Katia accepte, le regard radieux. D'un même mouvement, ils se lèvent.

— Où vas-tu, Vissarion ? demande Stiopa par-dessus son épaule.

— Me promener, grogne Vissarion, irrité.

Il n'a de comptes à rendre à personne. Katia le suit. Les autres restent à table, bavardant et fumant. Une femme appelle, près de la rivière :

— Ko-lia ! Ko-lia !...

Et l'écho lui répond. Sans se concerter, ils marchent, côte à côte, vers le petit bois de bouleaux, sur la colline. De là-haut, on découvre une plaine de brume, aux grisailles imperceptiblement différenciées.

Katia s'assied au pied d'un arbre, rabat sa jupe sur ses chevilles et constate :

— Au fond, je ne sais toujours pas qui vous êtes !

— L'état civil compte donc tant pour vous ?

— Non, mais le métier.

— Typographe, je vous l'ai déjà dit !

— Ce n'est pas vrai ! Je vous ai écouté quand vous répondiez aux nôtres. Vos propos ne sont pas d'un ouvrier. Ni d'ailleurs d'un intellectuel du modèle courant. Je vous trouve... oui, je vous trouve mystérieux...

Il sourit, flatté, et murmure :

— Vous aussi, vous me semblez mystérieuse !

— Allons donc ! Je vis au grand jour ! Je ne cache pas mes opinions !

— Moi non plus !

— Quelles sont-elles ?

— Les mêmes que les vôtres, à peu de chose près !

— Je suis sûre, dit-elle, que vous êtes engagé dans la lutte plus profondément, plus sérieusement que nous...

— Non, Katia...

— Vous ne voulez rien me dire ?

— Je n'ai rien à vous dire.

Vissarion prononce ces mots avec un tel accent de gravité, que son refus d'explication devient un aveu d'importance. Elle lui jette, de bas en haut, un regard dont la chaude insistance le surprend. Il y a si longtemps qu'il n'a senti sur lui l'estime d'une femme ! Tout l'effort d'Ida, depuis des années, n'a eu pour but que de le déprécier à ses propres yeux. La soif d'être distingué, admiré, aimé, le reprend. Il s'assied à son tour et glisse son bras derrière les épaules de la jeune fille. Et si elle se rebiffait ? Mais tout à coup la voici lourde contre lui, paupières fermées, bouche offerte. Il ne s'attendait pas à une capitulation aussi rapide. Sans doute est-ce pour obéir aux nouvelles idées des étudiants sur la simplicité en amour, qu'elle renonce aux préliminaires habituels. Le désir monte en lui trop vite et trop fort, tandis qu'il lui baise les lèvres. Ne va-t-il pas tout gâcher par précipitation, après une longue abstinence ? Au vrai, c'est la première fois qu'il lui est donné de posséder une femme en plein air, dans l'herbe. La dureté du sol, jointe à la sensation d'être à la merci des regards, le distrait un instant de son plaisir. Il regrette le confort et le secret du lit. Incapable de se concentrer, il laisse courir les yeux à droite, à gauche, prête l'oreille, s'effraye, se ressaisit, s'exhorte à tout oublier hormis ce visage suppliant, dans l'ombre. En tout cas, il est sûr qu'avec Katia il ne sera pas le premier. Elle a une façon d'accepter le poids de l'homme, de l'aider, de se creuser, qui n'est pas d'une novice. Tant mieux ! Il n'a jamais eu la sotte vanité de l'initiation en amour. Rassuré, il poursuit son avantage. Et le bonheur fond sur lui, le secoue, abolit le monde. Etonné, il se retrouve aux côtés d'une jeune femme inconnue, échevelée et belle, qui le remercie du regard. Est-ce possible ? Elle n'a guère plus de vingt ans et lui en a trente-quatre ! Il songe qu'il pourrait s'attacher à elle, la conseiller, l'aimer. Un sentiment joyeux et frais le pénètre. Une nouvelle vie va commencer...

— Katia, dit-il, ce qui vient de se passer est très grave... C'est... c'est un tel choc pour moi... une telle révélation !... Toute mon existence, jusqu'à ce jour...

L'émotion le gagne, sa voix tremble. Il reprend Katia contre son épaule. Comme elle est petite, fluette, vulnérable !

— Oui, c'est merveilleux ! chuchote-t-elle. On dirait qu'un coup d'archet a fait résonner nos deux âmes ensemble. Tout devient clair. Peut-être est-ce parce que nous avons les mêmes idées que nos corps s'entendent si bien ?

— Peut-être.

— C'est très important, les idées ! Je crois que, si je n'avais pas senti en vous une réponse secrète à mes aspirations les plus élevées, je ne serais pas allée vers vous. Vous aussi, n'est-ce pas ? vous avez deviné à un signe que nous étions intellectuellement, politiquement, prédestinés l'un à l'autre !

D'abord décontenancé, il décide qu'elle n'a pas entièrement tort et qu'en tout cas il est urgent de lui donner raison.

— Je l'ai deviné, oui, dit-il, dès le premier regard, avant même de vous avoir entendu parler !

Elle lui tend de nouveau les lèvres.

— Voilà, voilà, c'est ainsi que cela doit être ! dit-elle. L'amour du peuple enveloppant l'amour des individus ! Comme je suis heureuse ! Proprement ! Hautement ! Socialement ! Vous comprenez ?

Il se réjouit et s'inquiète de la voir si exaltée. Tantôt il a l'impression de bercer une enfant fiévreuse, et tantôt d'avoir révélé l'amour physique à une femme. Et un trouble plaisir naît en lui de ces deux sentiments contraires qui se colorent l'un l'autre en s'opposant. Penché sur Katia, il respire ses cheveux, il lui parle d'une voix amortie :

— Katia, ma colombe chérie... Je vous aime...

— Depuis quand es-tu typographe ? demande-t-elle d'un ton détaché.

Vissarion écoute se prolonger en lui la douceur de ce tutoiement inattendu. Pourtant il ne rendra pas la pareille. Il y a, pense-t-il, une vertu excitante dans le vouvoiement. Rien n'est plus savoureux que de respecter en paroles une femme dont on a pénétré la chair.

— Depuis sept ans, dit-il à tout hasard.

— Et avant ?

L'envie le saisit de vider son cœur, de raconter sa vie après tant d'années de silence. Mais il se domine :

— J'ai fait tous les métiers, dit-il. Et partout j'ai vu la souffrance des hommes.

Cette formule noble et sobre l'enchante lui-même.

— Il faut absolument que tu viennes à Moscou et que je te présente à mon père ! murmure Katia. C'est un ami de Tolstoï, de Tourguénieff, de tous les écrivains et de tous les journalistes de gauche. Ils t'aimeront... Ensemble nous triompherons de la pauvreté, de la laideur, de l'injustice...

Elle grelotte. Pourtant la nuit est douce.

— Qu'avez-vous, mon âme ? dit-il. Auriez-vous pris froid ?

Elle secoue le front. Sans doute a-t-elle trop travaillé dans les blés, au soleil. Ses yeux se ferment. Lui aussi, brusquement, éprouve le poids de la fatigue dans sa tête. Ils s'étendent par terre, l'un contre l'autre, enlacés et rompus. Et, au moment où ils vont s'assoupir, le désir les reprend, si violent, que, cette fois, l'amour entre eux ressemble à une lutte. Aussitôt après, elle s'endort, assommée, les joues souillées de terre, le fichu arraché, des brins d'herbe dans les cheveux. Il veille sur elle, quelques minutes, avec, au cœur, l'orgueil viril de la réussite et du guet. Puis il s'abîme à son tour dans le sommeil.

Quand il rouvre les yeux, le ciel pâlit au-dessus d'un horizon de brume. Il tire sa montre de son gousset : 3 heures du matin. A côté de lui, Katia, paupières closes, respire calmement. Sans la réveiller, il se dresse sur un coude et la contemple. Cette taille légère, ces mains petites et blanches, abîmées par les travaux des champs, la finesse de ce visage aux lèvres entrouvertes. Il lui dira la vérité sur ses activités révolutionnaires. Elle sera éblouie et voudra rester. Alors il exigera de Stiopa qu'elle entre dans leur organisation. Tout cela est si simple ! Il cherche à s'en persuader. Mais un malaise le gagne à mesure que le ciel s'éclaire. Comme si la lumière du jour allait ressusciter les obstacles. Elle bouge. Il l'attire contre lui. A demi réveillée, elle cède en gémissant. Puis, dans le mouvement de leurs corps, elle reprend tout à fait conscience. Ils n'échangent pas un mot jusqu'à l'instant où il retombe, vidé du merveilleux orage qu'il portait en lui. Affaibli, attendri, il répète :

— Katia, Katia...

Elle s'assied, rajuste ses vêtements, se recoiffe et demande :

— Quelle heure est-il ?

— Un peu plus de 3 heures.

— Il faut rentrer.

— Pourquoi, Katia ? Personne ne nous attend !

— Nous n'avons plus rien à faire ici.

— Plus rien à faire ? murmure-t-il.

Elle rit, renoue son fichu sur sa tête, les bras levés, la taille cambrée.

— Tu voudrais encore ? dit-elle.

Il la considère avec surprise, comme si on l'avait changée. Que signifie cette affectation de cynisme après l'abandon où il l'a vue ? Est-ce encore une réaction contre le romantisme des pères ou une défense contre le trouble dont elle se sent menacée ? De nouveau, il veut l'enlacer, mais elle lui échappe et bondit sur ses pieds.

— Assez ! dit-elle. Ce ne serait pas bon !

Comme il la regarde tristement, elle ajoute :

— Pourquoi prends-tu cet air accablé ? N'as-tu pas été heureux ? N'ai-je pas été heureuse ?

— Vous ne devriez pas parler ainsi, Katia, dit-il. Vous êtes si belle, si jeune...

— Et après ? Ce n'est pas une raison pour mettre des fanfreluches autour de notre rencontre ! Nous nous plaisons, nous sommes libres, nous avons les mêmes idées, nous choisissons l'heure et le lieu... Tu n'es pas le premier, tu ne seras pas le dernier. Demain soir, si tu veux, nous reviendrons ici.

— Oui, dit-il. Demain soir...

Et il se sent heurté par cette promesse, comme si, en lui offrant ce qu'il espère, Katia le dépouillait.

Ils retournent à la grange, dans le crépuscule du matin. Le grand portail de planches est entrebâillé. Katia se glisse dans le coin où dorment les étudiants ; Vissarion retrouve à tâtons sa litière, à côté de Stiopa. L'obscurité est si épaisse, qu'il distingue à peine les taches horizontales des corps sur la sombre luminescence de la paille. Un froissement, un souffle...

— Qu'as-tu fait jusqu'à cette heure ? chuchote Stiopa.

— J'étais avec Katia.

— Quand seras-tu donc sérieux, Vissarion ?

— Mais je suis sérieux !

— Alors ce n'est pas seulement ridicule, c'est grave ! Dans notre situation, tu n'as pas le droit...

— Je vois ! grogne Vissarion. Tu vas me ressortir les mêmes arguments qu'à Ida, pour Ratnikoff ! Mais moi, ce n'est pas pareil ! Je suis un homme ! Dans la mesure où il n'y a aucun risque pour nous, je prétends que...

Stiopa agite la main pour enjoindre à Vissarion de parler plus bas ; il a peur qu'Ida n'entende. Elle dort à deux pas de lui, roulée dans un vieux plaid à carreaux. Vissarion se tait. Stiopa se recouche. Quelqu'un tousse, derrière le pilier central. Klim ronfle, s'arrête, recommence. Les yeux de Vissarion s'habituent à l'obscurité. Une excitation mélancolique le tient éveillé dans cette vaste nef pleine de soupirs et de remuements. Sa déception grandit à mesure qu'il l'analyse. De tout ce qu'il espérait, il ne reste qu'une certitude glaçante : demain soir, Katia sera de nouveau à lui. Parce que leurs corps y trouvent de l'agrément et que leurs opinions politiques concordent. Il devrait être satisfait, et il ne cesse de songer avec regret à leur première conversation. Comme si le plaisir brutal qu'il a pris avec Katia n'était rien auprès de la tendresse naïve, de la juvénile adoration dont il s'était cru d'abord favorisé. Il donnerait, lui semble-t-il, la moitié de sa vie, pour savoir qu'il occupe entièrement la pensée d'une femme, qu'elle le considère comme la force, la bonté, l'expérience, la science et le courage incarnés, qu'elle n'a personne de plus cher au monde, qu'elle se languit loin de lui, qu'elle rêve de lui, qu'elle est prête à mourir pour lui... Sa gorge se serre, ses yeux lui piquent. Tiens ! on dirait qu'une discussion s'est engagée dans le coin des étudiants. L'oreille tendue, Vissarion perçoit des chuchotements, des reniflements. Un moment il lui semble reconnaître la voix assourdie de Katia. Puis tout rentre dans le silence.

★

— Vissarion Vassiliévitch ! Vissarion Vassiliévitch !

On le tire, main sur main, du fonds d'un puits, vers la lumière. Ouvrant les yeux, il voit Klim qui le secoue doucement par l'épaule.

— Fiche-moi la paix ! bougonne-t-il.

Ses paupières pesantes se referment. La fatigue le tient à la tête et aux jambes. Il n'a pas dû dormir plus d'une heure, cette nuit.

— Vissarion Vassiliévitch ! Tout le monde est debout !

Il passe une main sur son visage, s'assied, regarde autour de lui. La place d'Ida et de Stiopa est marquée en creux dans la paille. Ils doivent être en train de se laver ou de casser la croûte. Au-dessus du toit, éclatent des appels d'alouettes. La journée sera belle. Mais, à l'idée de retourner dans les champs et de reprendre la faux, Vissarion manque d'entrain. Aurait-il passé l'âge des nuits blanches et des réveils joyeux ? Il repense à Katia et sa hâte de la revoir l'encourage. La serrer dans ses bras de nouveau, lui expliquer ce qu'il ressent... Vite, il chausse ses bottes, reboutonne ses vêtements et se dirige vers le portail. En passant, il jette un regard dans le coin des étudiants. Là non plus, il n'y a personne. La paille est toute dispersée, comme après une bataille de chevaux. Dehors, une aube cotonneuse enveloppe la campagne. Les toits du village flottent, détachés du sol, telles des barques. Comme Vissarion le supposait, Stiopa se rase devant le puits et Ida se recoiffe. Elle a posé une glace sur la margelle. Deux télègues aux brancards vides sont arrêtées non loin de la grange. Quelques jeunes gens chargent dessus des balluchons, des paniers, des sacs. Intrigué, Vissarion s'approche et demande :

— Que faites-vous là ?

L'un des jeunes gens se retourne avec brusquerie : c'est Apollon. Une casquette de moujik coiffe ses cheveux acajou bouclés. Son regard est dur entre ses paupières aux cils roux. Il marmonne :

— Nous nous préparons à partir.

Vissarion s'efforce de garder un visage calme.

— Comment ça, partir ? dit-il. Je croyais que vous deviez rester jusqu'à la fin du battage ?

— Nous avons changé d'avis, ce matin.

— Et... et vous partez tous ?

— Bien sûr ! dit Apollon avec défi.

Il ressemble à un coq de combat gonflant ses plumes. Derrière son dos, surgit Katia, que Vissarion n'a pas vue venir. Elle a troqué son mouchoir de tête rouge contre un autre bleu, qui lui va moins bien. Des colliers de verre pendent sur sa poitrine. Ses joues sont anormalement pâles. Elle prend le bras d'Apollon, comme pour affirmer leur alliance, et regarde Vissarion avec tristesse. « Bon, je vois ce que c'est, songe Vissarion. Cette nuit, pendant que je dormais, Apollon lui a fait une scène de jalousie dans le meilleur style bourgeois. Elle s'est attendrie, elle a eu peur de l'aventure et, à l'aube, tous ensemble, ils ont résolu de décamper. Réaction parfaitement naturelle. Naturelle et navrante. On a toujours tort de tabler sur ce genre de créatures, exaltées en paroles et prudentes dans le fond. Elles discutent en révolutionnaires et préparent leur avenir en jeunes filles de bonne famille. » Il respire à pleins poumons l'air frais du matin. A présent, ce qui compte pour lui, c'est de sauver la face devant les étudiants qui le scrutent.

— Eh bien ! bon voyage ! dit-il. Nous finirons la moisson sans vous.

Et, tournant les talons, il va rejoindre Stiopa et Ida, devant le puits.

— Tu as vu, dit Stiopa, ils plient bagage !

Il doit jubiler, lui qui le mettait en garde contre les dangers d'une liaison.

— Oui, dit Vissarion. J'ai vu.

Il plonge le visage dans un seau d'eau. A travers le ruissellement des gouttes, il entend Ida qui soupire :

— Ils étaient très gentils, mais je préfère qu'ils s'en aillent... Ils nous auraient gênés...

— Pour ça, oui, dit Vissarion en prenant un linge des mains de Klim. Et où vont-ils ?

— A dix verstes de là, je crois, dans un autre village, dit Stiopa. Le staroste a été très compréhensif. Il les fera reconduire là-bas en télègue. Au fond, j'ai l'impression que, lui aussi, n'est pas fâché de voir déguerpir cette charmante jeunesse ! Tu es prêt ?

— Je voudrais me raser, dit Vissarion.

— Tu es très bien comme ça ! Il faut nous dépêcher ! On nous attend !...

Comme ils reviennent vers la grange, deux vieux moujiks montent du village, amenant les chevaux. Les étudiants s'agitent. On ne retrouve pas un nécessaire de voyage. Mania court en tous sens et se désespère. Katia et l'étudiante à lunettes sont déjà assises dans une télègue. Vissarion sent les yeux de Stiopa et d'Ida rivés sur lui. Pas un frémissement de son visage ne leur échappera. Il regarde Katia longuement. Est-elle seulement jolie ? Cette pâleur, cette mâchoire légère, ce regard vague... Enfin il lève la main en signe d'adieu. Stiopa et Ida en font autant. Des étudiants leur répondent.

— Au revoir !

— A bientôt, peut-être...

— J'ai retrouvé le nécessaire de voyage ! crie Mania.

Vissarion, le premier, prend le chemin du village. Ida, Stiopa et Klim le suivent. Il n'a même pas envie de se retourner. Son esprit est calme. Des charrettes attelées attendent les faucheurs au milieu de la place, face à la petite église. Avant de monter en voiture, Vissarion, sur les instances de Klim, mange un quignon de pain et un bout de fromage. Au-dessus de sa tête, le ciel de lait s'ouvre sur des transparences bleuâtres. Les chevaux marchent au pas ; les roues craquent ; les visages de Stiopa et d'Ida tressautent en même temps devant Vissarion. Leur ressemblance le frappe soudain. Même menton dur, mêmes lèvres minces, même expression desséchée, intelligente et tendue. On dirait que leur sexe est interchangeable. Lui a l'air d'une vieille fille et elle d'un étudiant attardé.

Pied à terre. Le travail commence, monotone, ardu, éblouissant. Vissarion voudrait ne plus penser à Katia, mais, en balançant sa faux le plus près possible du sol, il ne cesse de s'interroger sur les motifs de son départ. Tout compte fait, il décide qu'elle a regagné d'instinct le clan des gens de son âge. Maintenant, quand il se retourne, c'est Ida qu'il voit derrière lui, nouant les gerbes. Anguleuse, le visage noirci, elle a une résistance étonnante pour une créature de si faible complexion. De temps à autre, elle se redresse et s'essuie le front avec le revers du poignet. Elle sourit à Vissarion, de sa bouche large, et il ne peut lui répondre.

Quand ils reviennent, le soir tombé, au village, la grange est vide, des hirondelles entrent et sortent en piaillant par les trous du toit. Klim prépare le dîner. Ils prennent place, à quatre, autour de la table devenue trop grande. Et ils mangent silencieusement. Le ciel s'assombrit. Les chauves-souris reparaissent. Leur vol hésitant ranime en Vissarion un souvenir si proche, qu'il serre les mâchoires. Il regarde Stiopa et Ida, ses vis-à-vis, et songe que leur trio a quelque chose de sinistre. L'amour, la plaisanterie, le jeu, la perte de temps, les projets frivoles, tout ce qui, pour les autres, constitue le suc même des jours, leur est interdit. Là où ils passent, la gaieté s'éteint. N'a-t-il pas suffi qu'ils arrivent à Oukhvatovo pour que la jeunesse s'enfuie, effarouchée par leurs airs de corbeaux sentencieux ? Ce n'est pas Katia en tant que femme qu'il regrette, mais, peut-être, l'illusion sur lui-même qu'elle lui apportait. Le voici revenu entre les témoins habituels de sa vie. Dans cette prison de regards, nul ne peut espérer tromper l'autre ni même l'étonner.

— As-tu fini, Vissarion Vassiliévitch ?

Il tressaille. Klim lui prend son écuelle, où reste un fond de bouillie de sarrasin. Stiopa dit :

— ... De toute façon, il vaut mieux attendre la fin de la moisson pour commencer à endoctriner les gens d'Oukhvatovo. Actuellement ils sont trop préoccupés, ils ne voient pas plus loin que le bout de leur champ.

— Oui, dit Ida. D'ailleurs nous avons le temps, nous sommes bien, ici !

Le silence retombe. Klim revient et dépose sur la table un panier de cerises. La nuit est chaude, transparente, avec une laitance d'étoiles éparses d'un bord à l'autre de l'horizon. Des crapauds se répondent mécaniquement du côté de la mare. Stiopa mange quelques cerises, jette les noyaux par-dessus son épaule et allume un petit cigare, comme cela lui arrive dans les moments de bonheur. Ida renverse la tête et contemple le firmament. « Que peut-elle comprendre ? se demande Vissarion. Que peut-elle sentir, avec son cœur racorni, devant cet immense mystère ? »

5

Il pleut. Assis sur un banc, au seuil de la grange, Klim tire l'aiguille et regarde ruisseler le toit de chaume dont l'avancée le protège. Une longue flaque jaune bouillonne à ses pieds. Heureusement la moisson est finie, le blé battu. Rassuré, le village se repose avant les prochains labours. Que le temps soit au soleil ou à l'eau, chacun, pour l'instant, s'en moque. Cependant Klim doit reconnaître que les moujiks d'Oukhvatovo ne sont pas des ingrats. Ils ont fait dire une messe pour remercier le Seigneur d'avoir épargné les fruits de la terre. Le pope a béni les épis et célébré deux mariages. Après, on a bu du kwass et mangé un gâteau au miel. Tout le monde était invité. C'est ce jour-là que le bartchouk a déchiré son pantalon bleu à un clou. Au vrai, le fond du pantalon était usé jusqu'à la trame. La mère d'une des mariées a fini par trouver, au village, un bout d'étoffe du même ton. Klim le coud à points très serrés. Ida Alexandrovna affirme qu'il coud mieux qu'elle. Pas difficile : elle tient son aiguille comme une plume ! Il rit tout seul et balance le front. Curieux — une femme qui ne sait ni coudre ni faire la cuisine et qui parle de la révolution aussi bien qu'un homme ! Klim a de l'attachement pour elle, parce qu'elle l'écoute toujours avec patience et ne refuse jamais de lui donner une explication. S'il avait insisté davantage, elle l'aurait peut-être emmené à cette « réunion d'information », au village de Gavrilovka, à dix verstes de là. Ils sont partis tous trois en télègue, malgré la pluie ; ils rentreront tard, sans doute. Hier, c'était à Oukhvatovo même, chez le vieux Fadéï, que la réunion a eu lieu. Une quinzaine de moujiks s'étaient dérangés, dont quatre chefs de famille. Ils ont écouté avec beaucoup d'attention tout ce que le bartchouk et Stépan Alexandrovitch ont dit sur l'avenir de la Russie : comment, le grand jour venu, le peuple laborieux des campagnes et des usines se soulèvera, comment on distribuera les terres, comment un gouvernement élu par tous et respecté de tous prendra le pouvoir... C'était aussi net que cette pièce de drap bleu appliquée sur le pantalon. L'aiguille pique de biais, se dégage d'un petit coup de queue et reprend de la hauteur. Entre les points, l'étoffe fronce à peine. Klim a l'impression qu'il pourrait coudre ainsi pendant des heures, en écoutant tomber la pluie. Depuis que le bartchouk lui a interdit d'écrire, il lui arrive de s'ennuyer. Quelque chose d'important lui manque. Comme si un ami très cher l'avait quitté. Pour se consoler, il s'imagine trempant sa plume dans l'encre et couchant des phrases sur une feuille blanche. Il met la ponctuation ; il va à la ligne lorsqu'il le faut... Mais bientôt ce jeu inutile l'attriste. Il regrette de n'avoir rien noté sur leurs randonnées de village en village. Pourvu qu'il n'oublie pas, avec le temps ! L'encre tient mieux sur le papier que le souvenir dans la cervelle.

Le pantalon est réparé. Et la pluie tombe toujours. Klim range le fil, l'aiguille, dans un sachet, et regarde, droit devant lui, les deux saules hachés par les traits de l'averse. Le bartchouk et ses amis seront trempés, en rentrant. Il les a prévenus... Comme s'ils ne pouvaient pas attendre !... Par chance, ils ont pris une bâche. Il faut toujours qu'il se fasse du souci pour les maîtres... Allons bon ! il les a encore appelés « maîtres » dans sa tête. Décidément il est plus facile de changer de vie que de langage. Soupirant et grognant, il tire un crayon, un papier de sa poche. Il y a longtemps que l'envie le démange. Avec un tremblement de plaisir, il écrit : « Nous sommes dans le village d'O., où les paysans sont hospitaliers et pas tellement à plaindre. Des étudiants nous ont aidés, au début, pour la moisson. Mais ce devait être trop dur pour eux. Ils ont levé le camp. Maintenant il pleut. V.V. est parti avec I.A. et S.A. pour l'après-midi, en me laissant de l'ouvrage à faire. » Il mouille le crayon de salive et appuie sur le papier, sa cuisse servant de support. La mine marque bien, les mots se suivent régulièrement, la page est vite noircie. Klim se relit avec fierté. Il n'a pas perdu la main. Puis il déchire le papier en morceaux infimes et va les enfouir dans le tas de fumier, derrière la grange.

La pluie redouble de violence, tandis qu'il revient en courant. D'un bond il franchit la grande flaque et se retrouve au sec, sous l'avancée du toit. Il s'assied. Et, de nouveau, il regarde la pluie. S'il avait encore un bout de papier, il recommencerait... Toute cette eau qui tombe du ciel et qui luit sur la terre fausse la lumière du jour. On ne sait plus l'heure qu'il est. Du côté du village, des ombres s'agitent. Deux hommes montent la route, une toile de sac sur la tête, un bâton à la main. Klim reconnaît le vieux

Fadéï, flanqué de Zinovy, son petit-fils, et les invite, par gestes, à s'abriter sous son toit. Ils arrivent, tout constellés de gouttelettes, se débarrassent de leurs toiles de sac et s'affalent sur le banc.

— Le déluge ! dit Fadéï. Le déluge de Dieu ! Tu es seul ?

— Oui, dit Klim.

— Et tes amis ?

— Ils sont allés faire un tour en télègue.

— Par ce temps ? Ils ont du courage ! Eh bien ! nous deux, tu vois, nous sommes à la recherche de ma biquette ! Tu la connais ! Elle est un peu folle, ces jours-ci. Tout à coup, elle a cassé sa longe et elle s'est échappée. Elle doit gambader dans le grand pré. Va voir, Zinovy. Je t'attendrai ici.

Zinovy fait la grimace et repart sous la pluie. Fadéï le suit des yeux, et hoche sa longue tête au nez triste et à la barbiche de chanvre.

— Les jeunes, dit-il, ça ne voudrait mettre un pied devant l'autre que pour danser avec les filles !

Ses doigts tournent machinalement un bâton de noyer, gravé d'étoiles et de guirlandes. Il sort un couteau de sa poche et taille une encoche supplémentaire, près du pommeau.

— Une belle canne que tu as là ! lui dit Klim.

— J'en ai fait de plus belles ! dit Fadéï. Mais, à force de les embellir, un jour on les creuse trop et elles cassent.

Une mince lamelle de bois saute, enlevée à la pointe du couteau.

— Au fait, reprend-il, j'ai réfléchi à ce qu'ont dit tes amis, hier soir. C'était très intéressant, mais je n'ai pas tout compris. Peut-être pourrais-tu m'expliquer...

Affolé, Klim proteste :

— Attends qu'ils reviennent ! Je préfère...

— Pourquoi attendre ? Tu es avec eux. Tu penses comme eux. Tu dois savoir... Ou alors, si c'est trop compliqué pour toi, ça l'est aussi pour nous ! Par exemple, quand ils disent qu'un jour il faudra que toutes les terres reviennent aux paysans, est-ce que ça signifie que nous recevrons en plus les terres que notre barine, le comte Nicéphore Matvéïévitch, a gardées après le partage ?

— Bien sûr, dit Klim.

— Ce n'est pas possible !

— Pourquoi ?

— Il ne les donnera pas !

— Vous les lui prendrez.

— Par la force ?

— Oui, dit Klim d'une voix mal assurée.

Fadéï creuse encore une encoche dans son bâton et grogne :

— Excuse-moi, mon pigeon, mais je ne vois pas comment ça peut se faire. J'ai connu le comte Nicéphore Matvéïévitch quand il était tout petit. Ma femme a été brodeuse chez son père. Il est le parrain de mon fils. Et, tout à coup, j'irais vers lui, avec les autres, et je lui mettrais un couteau sur la gorge, et je lui dirais : « Donne-moi tout, Nicéphore Matvéïévitch, ou je te saigne ! » On n'est pas des brigands, tout de même !

— Tu n'auras pas besoin de le saigner, balbutie Klim. Tout se passera très bien. Il aura peur et il cédera.

— S'il cède, il ne lui restera rien !

— Et après ?

— N'aurais-tu pas de cœur, mon garçon ?

Décontenancé, Klim tente de se rappeler les phrases qu'il a entendues prononcer par le bartchouk et ses amis dans des circonstances analogues. Mais tous les arguments s'embrouillent dans sa tête. Il récite des bribes de discours, comme il ferait des moulinets avec une canne :

— La classe possédante est une survivance... une survivance du Moyen Age... Il faut niveler pour reconstruire... Les usines appartiennent aux ouvriers, les champs aux cultivateurs...

Fadéï ne l'écoute pas et poursuit son idée :

— S'il ne lui reste rien, à notre Nicéphore Matvéïévitch, de quoi vivra-t-il ?

— Qu'est-ce que ça peut te faire ? s'écrie Klim excédé.

Et il songe qu'à la place de Fadéï il aurait probablement posé les mêmes questions. Comment le bartchouk et Stépan Alexandrovitch n'hésitent-ils jamais ? Chez eux la conviction est un couperet. Elle tranche net tout ce qui se présente.

— Ça peut me faire... ça peut me faire qu'il a toujours été bon avec nous, dit Fadéï. Enfin aussi bon qu'il est permis à un barine. Et nous, à présent, nous irions le dépouiller ? Es-tu un vrai orthodoxe, mon fils ?

— Oui.

— Comment un vrai orthodoxe peut-il convoiter le bien d'autrui ?

— Nous ne sommes pas en religion, marmonne Klim. Nous sommes en politique !

— Je croyais que même en politique il fallait de la religion.

— Plus maintenant, grand-père. Maintenant on s'occupe de religion à l'église, et de politique dehors. Et, en politique, bien sûr, il y a des théories. La première des théories, c'est la justice. Nous voulons la justice. Et l'égalité. Et la prospérité...

— Attends ! Attends ! dit Fadéï. Tu cours trop vite ! Ces terres que nous aurons enlevées à Nicéphore Matvéïévitch par la force, comment les partagerons-nous entre nous ? Par la force aussi ?

Je veux dire : le plus enragé ne va-t-il pas vouloir le meilleur morceau ? Quand on a commencé dans la violence, il est difficile de ne pas continuer dans la violence !

— Une chose est la lutte contre les propriétaires, qui sont les profiteurs du peuple, dit Klim, autre chose est la discussion fraternelle entre les paysans... Vous vous entendrez très bien à condition de rester unis et d'obéir aux consignes.

— Quelles consignes ?

— On vous l'a expliqué, hier... Le moment venu, des comités d'action vous indiqueront ce qu'il faut faire...

— Les consignes, les comités d'action, la classe possédante, soupire Fadéï, c'est trop savant pour moi ! Dites-moi des choses simples. Donc on va enlever aux riches tout ce qu'ils ont ?

— Oui.

— Et on va le distribuer aux pauvres ?

— Oui.

— Et les pauvres deviendront riches ?

— Moins riches, tout de même, que ne l'étaient les vrais riches !

— Et le tsar, on lui prendra aussi sa couronne pour la partager entre tous ?

— Oui, dit Klim troublé. Je crois...

— Ça fera un bien petit morceau pour chacun ! dit Fadéï.

Il rit de sa bouche noire, édentée. Son couteau danse autour du bâton. Dans l'écorce grise et lisse, apparaît, en blanc, un cœur, la pointe en bas, un autre, la pointe en haut.

— Ecoute, grand-père, murmure Klim, je ne sais quoi te dire. Je sens la vérité et les mots ne me viennent pas. Regarde cette pluie qui tombe. Elle forme des flaques. Et les flaques forment des ruisseaux. Et les ruisseaux vont s'unir et descendre la colline. Tu es d'accord ?

— Oui.

— Eh bien ! nous aussi, nous finirons par nous unir comme ces ruisseaux. Et notre poids nous entraînera. D'autant plus vite que nous serons plus nombreux. Et il ne sera plus question pour nous de revenir en arrière, ni de changer de direction. L'eau choisit toujours, tu le sais, la ligne de plus grande pente.

— Je le sais, oui...

— Et si cette eau, ce courant, emporte les obstacles, eh bien ! tant pis, ce ne sera pas notre faute !

Fadéï contemple son bâton pensivement, puis reporte les yeux sur Klim et dit :

— Pas notre faute... En effet... Peut-on en vouloir à une rivière en crue ?

Il y a un long silence.

— Maintenant j'ai bien compris, reprend Fadéï. Tout est clair dans ma tête. Je te remercie. Je crois que tu as raison...

Mais Klim a mauvaise conscience. Comment a-t-il osé se substituer au bartchouk et à Stépan Alexandrovitch pour expliquer la révolution ? La griserie des mots l'a entraîné. Et l'air intéressé du vieillard. Pourvu que Vissarion Vassiliévitch ne l'apprenne pas !

— Demain, affirme-t-il, mes amis te donneront d'autres indications... Ils te montreront un petit livre...

— Je n'ai pas besoin de petit livre.

— En tout cas, garde ce que je t'ai dit pour toi.

— Je te le promets.

Klim respire. Il pleut moins fort. Fadéï s'est remis à tailler son bâton.

— C'est drôle, dit-il soudain, notre comte, Nicéphore Matvéïévitch, arrive la semaine prochaine de Saint-Pétersbourg, pour la chasse. Quand je le rencontrerai, je ne pourrai plus le regarder de la même façon.

Zinovy revient, tirant par une corde la biquette qui saute, s'arc-boute, rue. Il crie :

— Elle était bien dans le grand pré, la diablesse !

Fadéï se coiffe de sa toile de sac, s'appuie sur son bâton et s'en va. Sa haute silhouette se dilue dans les moires légères de la pluie. Quand il a disparu, Klim commence à espérer la fin de la journée. Attendre est pour lui une occupation importante. Il s'y adonne tout entier, le regard fixé sur le tournant de la route. Une douce ankylose le gagne. Soudain des tintements de clochettes. Il se précipite. Les maîtres descendent de la télègue. Trempés et surexcités. La réunion à Gavrilovka les a déçus (moins de monde encore qu'à Oukhvatovo !) mais ils ont poussé jusqu'au chef-lieu, et là, ils ont appris une nouvelle de portée capitale : la France a déclaré la guerre à l'Allemagne. Des combats sont en cours qui tournent déjà, semble-t-il, au désavantage des Français. Le bartchouk est très inquiet. Pour lui, si les Prussiens remportent la victoire, ils voudront imposer leur loi à toute l'Europe, « en écrasant les aspirations démocratiques chez les peuples vaincus ». Stépan Alexandrovitch, lui, est d'un autre avis : il prétend que, plus une guerre est violente, plus il y a de chances pour que les idées libérales gagnent la masse des soldats « excédés de tuer et de verser leur sang ». Ida Alexandrovna pense comme son frère que, si la guerre dure quelques semaines encore, des soulèvements se produiront parmi les troupes allemandes, dont il est bien connu que les officiers brutalisent les hommes.

— De toute façon, dit Stiopa, une guerre ne peut que secouer de fond en comble la société qui l'a engendrée et, pour nous, c'est la seule chose qui compte !

— Oui, mais si c'est Bismarck qui la gagne, cette guerre, ses compatriotes en feront un dieu ! s'écrie Vissarion. De même, d'ailleurs, que les Français porteront Napoléon III aux nues dans le cas où...

— Pardon ! Pardon ! Tu disais toi-même que tu étais pour les Français...

— Je n'ai aucune sympathie pour le régime actuel de la France, tu le sais très bien... Mais la France est la patrie des grandes idées... la terre de l'humanisme... Et ce qui arrive en ce moment... l'invasion de l'Alsace... Non, laisse-moi parler... Mac-Mahon... le repli sur les Vosges... Bazaine...

Klim écoute les maîtres discuter de cette lointaine querelle entre Français et Prussiens, et dresse la table, dans la grange, en évitant de faire du bruit. Enfin, la conversation se calme.

— Et ici, quoi de nouveau, Klim ? demande le bartchouk.

— Rien, Vissarion Vassiliévitch ! Rien du tout ! dit Klim précipitamment.

6

— Elle arrive ! Elle arrive ! crie un gamin en passant la tête par la porte de l'échoppe.

Et il repart en courant.

— Qui est-ce qui arrive ? demande Stiopa.

Arthème, le savetier, ne répond pas tout de suite. Il tient entre ses cuisses la botte droite de Vissarion et applique dessus un fort talon découpé dans du cuir. L'autre botte, déjà terminée, gît à côté de lui. La bouche pleine de clous, Arthème les crache un à un dans sa paume vernie de crasse ; son marteau vole ; les coups pleuvent en demi-lune. Enfin, la bouche libre, il dit :

— Catherine Efremovna, l'épouse de notre barine, la comtesse, quoi !

Vissarion remet ses bottes, se tourne vers Stiopa et échange avec lui un regard d'intelligence.

— Je comprends maintenant pourquoi le staroste a ordonné de nettoyer la rue, dit Stiopa en se déchaussant à son tour. Le village a l'air tout neuf, ce matin.

— Il faut bien faire honneur à qui nous rend visite ! dit Arthème.

Il prend les bottes de Stiopa, les examine de près et déclare :

— Le cuir est encore bon. Je vais recoudre l'empeigne. Et les talons, évidemment, sont à changer !...

Deux canaris sautillent dans une cage, au-dessus de sa tête. L'échoppe est noire, sale, avec des bouts de cuir partout. Une forte odeur de peau tannée et de poix emporte la gorge. L'alène va et vient resserrant les bords de la déchirure. Lorsque ce premier travail est fini, Arthème se lève et secoue son tablier. Dans son visage velu et carré, les yeux s'ouvrent à peine, comme des boutonnières de chaussures.

— Et les talons ? dit Stiopa.

— Après ! dit Arthème.

— Après quoi ?

Arthème ne répond pas, se mouche dans ses doigts — une narine puis l'autre — et sort. Vissarion et Stiopa s'avancent, derrière lui, jusqu'au seuil. Dans tout le village, des moujiks se tiennent sur le pas de leur porte. Les femmes ont fait toilette ; rubans et verroteries brillent au soleil. Même le pope a quitté son presbytère et attend, appuyé à la palissade de l'enclos. Un troupeau d'oies s'enfuit en cacardant. Une calèche, aux roues noires et rouges, tirée par deux chevaux bais, s'arrête à l'endroit où la route défoncée, craquelée, s'élargit pour former une place. Le cocher ventru arbore un chapeau rond et une ceinture écarlate. Un gamin, en chemise brodée, saute à terre et aide la comtesse à descendre.

— Le comte n'est pas venu ! chuchote Arthème avec révérence. Il doit être fatigué par le voyage !

Vissarion se rappelle qu'Arthème était, à la dernière réunion, l'un des plus résolus à ébranler les assises de la société. La comtesse porte une robe blanche et une capeline de paille à larges bords où tremblent des cerises. Elle est blonde, lourde, et se déplace lentement. Des hommes se découvrent et s'inclinent devant elle, des femmes lui baisent la main ; elle caresse la joue des enfants, pose des questions d'un air de patience et de compréhension, entre dans une isba, en ressort manifestement bouleversée, se tamponne les yeux avec un mouchoir, et sourit de nouveau avec une tendre vaillance. A mesure qu'elle approche, Vissarion s'irrite de son manège. Il imagine la louche satisfaction qu'elle éprouve à jouer ainsi l'ange des masures. Ces gens ont beau n'être plus des serfs, ils lui appartiennent par le cœur et par la tradition. Elle est plus forte que la loi. Chrétiennement, héréditairement et définitivement propriétaire.

— On s'en va ? demande Vissarion en tirant Stiopa par la manche.

— Et mes bottes ? dit Stiopa. Je ne peux pas partir sans mes bottes !

Quand la comtesse arrive devant l'échoppe, ils se rencognent dans l'ombre. A demi masqué par l'établi, Vissarion voit Arthème qui se casse en deux dans un salut où il y a plus que de la déférence : de la piété.

— Oui, oui, barynia, comtesse, notre bienfaitrice, balbutie le savetier, les enfants poussent, je vous remercie !... C'est ma femme qui ne va pas... Toujours ses jambes... Elle n'a cessé de prier pour vous... Elle est couchée, oui... Si vous voulez me suivre... Ce sera un rayon de soleil pour elle... Par ici.. Notre isba est juste à côté...

Il s'éloigne, précédant la comtesse, qui marche à petits pas en relevant un coin de sa robe. Cinq minutes plus tard, il est de retour.

— Elle a donné à ma femme une fiole d'eau bénite, provenant de la laure de la Trinité Saint-Serge, dit-il, l'air radieux.

Il se rassied, prend les bottes de Stiopa et se

remet au travail. Bientôt, la comtesse repasse en sens inverse, derrière les vitres poussiéreuses de l'échoppe. Des enfants, pieds nus, trottent à sa suite. Elle se retourne, fouille dans son réticule et glisse des kopecks, des bonbons, dans les petites mains sales qui se tendent. Puis son chapeau de paille pivote. Des clochettes tintent. Vissarion et Stiopa hasardent le nez dehors. Tout le village, rassemblé sur la place, regarde partir la voiture. Des voix bénisseuses montent vers le nuage de poussière comme vers le dernier signe visible d'une apparition. Le vieux Fadéï sort du groupe et rebrousse chemin. Parvenu à hauteur de l'échoppe, il s'arrête et lève les regards sur Stiopa et sur Vissarion. Il y a dans ses yeux de l'embarras et de la douceur.

— Eh oui ! frérots, dit-il, notre ruisseau n'est pas près de rejoindre la rivière...

Vissarion ne comprend pas à quelle rivière il fait allusion et hausse les épaules. Derrière lui, le savetier tape à petits coups avec son marteau. Un canari siffle dans sa cage.

— C'est navrant ! dit Vissarion. Vous n'aviez pas à vous abaisser ainsi ! Lors de notre dernière réunion...

— La réunion est une chose, mon pigeon, dit Fadéï, la vie en est une autre. Je crois qu'en venant à Oukhvatovo, toi et tes amis avez mal choisi votre coin. Nous sommes des gens de petite aisance, mais nous ne nous plaignons pas. Vous aurez beau parler, nos moujiks penseront : « La récolte a été bonne, les redevances ne sont pas lourdes, les bêtes profitent bien — qu'avons-nous à faire de la révolution ? » Vous, frérots, ce qu'il vous faut, c'est la misère, c'est l'injustice. Comme à Proudovoïé, par exemple ! Là, c'est l'enfer ! Là, on vous entendrait ! Allez à Proudovoïé ! A vingt-cinq verstes au sud !...

— En somme, tu serais soulagé de nous voir partir, dit Vissarion.

— Oh ! non ! s'écrie Fadéï. Pourquoi ? Restez ! Restez !... Mais comme des amis. Pas comme des conseilleurs !

Il sourit. Arthème présente les bottes réparées. Stiopa les chausse, tape ses talons au sol, se lève et dit :

— Fadéï a raison : nous n'avons plus rien à faire ici. Du moins, pour le moment...

Il paye le savetier et, prenant Vissarion par le bras, l'entraîne dans la rue.

★

« Ça y est, nous partons demain ! A Oukhvatovo, les gens ont peur des idées. Je l'ai compris, l'autre jour, avec Fadéï. En tout cas, Arthème, le savetier, a très bien réparé les bottes du bartchouk et de Stépan Alexandrovitch. Ils sont allés au village avec Ida Alexandrovna pour dire au staroste de nous prêter une télègue. Sûrement il acceptera. Proudovoïé n'est pas loin. Tous ici racontent que c'est un endroit maudit. En entendant cela, Vissarion Vissiliévitch se frotte les mains. Les bonnes âmes volent vers la misère comme les papillons vers la pourriture. Moi, je préférerais rester. J'aime bien Fadéï, Zinovy et les autres... »

Klim pose son crayon et songe qu'il serait sage de déchirer immédiatement ce fragment de journal comme le précédent. Mais, au moment de le faire, il hésite. Le bartchouk ne va tout de même pas le fouiller en rentrant ! Pourquoi ne garderait-il pas ce papier sur lui jusqu'à demain ou après-demain ? Il relit ce qu'il vient d'écrire. Le soleil déclinant dore le lambeau de page couvert d'une écriture appliquée. Une fierté sagace pénètre Klim. Il a le sentiment tout ensemble d'être plus riche et moins seul. Demain, sans faute, il se débarrassera de ce document compromettant. Il le fourre en poche, s'avance sur la route pour voir si personne ne vient, se rassied sur le banc, se gratte la nuque, reprend le papier, mouille son crayon de salive et écrit encore, avec l'impression délicieuse de pousser l'audace aux limites de la raison : « Les bagages sont prêts. Il n'y a pas de nuages au ciel. Nous aurons beau temps pour la route. »

★

« Toujours à Oukhvatovo. Le staroste refuse de nous prêter une télègue. Il dit qu'il a besoin de tous les chevaux et de tous les hommes. C'est peut-être vrai, mais il me semble que les gens ne nous aiment plus, ici. Les discours du bartchouk et de Stépan Alexandrovitch leur ont déplu. Hier, le bartchouk et moi sommes allés aux étuves du village. (Stépan Alexandrovitch avait refusé de nous suivre. Sa sœur était furieuse contre lui. Il n'aime ni l'eau ni le savon !) Aux étuves, j'ai eu mauvaise impression. D'habitude, la vapeur adoucit les caractères. Chez Térenty, par exemple, plus la chaleur montait, plus les clients étaient de bonne humeur. Eh bien ! les moujiks qui nous entouraient ont sué sans nous dire un mot. C'est un signe défavorable. Je l'ai expliqué au bartchouk. Il est retourné voir le staroste. Le vieux brigand prétend maintenant que, s'il n'a toujours pas de télègue à prêter, il en a une à louer. Il en veut dix roubles. Pourquoi pas vingt ou cinquante ? Le bartchouk et Stépan Alexandrovitch ont fini par accepter. Après ça, les paysans se sont mis à discuter ce qu'ils nous devaient pour notre travail pendant la moisson. Ils ont dit que nous les avions retardés, que le prix convenu (deux roubles par déciatine) était trop élevé, qu'ils nous avaient déjà payé en nourriture. Là encore, le bartchouk et Stépan Alexandrovitch ont cédé. Que faire ? Celui qui tient la bourse a toujours raison contre celui qui tend la main. Ainsi nous n'aurons gagné ni un kopeck pour notre peine, ni un ami pour notre cause. J'ai dit au bartchouk qu'il ne fallait pas se fier aux moujiks. Il s'est fâché contre moi. Comme si je l'insultais. « Ce sont des imbéciles de ton espèce qui empêchent la Russie d'aller de l'avant ! » s'est-il écrié. Le soir, ils ont causé longtemps, couchés sur la paille, dans le noir : de la révolution future en Russie et de la guerre actuelle en France. Ça va de plus en plus mal, là-bas. Les Prussiens marchent sur Paris. »

7

La porte cède dans un long grincement de gonds rouillés, de planches rompues, et Iakov dit :

— Là, vous serez bien !

Sans franchir le seuil, Vissarion distingue l'intérieur d'une isba sombre, malpropre et délabrée. Un four de pierre, à moitié éboulé, s'avance en bastion dans la pièce. Des toiles d'araignée tendent, dans les coins, leurs voilages poussiéreux. Il n'y a pas de fenêtre. La lumière vient de la porte et d'un trou ménagé dans le toit. Désappointé, Vissarion quête du regard le sentiment de Stiopa et d'Ida.

— Une fois nettoyée, cette isba sera tout à fait convenable, dit Ida avec calme.

— Il est bien entendu que nous logerons ici gratuitement, ajoute Stiopa. Nous sommes des typographes sans travail, nous n'avons pas les moyens...

— De quoi vas-tu t'inquiéter, frérot ? s'écrie Iakov. Cette isba, elle n'appartient à personne, et personne ne voudrait recevoir un kopeck pour sa location. Les moujiks de Proudovoïé disent qu'elle est maudite !

— Maudite ? dit Vissarion. Pourquoi ?

— Il y a trois ans, Evdokim, un sergent en retraite, a égorgé sa femme enceinte et s'est pendu, exactement là où nous sommes. Alors les gens se sont montés la tête. Il a même été question de brûler la baraque pour enlever le mauvais sort. Mais vous autres, les typographes, vous avez de l'instruction, vous ne croyez pas à ces sornettes. Alors profitez de la bêtise du peuple et installez-vous !

Iakov donne un coup de pied dans une caisse et conclut en riant :

— Quelle ordure ! Seigneur Dieu ! Tous les saints ! Quelle ordure !

Son visage chafouin se ramasse en mille plis, sous une tignasse d'un gris sec. Il a le dos rond, la tête soudée aux épaules et de longs bras de singe. C'est lui qui tient le débit de boissons, à l'entrée de Proudovoïé. Sa femme, elle, vend un peu d'épicerie, du fil et des rubans. A eux deux, ils régentent le village. Même le staroste, Porphyre, leur obéit. Vissarion s'en est rendu compte dès que s'est posée la question du logement. Pendant que Porphyre réfléchissait, le front soucieux, la lippe relâchée, Iakov, en trois mots, a tout résolu. Sans doute a-t-il flairé de nouveaux clients dans ces voyageurs à la recherche d'un gîte.

— Si vous avez besoin de quoi que ce soit, la boutique est toujours ouverte...

Avant de commencer le nettoyage, Klim se signe à trois reprises, extirpe de son balluchon l'icône de saint Georges terrassant le dragon, la baise dévotement, l'accroche dans un angle de l'isba et allume la veilleuse. Son visage est grave. Manifestement il espère conjurer le mauvais sort. Pour la première fois, cette petite cérémonie ne paraît pas ridicule à Vissarion. Klim descend de son tabouret et empoigne un vieux balai dans un coin. Des bouffées de poussière montent du sol, par à-coups, vers l'image sainte. Stiopa et Vissarion, un chiffon à la main, entrent dans le nuage. Ida les suit, traînant un seau d'eau. Pendant qu'ils travaillent, des gens s'assemblent devant la porte. En se retournant, Vissarion aperçoit toutes ces figures agglutinées. Vieillards tordus, croûteux, noueux, enfants squelettiques au regard voleur. On dirait qu'aucun d'entre eux n'a jamais vu faire le ménage. Jusqu'à la fin, ils demeurent immobiles et muets sur le seuil. Pas un ne propose son aide. Après le dernier coup de balai, ils se dispersent silencieusement. Klim va chercher de la paille fraîche pour préparer des litières ; Ida déballe les sacs ; Vissarion et Stiopa confectionnent une table en posant des planches sur deux supports de brique ; puis tous deux sortent, afin, disent-ils, de « prendre contact avec les habitants du village ».

La rue centrale est encore molle de la dernière pluie. Autour de ce terrain vague, mâchuré d'ornières, se pressent des isbas aux murs noircis. Les vêpres sonnent à la petite église de Proudovoïé, plantée à une verste de là, sur un mamelon. Et un bruit de pas se rapproche. Une dizaine de moujiks débouchent au tournant de la route. La plupart sont dans la force de l'âge. Sans doute reviennent-ils de travailler dans les champs. Un à un, ils s'engouffrent dans le cabaret de Iakov. Vissarion et Stiopa les y rejoignent.

Dans la salle basse, mal éclairée, les visages ont un air de méchanceté et de fatigue. Tous considèrent les nouveaux venus avec suspicion. Mais Iakov intervient en expliquant que Stiopa et Vissarion sont des ouvriers d'imprimerie, de passage à Proudovoïé, et qu'il leur a prêté l'isba d'Evdokim en échange de quelques services qu'ils rendront à la communauté. Pour dégeler l'atmosphère, Stiopa fait ouvrir une bouteille de vodka.

Les moujiks, assis au coude à coude, tendent leurs verres, sans un mot. Comme avertis de l'aubaine, deux vieillards se glissent par la porte et s'installent, en poussant de petits soupirs, au bout du banc.

— Alors, comme ça, vous êtes typographes ! dit un grand gaillard à l'œil noir et au front bas. Typographes d'instruction ! La crème de la société ! Quel honneur pour notre humble hameau !...

Vissarion devine immédiatement en lui un imbécile infatué et hargneux, le meneur du village. Les autres moujiks ricanent :

— Ah ! Ah ! voilà Emilian qui dresse sa crête !

— Vous êtes des cultivateurs et nous des typographes, dit Stiopa. Tous les métiers se valent quand on a du cœur à l'ouvrage.

— Et pourquoi aurions-nous du cœur à l'ouvrage ? demande Emilian.

— La terre n'est pas bonne, dans le coin ?

— Si ! Mais elle n'est pas à nous !

— Et à qui ?

— A l'ancien barine, cette crapule de Kochkine ! Que le diable lui ronge le derrière jusqu'à l'os ! Il a tout gardé pour lui ! Il ne nous a laissé que des miettes ! C'est pour lui que nous travaillons, et il nous paye ce qu'il veut, quand il veut !...

— Voyons ! Voyons ! dit Vissarion. Comment est-ce possible ? Au moment du partage...

— Au moment du partage, il y a huit ans, je n'étais qu'un morveux, je n'avais pas droit à la parole ! Ce sont les vieux du village qui ont tout décidé !

— Oui ! s'écrie un moujik d'une trentaine d'années, à la face grêlée de prognathe. Les vieux se sont crus très malins en exigeant un lopin de terre en toute propriété — la part du mendiant

— au lieu de prendre un lot plus important, mais en jouissance perpétuelle !...

Son voisin, dont le crâne chauve, couleur de cuivre, émerge d'une couronne de cheveux gris, proteste avec véhémence.

— J'aurais bien voulu vous y voir, vous, les jeunes ! bafouille-t-il dans un clapotis de salive. On nous a dit : « Vous pouvez, si vous voulez, devenir propriétaires ! » Un propriétaire, tout le monde le sait, est quelqu'un de riche ! Nous n'allions pas refuser de devenir riches !

— Riches ! Tu as entendu, Michka ? dit Emilian. Avec un arpent de terre à cultiver et une isba en ruine ! La vérité, c'est que vous, les anciens, vous nous avez poussés dans la misère !

— Et le plus coupable de tous, c'est toi, Tarassy ! vocifère Michka. Tu étais staroste, à l'époque... Tu aurais pu...

Le vieillard au crâne chauve se rebiffe :

— Tu aurais pu ! Tu aurais dû ! Vous m'embêtez, à la fin ! Le respect s'en va ! De jeunes insolents crachent au front de leurs pères ! Malheur au pays où les rides ne sont plus sacrées !

— As-tu fini de radoter ? grogne Emilian en levant le poing.

Tarassy se protège avec son coude et hurle :

— Antéchrist ! Serpent venimeux ! Que ta mère soit... !

Les autres éclatent de rire. Le dos rond, Tarassy pleurniche. Une mouche se promène sur sa calvitie. Il avale un verre de vodka. A l'instant, le poing d'Emilian le frappe à la nuque. Sous le choc, le vieillard pique du nez ; sa bouche heurte le bord du verre ; un filet de sang coule à travers les poils de sa moustache ; l'œil en bille, la barbiche tremblante, il chuchote :

— Seigneur, penche-toi sur ton trône de nuages ! Fais paraître ton courroux ! Mon fils a voulu m'assassiner !

— Est-ce vraiment son fils ? demande Vissarion à Iakov.

— Oui, dit l'autre.

— Tais-toi, vieux porc, ou je recommence ! dit Emilian en se rapprochant de son père.

Et Tarassy se tait aussitôt. En fait, il s'est à peine écorché la lèvre. On lui verse encore à boire. Après le troisième gobelet, il se lève, avec une dignité pesante, renifle, titube et s'en va. Quand il est parti, Emilian commande une nouvelle tournée.

— L'argent sur la table, dit Iakov. Autrement, je ne te sers pas !

Avec dédain, Emilian tire de sa poche un billet vert et le lance au tenancier.

— D'où as-tu ça ? demande Iakov.

Emilian plisse les yeux et siffle sur trois notes.

— Tu ne veux pas le dire ! bougonne le second vieillard, qui est resté soudé à l'extrémité du banc. Tu ne veux pas le dire, voleur !

— Qui n'est pas voleur, ici-bas ? dit Emilian. Même les gendarmes le sont ! C'est un gendarme qui m'a donné ce rouble ! Parce que je l'ai aidé à prendre un voleur ! A moins que ce ne soit le contraire !

Il éclate de rire, et tout le monde rit servilement autour de lui. On le craint, on l'admire, et le sentiment de son importance, joint à l'effet de la vodka, lui donne un visage de vigoureuse sottise.

— Messieurs les très éminents typographes, poursuit-il, je lève mon verre en l'honneur de l'inventeur de la vodka. Vous qui êtes savants, vous devriez savoir qui est l'inventeur de la vodka. Notre pope prétend que c'est saint Vladimir !

— Tais-toi, tu es saoul ! dit le second vieillard.
— Si j'étais saoul, je te casserais la gueule !
— Essaie donc ! Trois fois anathème ! Mes fils me défendront !
— Tes fils, ils ne seront contents que lorsqu'ils auront planté une croix sur ta tombe. Demande-leur ! Demande-leur plutôt !
Deux gaillards rougeauds, aux cheveux de lin, coupés ras, sourient d'un air gêné.
— Ça va, Emilian ! Ça va ! dit Iakov. Toujours il faut que tu allumes les feux !
La porte s'ouvre. Une tête de femme apparaît, en fichu vert, l'œil tragique.
— Emilian, ton père est couché par terre, au milieu de la rue. Faut le rentrer !
— Eh bien ! C'est pas la première fois ! dit Emilian.
— Oui, mais là, il a la tête dans la boue !
— Tire-le par les pieds !
— Il est trop lourd !
— Alors, laisse-le où il est ! Il finira bien par se remettre debout tout seul !
De nouveau un rire éclatant lui dilate la face. Iakov apporte une autre bouteille.
Stiopa et Vissarion sortent dans la rue. Tarassy est allongé à dix pas du cabaret, les bras en croix, la face contre terre. Ils le soulèvent à deux, par les jambes et par les aisselles, et le portent vers une isba que leur désigne la paysanne au fichu vert. Chemin faisant, elle leur explique qu'elle est Nastasia, la femme d'Emilian et la belle-fille de Tarassy, que les deux hommes sont perdus de boisson et qu'il n'y a pas sur terre de créature plus malheureuse qu'elle.
La maison où ils pénètrent est plus vaste mais aussi sale que celle du sergent Evdokim. Des sanglots confus les accueillent. Il y a des enfants en chemise dans tous les coins. Une aïeule aux

longues nattes, d'un blanc pisseux, est assise sur le poêle ; ses jambes maigres pendent hors de sa jupe déchirée ; elle branle la tête et gémit :

— Quelle honte, Reine des Cieux ! Quelle honte !

Avec précaution, Vissarion et Stiopa déposent Tarassy sur une paillasse, sous les icônes. Il laisse rouler sa tête sur le côté et pousse un hoquet rauque et profond, comme le gargouillement d'un tonneau qui se vide. Les enfants, pieds nus, s'approchent de lui et le regardent sous le nez avec sérieux. Une gamine de dix ans tient un bébé dans ses bras et le berce sans quitter des yeux la calvitie de l'ivrogne. Nastasia la tire par la manche et agite les mains devant son visage : Vissarion comprend que la petite est sourde. Un sourire idiot gonfle les lèvres de la fillette. Elle pose le nourrisson dans une nacelle suspendue au plafond et sort de l'isba en courant. Nastasia balance la nacelle, d'où montent des vagissements étranglés. La fillette revient, portant à deux mains un seau dont le bord lui coupe le ventre. Avec une violence rageuse, Nastasia s'empare du récipient et en vide le contenu sur la tête de son beau-père. Il tressaille, inondé, tousse, crache, mais ne se réveille pas. Autour de lui, les enfants restent figés et attentifs. Ils doivent avoir le même regard devant un arbre qu'on abat ou une vache qui vêle, pense Vissarion.

— Il est encore plus saoul que samedi dernier, dit Nastasia, un rien d'admiration dans la voix.

Elle est grande, forte, avec un visage rond et des yeux bleu pâle.

— C'est à vous, tous ces enfants ? demande Vissarion.

— Huit sont à moi, dit-elle. Les quatre autres sont à ma sœur, Maria.

— Elle habite avec vous ?

— Oui. Son mari est à l'armée. Alors nous l'hébergeons. Il faut bien...

Du haut de son four, l'aïeule crie :

— Nourris un corbeau, il te crèvera l'œil ! Tout le malheur, c'est d'elle, c'est de Maria que ça nous vient ! Une chienne en chaleur ! Une diablesse ! Elle forcerait la cellule d'un saint !

A ces mots, une jeune furie, échevelée, dépoitraillée, les poings sur les hanches, bondit hors de l'ombre et dresse vers la vieille sa fine tête de serpent.

— Un saint ? réplique-t-elle. Un saint ? Serait-ce de ton vieux puant que tu parles ? Si je n'étais pas là, il y a longtemps qu'il t'aurait fendu le crâne d'un coup de hache. C'est moi qui le calme ! Et comme ça, on a la paix ! Là-dessus, je vais me promener ! J'en ai assez de piétiner dans votre vermine !

— Te promener avec qui, traînée ? hurle la vieille.

Maria bouscule les enfants et marche vers la porte en balançant ses jupes dans un déhanchement de bohémienne. Sur le seuil, elle se heurte à Emilian et lui fait un profond salut. Il la salue aussi et se rattrape au chambranle pour ne pas tomber.

— Ah ! dit-il, messieurs les typographes sont encore là ! Quel honneur ! L'imprimerie... toujours au premier rang du progrès... Félicitations...

Il rit en renversant la tête, et les enfants rentrent dans l'ombre, avec des airs de lapins effrayés. Maria s'éclipse. Nastasia empoigne une bêche et la fourre, en tremblant, sous le menton de son mari.

— Lâche ça ! dit Emilian d'une voix tonitruante. Lâche ça, ou je cogne !...

Il grince des dents. La conscience d'être terrifiant le grise. Il fait un pas en avant et Nastasia recule. Mais Stiopa écarte la bêche et s'interpose entre le mari et la femme.

— Couche-toi, Emilian, dit-il. Tu n'as plus ta raison. Et tu ne fais peur à personne.

Cette dernière remarque stupéfie Emilian. Il arrondit les yeux, hésite entre le rire et la fureur, respire profondément, pivote avec une lenteur irréelle et s'affale d'un bloc sur une paillasse, à côté de son père.

— C'est ignoble ! balbutie Vissarion.

— Maintenant il va dormir, dit Nastasia en reposant la bêche. Et demain il sera plus calme que l'eau, plus bas que l'herbe. Merci, merci à vous, messieurs les typographes.

★

Assis sur une caisse, devant l'isba, le dos appuyé au mur, Vissarion fume un petit cigare en regardant le ciel s'assombrir au-dessus des toits du village. Il ne voudrait penser qu'à la lente marche des nuages et à l'insensible changement de leur forme et de leur couleur, mais constamment son esprit revient à Emilian, à son père ivre et à la vieille femme sur le four. Et peu à peu son horreur se change en gratitude. Seule l'expérience de la crasse, de la bêtise, de l'injustice, de la faim peut renforcer la décision des novateurs. Pour que lui, Vissarion, garde toute sa confiance en l'action qu'il a entreprise, il faut qu'il rencontre beaucoup de Tarassy et d'Emilian sur sa route. C'est l'heure de la soupe, chez les moujiks. Que peuvent-ils bien manger ? Un brouet de maigres légumes, du pain noir... Klim et Ida, de leur côté, ont dressé la table. On appelle Vissarion de l'intérieur. Il y va — d'abord aveuglé par la pénombre —, s'assied à côté de Stiopa et commence à grignoter. Au milieu du repas, il lève la tête et aperçoit, dans l'encadrement de la porte, des visages d'enfants. Ceux-là mêmes qui, tout à l'heure, regardaient faire le ménage. Cette fois, ils viennent voir ce qu'il y a dans les assiettes des étrangers. De grands yeux affamés dans des faces pâles, triangulaires. Un à un, ils s'aventurent dans l'isba. Ils encerclent la table. Chaque convive a maintenant, derrière son dos, une nichée d'oiseaux mendiants. Ida leur distribue les restes. A peine servis, ils détalent sans un remerciement. Ensuite, c'est un vieil unijambiste qui se présente, avec un samovar sous le bras. Il voudrait le vendre « même au-dessous de sa valeur », pour subvenir, dit-il, aux besoins de sa famille. Il pue l'alcool. Stiopa refuse. Alors l'invalide lui propose une paire de bottes usagées, ou une « vraie chaise ». Klim doit le menacer d'une raclée pour qu'il s'éloigne. Une matrone le remplace : messieurs les typographes n'ont-ils pas besoin d'une jeune servante, qui ferait leur cuisine « et tout ce qu'on lui commanderait » ? Un regard d'Ida lui cloue le bec. Elle bat en retraite. Klim dessert la table et allume la lanterne.

8

— Ah ! c'est donc ça qui se cachait derrière vos honorables têtes de typographes ambulants ! s'exclame Emilian dans un éclat de rire.

— Oui, répond Vissarion. Nous sommes venus pour vous sauver.

— Le pope nous a déjà dit ça !

— Il parlait de votre vie éternelle, je vous parle de votre vie terrestre, à Proudovoïé.

— Et comment veux-tu nous sauver, à Proudovoïé ?

Vissarion jette un regard à Stiopa qui, tête inclinée, lui fait signe de continuer. Il reprend sa respiration. L'isba est bondée. Une lanterne, posée sur le haut du four, éclaire les visages.

— Voici des mois, dit-il, que nous allons de village en village. Partout, c'est la faim, la misère, la maladie. Les seigneurs exploitent le peuple. Et les gendarmes veillent à ce que le peuple ne bouge pas. Alors nous autres, qui sommes vos amis, nous vous secouons par l'épaule. Nous vous disons que tout n'est pas perdu, que, si vous vous ressaisissez, vous pouvez devenir les plus forts, qu'aucun seigneur ni aucune police ne résistera à votre flot, que...

— Attends ! Attends ! dit Emilian. Notre flot,

qu'est-ce que ça veut dire ? Nous sommes soixante-cinq moujiks à Proudovoïé !

— Et soixante-cinq millions en Russie ! s'écrie Vissarion. Lorsque notre organisation aura établi des comités d'action dans chaque village et que, sur un ordre de nous, tous ces villages se dresseront...

Les yeux d'Emilian brillent d'une flamme cruelle et gaie.

— Comme ça, je comprends ! dit-il. Tous ensemble, contre les ennemis du peuple ! Saigner les profiteurs et emplir les poches des opprimés ! Kochkine, la canaille, n'a qu'à bien se tenir ! Quand crois-tu qu'on pourra commencer ?

— Je ne sais pas encore, dit Vissarion. Il ne faut surtout pas d'actions isolées. Le moment venu, notre organisation...

Manifestement, Emilian est déçu. Vissarion n'en continue pas moins à développer ses idées devant un auditoire attentif. Tout le village est là, y compris Iakov, Porphyre, Tarassy. Mais il semble que seul Emilian soit habilité à poser des questions. Les autres le regardent avec admiration dès qu'il ouvre la bouche. Par miracle, il n'est pas saoul. Il s'est fait couper les cheveux « au bol » et mordille un brin de paille en parlant. Ses oreilles rouges s'écartent de son crâne. Lorsque Vissarion se tait, il marmonne :

— Pas bête, ton histoire ! Pas bête ! On y pensera !...

Et il sort de l'isba, suivi de tous les moujiks. Iakov court devant eux et leur ouvre avec empressement la porte de son cabaret. Vissarion voudrait leur emboîter le pas, mais Stiopa le retient :

— Laisse-les se concerter sans nous ! Je crois qu'ils ont été touchés au point sensible !

— Oui, dit Ida, vous avez fait du bon travail, Vissarion.

Ce compliment étonne Vissarion et l'émeut. En vérité, il lui semble qu'elle est moins dure envers lui depuis cette brève aventure avec Katia. Serait-il remonté dans son estime ? Et pour quelle raison ? A plusieurs reprises, pendant qu'il aide Stiopa et Klim à ranger l'isba, où tout a été mis sens dessus dessous pour recevoir les moujiks, il sent sur lui la chaude insistance d'un regard féminin. Quand il demande à Stiopa de placer ses bottes dehors, à cause de l'odeur, Ida l'approuve. Et, comme Stiopa se fâche, prétendant qu'un vrai révolutionnaire devrait être au-dessus de ces « délicatesses décadentes », elle réplique en riant :

— La propreté et la révolution n'ont jamais été incompatibles, Stiopa !

Enfin tout le monde se couche : Ida sur le haut du four, à la meilleure place, Vissarion et Stiopa sur des bancs rapprochés et couverts de paille, et Klim par terre, en travers de la porte. Le silence n'est plus rompu, de temps à autre, que par des cris et des rires venus du cabaret. Une vague lueur, irradiant de la porte entrouverte, permet à Vissarion de distinguer, comme flottant au-dessus de lui, entre ciel et terre, la silhouette allongée d'Ida. « La seule femme de ma vie, songe-t-il avec amertume. C'est comique ! Si j'apprenais qu'elle a un sentiment pour moi, j'éclaterais de rire, si elle apprenait que je nourris pour elle autre chose que de l'amitié, elle serait outrée ; et pourtant son opinion m'importe plus que celle de Stiopa, et pourtant elle me semble plus attentive que Stiopa à mon évolution intérieure. Serais-je le même si je ne l'avais pas rencontrée ? » Il fixe ses regards sur une main pâle, crispée dans l'épaisseur d'un plaid. Et une tristesse l'envahit où se mêlent l'impression d'un malentendu absurde et nécessaire, et l'intime conviction que, jusqu'à leur vieillesse à tous deux, il en sera ainsi.

★

« Je n'ai jamais rencontré de village plus misérable. Mais le bartchouk, Stépan Alexandrovitch et Ida Alexandrovna sont très contents. Ils réunissent les moujiks dans notre isba, chaque soir. Hier, le bartchouk m'a fait recopier des proclamations. J'en ai profité pour garder quelques feuilles de papier blanc. Les proclamations sont très belles. Trop belles pour des brutes comme les gens d'ici. Vraiment j'ai honte quand je pense que des maîtres aussi gentils et instruits perdent leur temps avec la racaille. Les moujiks de Proudovoïé travaillent cinq jours par semaine sur les terres du barine moyennant redevance, et gardent deux jours pour eux-mêmes. C'est bien suffisant, car ils n'ont qu'un potager à cultiver. Encore est-ce toujours leur femme qui s'en charge. Eux, à peine rentrés à la maison, ils se jettent sur leur paillasse et ronflent. Ou bien ils vont au cabaret. Après une semaine de sagesse, Emilian s'est remis à boire. Moins qu'avant, tout de même. Il se surveille. Parce que le bartchouk l'a nommé « dizainier ». Fameux dizainier vraiment qui, dès qu'il a un verre dans le nez, cogne sur son père et sur sa femme. Quand je parle de ça au bartchouk, il me répond : « La révolution se construit avec ce qu'on a sous la main. » Ou bien : « Dans le domaine de l'illégalité, le pur naît de l'impur. » Moi, je me demande comment on peut faire la révolution avec des paresseux. Au moment où on sonnera le tocsin, ils se tourneront le nez au mur et diront : « Laissez-moi dormir ! » Enfin, tout ça, c'est l'affaire des maîtres. »

★

« Un colporteur est venu au village. Toutes les femmes ont été prises de folie. Elles lui ont acheté des rubans, des bonbons et des images saintes. Les hommes grognaient, car c'était autant de moins pour la vodka. Le colporteur a dit qu'il y a eu des soulèvements du côté de Perm, que la troupe est intervenue et que soixante-treize moujiks au moins seront emmenés en Sibérie. Il a dit aussi que le tsar voulait changer tous ses ministres et acheter des terres en Amérique et en Australie pour y installer les moujiks malheureux. Il a dit encore que les villes russes s'étalent, qu'il pousse des maisons partout, que des chemins de fer traversent les steppes. Depuis le temps que nous évitons les grandes routes et les grandes cités, que savons-nous de la vraie vie russe ? L'envie me prend de revoir Moscou. J'ai demandé à Ida Alexandrovna si elle ne pensait pas que nous y retournerions, un de ces jours. Elle m'a répondu : « La révolution partira de la campagne pour gagner les villes. Nous devons donc rester à la campagne avec la révolution. » Moi, je regarde la campagne, et je n'y vois pas de révolution. Les champs sont calmes. Des moujiks poussent la charrue. »

★

« Il paraît qu'en France l'empereur Napoléon III est descendu de son trône et que la république a été proclamée. Le bartchouk et ses amis sont dans la joie. Ils disent que notre empereur à nous devrait bien en faire autant.

Mais nous n'avons pas la guerre sur notre sol et toute l'armée est dévouée au tsar, qui est le père de la nation. Le nouveau gouvernement français a décidé, lui, de continuer la guerre. Là-dessus, le bartchouk n'est pas d'accord. Il trouve que personne n'a le droit de verser le sang du peuple. »

★

« Hier soir, nous avons eu notre huitième réunion avec les moujiks de Proudovoïé. Le bartchouk leur a parlé de la guerre entre les Français et les Prussiens, et de la proclamation de la république en France. Puis il leur a lu des pages de Tolstoï, de Tchernichevsky, de Bakounine et d'un certain Karl Marx. Emilian était à moitié ivre. Il a déclaré : « Dis de ma part aux messieurs qui écrivent les livres que ces histoires-là sont peut-être bonnes pour les gens des villes, mais pas pour nous autres. Il nous faut des phrases simples, qui retournent l'âme comme d'un coup de bêche, des phrases qui poussent le moujik à piller, à tuer... » Le bartchouk et Stépan Alexandrovitch ont été enthousiasmés par les paroles d'Emilian. Ils ont discuté des heures avec lui sur la façon dont la révolution pourrait se faire en Russie. Le jour choisi, les dizainiers et les centeniers rassembleraient leurs hommes, les conduiraient dans les bois et les prépareraient à assaillir les troupes régulières envoyées contre eux. Un régiment arrive, s'installe et, la nuit, nos gars tombent sur le camp, égorgent les officiers et gagnent les soldats à leur cause. Le bartchouk a décrit cela tellement bien que j'en avais la chair de poule. »

★

« Je crois que la France est vaincue. Le bartchouk dit : « C'est une défaite matérielle pour les Français et morale pour les Prussiens. » Ida Alexandrovna pense comme lui. Seul Stépan Alexandrovitch ricane et répète : « Vous verrez, vous verrez... »

★

— Debout ! Debout !

Dressé dans l'ombre, Vissarion se demande d'où vient cette voix oppressée. Klim rallume la lanterne avec des mains qui tâtonnent. Stiopa et Ida surgissent, mal éveillés, dans le halo de lumière. Tous regardent du côté de la porte. Sur le seuil, se tient une femme en fichu vert. Son visage peu éclairé exprime l'angoisse. Elle respire par à-coups, comme si elle avait couru. Vissarion reconnaît Nastasia et pense d'abord qu'elle veut se réfugier chez eux parce que son mari menace de la battre. Mais elle franchit le seuil, courbée en deux, et répète :

— Debout ! Debout ! Vite !

— Pourquoi ? demande Stiopa.

— La police arrive !

— La police ? murmure Stiopa. Mais comment la police sait-elle ?...

— Les moujiks ont discuté chez nous, hier soir, après la réunion, dit Nastasia. Ils ont décidé que c'était trop dangereux de vous garder ici et qu'en vous dénonçant ils se feraient bien voir des autorités. Alors Emilian et Michka, ces deux choléras, sont partis pour le chef-lieu, en carriole. Vous avez été si bons pour moi ! Je ne veux pas que vous vous fassiez prendre !

— Quand sont-ils partis ?
— Il y a deux heures !
— Et pourquoi ne nous as-tu pas prévenus plus tôt ? demande Ida.
— Le vieux Tarassy couche devant la porte. Il ne m'aurait pas laissé sortir. J'ai dû attendre qu'il soit endormi !
— Combien de temps jusqu'au chef-lieu ? interroge Stiopa.
— En allant vite, une bonne heure !
— Alors ils vont revenir d'un instant à l'autre ? s'écrie Vissarion.
— Oui, je le crains ! dit Nastasia. Il faut que vous partiez tout de suite ! Mais pas par la route ! Je vous montrerai...
Les bagages sont bouclés en un clin d'œil et le groupe, fanal éteint, sort dans la rue. Nuit totale. Des chiens aboient autour des isbas endormies. Empoignant Ida par la main, Nastasia se met à courir en direction de la forêt. Vissarion, Stiopa et Klim les suivent, chargés de sacs et de balluchons. La littérature clandestine pèse lourd au bras de Vissarion. Il aurait dû passer le colis de brochures à Klim et prendre la mallette... Une pente d'herbe. On l'escalade à quatre pattes, trébuchant et glissant. Le balluchon d'Ida se défait et son contenu roule par terre. Les deux femmes rassemblent les objets et renouent les coins du mouchoir. On repart, soufflant et pestant. Vissarion a un point de côté. Enfin les premiers arbres. Nastasia désigne une traînée pâle qui s'enfonce entre les troncs noirs :
— Vous n'aurez qu'à continuer dans cette direction. Il n'y a pas plus de trois verstes jusqu'à la rivière. Là, vous trouverez une barque attachée. Prenez-la et descendez le courant. La rivière se jette dans l'Oka. C'est encore le meilleur moyen de gagner Nijni-Novgorod...

Elle tend l'oreille et sa silhouette se raidit.

— Vous entendez ? dit-elle.

— Quoi ? demande Vissarion.

Au même instant, il perçoit, très loin, sur la route, un tintement de clochettes, un roulement suspect.

— La troïka du chef de la police ! balbutie Nastasia. Allez-vous-en ! Moi, je m'en retourne pour arriver au village avant eux !

— Merci, Nastasia ! dit Stiopa.

Elle a déjà disparu, avalée par la nuit. Stiopa s'engouffre dans la forêt. Vissarion, Ida et Klim marchent derrière lui. Le sentier serpente à travers un fouillis de hêtres et de bouleaux. Dans l'obscurité épaissie par les feuillages, seule luit cette trace d'herbe piétinée qui mène au salut. Personne ne parle. De temps à autre, une branche frappe Vissarion à la joue. Son point de côté a disparu. Mais l'angoisse persiste. Les policiers, ayant fouillé en vain le village, ne vont-ils pas chercher dans la forêt ? La barque se trouvera-t-elle à l'endroit indiqué par Nastasia ? Et si elle n'y est pas, comment Vissarion et ses amis s'échapperont-ils ? Qui sait si les moujiks n'aideront pas à la chasse à l'homme ? Pris au piège. Vendu par ceux-là même qu'il voulait secourir. Une vieille histoire. Le traître est inséparable du novateur, comme l'ombre l'est de l'homme qui marche au soleil. Vissarion s'efforce au calme. Cependant la colère, le dégoût, la peur activent la course de son sang. Il l'entend battre dans ses oreilles. Trois verstes. Il ne doit pas falloir plus d'une heure pour les couvrir. Ida, épuisée, s'arrête. Klim lui prend ses deux balluchons.

— Vite ! Vite ! chuchote Stiopa qui, lui aussi, titube de fatigue.

Soudain il y a comme une usure dans le tissu

des feuillages. Des vaguelettes clignotent entre les branches. Une rumeur fluide sourd à travers le silence de la nuit. Les arbres s'écartent. Une berge apparaît. Et, attachée à un piquet, une barque.

Elle est plate, spacieuse. Stiopa y saute le premier et tend la main à sa sœur. Vissarion jette les bagages au fond. Klim dénoue l'amarre et empoigne les rames. Les pales entrent dans l'eau avec une puissante douceur. Assis à l'arrière, Vissarion éprouve dans tout son être le relâchement de mille cordes tendues. Est-il seulement heureux ? Il a sauvé sa peau et perdu ses illusions.

— Les canailles ! murmure-t-il. Les canailles !...

— Oui, dit Stiopa. Cela devrait nous servir de leçon. On ne peut tabler sur le peuple. Il faut agir pour lui, mais sans lui.

Il parle, tête basse, les coudes sur les genoux, d'une voix lente et neutre, en homme qui fait ses comptes. Ida, collée à son épaule, regarde fixement l'horizon et se tait. Klim se renverse en tirant sur les avirons, et l'embarcation vibre imperceptiblement à chaque poussée. La rivière est large, les berges brumeuses. Sur l'eau plate et grise, le jour levant pose ses premiers reflets.

★

« Nijni-Novgorod est une belle ville, riche et animée. Malheureusement ce n'est plus l'époque de la foire. J'aurais tant aimé y aller ! Serons-nous encore là, l'été prochain, pour l'ouverture ? Cela m'étonnerait, vu le peu de temps que nous passons dans chaque endroit. Une petite maison abandonnée nous sert de refuge. Elle est située dans la ville basse, près du ravin Kazansky. L'eau suinte de partout, mais j'ai pu aménager deux chambres à peu près sèches, avec des planches.

Nous n'organisons plus de réunions de propagande pour les paysans et les ouvriers. Non, nous recevons en secret des révolutionnaires et nous discutons avec eux « théorie et pratique ». Stépan Alexandrovitch parle de partir pour la Suisse où, paraît-il, « tout » doit se décider. Mais se rendra-t-il seul en Suisse, ou avec le bartchouk et Ida Alexandrovna ? Et s'ils s'y rendent tous les trois, ne vont-ils pas me laisser ici ? J'en ai très peur. Qu'est-ce que je ferais sans eux, en Russie, maintenant que je ne suis plus domestique mais révolutionnaire ? »

★

« Il y a beaucoup de filles, à Nijni-Novgorod, je veux dire beaucoup de filles à carte jaune. J'en ai vu une, l'autre jour. Elle m'a dit en se rhabillant : « Tu n'as pas un accent comme ceux de par ici. De quelle région es-tu donc ? » Elle était gentille, maigre et très brune. Elle ressemblait un peu à Xénia. J'aurais voulu lui parler de Znamenskoïé, de mon enfance, du bartchouk... Il y a des soirs, comme ça, où le cœur déborde. Mais je me suis retenu, je l'ai payée et je suis parti. »

★

« C'est la révolution, à Paris. Des drapeaux rouges partout. On se bat dans les rues. En apprenant cela, le bartchouk et Stépan Alexandrovitch se sont embrassés. Seule Ida Alexandrovna paraissait triste. Ils ont parlé français, à trois, toute la soirée. J'ai admiré le bartchouk de remuer ces mots étrangers dans sa bouche avec tant de facilité et de rapidité. Un vrai tricotage de la langue. Tout à coup, j'avais un Français pour maître. Quand il m'a demandé son tabac en russe, j'en ai été heureux, comme si je le retrouvais après un voyage. »

★

« La révolution française n'a pas réussi. Le bartchouk dit que les barricades de Paris ont tout de même prouvé au monde qu'un peuple « en révolte contre l'oppression » est capable de lutter jusqu'à la mort. Des amis sont venus à la maison. Ils ont bu du punch et chanté la *Marseillaise*. Le bartchouk avait les larmes aux yeux. »

★

« Ida Alexandrovna a eu, ce soir, un fort accès de fièvre. Hier elle servait le punch, elle souriait à tout le monde, et la voici au lit, claquant des dents. Elle s'agite, elle délire, elle dit qu'il faut tout de suite ordonner au peuple de prendre les armes, qu'une troïka l'attend devant la porte pour la conduire à Saint-Pétersbourg, que des fusils sont cachés sous son matelas... Si la fièvre ne tombe pas cette nuit, Stépan Alexandrovitch ira chercher, en ville, un médecin de sa connaissance, le Dr Zotoff, qui est dans nos idées. »

★

« Le Dr Zotoff est venu. Il est inquiet. Il croit que c'est la fièvre typhoïde. »

★

« La fièvre ne baisse pas. La faiblesse augmente. Ida Alexandrovna a de petites taches roses sur le corps. »

★

« Comme il s'agit, paraît-il, d'une maladie très contagieuse, le Dr Zotoff a conseillé au bartchouk et à Stépan Alexandrovitch de ne pas trop approcher Ida Alexandrovna. Les messieurs, c'est connu, ont une santé délicate. Qu'ils respirent quelque saleté, et les voici sur le flanc. Moi, évidemment, je ne crains rien, mais je ne peux pas donner des soins intimes à une dame. Alors le docteur a demandé à une de nos voisines, qu'il connaît bien, de s'en occuper. C'est une veuve, Natalia Triphonovna. Elle a l'habitude des malades. Qui n'a-t-elle pas tripoté, lavé, accouché, enterré dans notre coin ? On la paie pour ça. Elle est solide et gaie. Mais elle aime un peu trop la vodka. Nous nous relayons, elle et moi, au chevet d'Ida Alexandrovna. Il est 10 heures du soir. J'écris ces lignes pendant qu'Ida Alexandrovna sommeille. Elle a l'air calme. Les bouts de papier s'accumulent dans mes poches. Ce n'est pas prudent. Tout à l'heure, je les brûlerai. »

9

Vingt minutes déjà que le Dr Zotoff se trouve, avec Stiopa et Natalia Triphonovna, dans la chambre de la malade. Vissarion passe et repasse devant la porte en essayant de capter un mot, un bruit qui le renseigne. Mais ils doivent parler à voix basse, autour du lit. Il sort dans le jardin. Un carré de boue, avec deux sorbiers aux branches nues, et une palissade enfermant le tout. Le ciel est à la pluie. Il fait bon respirer l'air pur, après l'atmosphère confinée et légèrement putride des pièces. A deux pas de la maison, Klim lave des draps souillés dans un baquet d'eau. Ses mains rougies de froid vont et viennent, savonnant, frottant l'étoffe sur une planche inclinée. Aucune saleté ne le rebute. Vissarion pince les narines. L'odeur horrible des médicaments et de la diarrhée le poursuit. Parfois il lui semble que ses aliments mêmes en sont imprégnés.

— Le docteur est toujours là-bas ? demande Klim.

— Oui.

— Peut-être qu'il lui donnera un nouveau médicament, plus fort, pour la guérir...

Vissarion ne répond pas. Cette manie qu'ont les

gens du peuple de parler pour ne rien dire ! Il contourne la maison et passe devant la fenêtre d'Ida. Les rideaux sont tirés. Ida est si faible que la lumière du jour lui fait mal. Une simple veilleuse brûle sur sa table de chevet. C'est dans cet éclairage lugubre que Vissarion l'a vue, ce matin encore. Ce visage émacié, ces lèvres retroussées découvrant les dents, ces yeux voilés, cette sueur grasse sur le front, sur les joues. Elle halète, elle geint, elle grelotte, elle se plaint d'avoir soif, elle délire, elle ne comprend pas ce qu'on lui dit, elle tire une langue noirâtre. Hier, le docteur a convenu que l'évolution des symptômes lui paraissait « terriblement classique ». Ce sont ses propres termes. Alors quoi ? Ida va mourir. Zotoff est un bon vieux praticien de l'ancienne école. Ses opinions libérales sont connues. Mais que valent ses poudres et ses élixirs ? Sans doute pourrait-on trouver un meilleur médecin en ville. Un professeur, au courant des derniers remèdes. Non, ce serait trop risqué pour Stiopa, Vissarion et les autres ! Une indiscrétion, et la police leur tomberait dessus. Ils n'ont pas le droit de se montrer difficiles. Même quand la vie d'Ida est en jeu. Quelle stupidité ! Et Stiopa ne s'en rend pas compte ! Ou plutôt si : il s'en rend compte, mais ne veut pas qu'on en parle. De colère, Vissarion plonge son talon dans une flaque. La boue gicle. Des éclaboussures l'atteignent à la joue. Il s'essuie. Sera-ce là toute sa révolte ? Il n'y a rien d'autre à faire. Les dents de l'engrenage ne se desserreront pas. Ida va mourir. Après quelle pauvre vie ! Etait-ce la peine de courir en rond pendant dix ans à travers la Russie, de répéter cent fois les mêmes harangues, de distribuer cent fois les mêmes tracts, de s'exciter à croire toujours davantage par peur de ne plus croire assez, de trembler à la vue d'un policier au coin d'une rue, de changer de nom, de passeport, de logis, de n'avoir rien à soi, ni amour, ni toit, ni famille — pour en arriver à cette agonie nauséabonde, dans une cabane des faubourgs de Nijni-Novgorod ? Si leur existence à tous s'était déroulée dans des conditions normales, peut-être Ida n'aurait-elle pas contracté la fièvre typhoïde. Et si, malgré tout, elle l'avait contractée, ses souffrances — Vissarion en est sûr ! — auraient été allégées par l'hygiène et le confort d'une véritable maison. Un souvenir lui revient tout à coup et l'ébranle : son père aux prises avec une congestion pulmonaire, il y a longtemps, longtemps, à Znamenskoïé. Il se rappelle le grand lit à couverture rouge, l'éclairage discret de la chambre, les fioles de médicaments alignées sur le napperon de la table de chevet comme pour une revue, le consommé clair, les tranches de pain grillé, les sourires du médecin de famille, l'affairement silencieux des domestiques, les courbettes de Julie, les chuchotements de Klim, l'odeur de l'eucalyptus et de la farine de moutarde, tout ce charme de la maladie dans une demeure riche et quiète... Il ne faudrait jamais remuer ces images. Elles affaiblissent la volonté. Ida va mourir. Dans un galetas, oui. Mais elle n'aurait pas voulu d'une autre fin. Luttant pour vaincre la misère, c'est en pleine misère qu'elle doit logiquement disparaître. Un marin ne souhaite-t-il pas toujours périr en haute mer ? Tout est bien ainsi. Les planches disjointes, la boue, l'isolement, la pestilence, les draps sales... Ida va mourir... Quand ? Dans cinq jours ? Dans trois jours ? Demain ?... Il s'écarte de la fenêtre et revient, en pataugeant, sur le devant de la maison. Klim est toujours à sa lessive. Des corbeaux croassent dans le champ voisin. Ah ! les voilà. Le Dr Zotoff sort le premier ; son manteau lui tombe aux chevilles. Derrière lui, Stiopa, la taille voûtée, une pipe éteinte au coin de la bouche, et Natalia Triphonovna qui s'essuie les mains à son tablier. Klim se rapproche d'eux.

— Alors, docteur ? demande Vissarion.

Le docteur secoue sa tête ronde et moustachue de belette et dit :

— Etat stationnaire. Si le cœur tient bon, nous avons une chance...

On le reconduit jusqu'à son break. Une toute petite voiture noire, avec, entre les brancards, un grand cheval blanc osseux, aux jambes arquées. Quand le médecin est parti, Natalia Triphonovna retourne auprès d'Ida et Klim à sa lessive.

— Tu l'as entendu ? dit Stiopa.

— Oui, dit Vissarion. Il ne veut pas se compromettre.

Ils restent au milieu de la route à regarder s'éloigner la voiture.

— Moi, j'ai bon espoir, dit Stiopa. Ida est d'une constitution robuste. La poudre de craie et la quinine lui ont déjà fait du bien. D'ailleurs... d'ailleurs ce serait trop absurde qu'elle disparaisse !... Tous nos projets...

— Tu as encore des projets, toi ? dit Vissarion avec amertume.

— Bien sûr ! Notre travail est à peine commencé !

Manifestement Stiopa se force à l'exaltation par crainte de se laisser abattre. Cet optimisme de commande agace Vissarion. Il marmonne :

— A peine commencé ! Et il y a bientôt dix ans que ça dure ! Vois-tu, Stiopa, je me demande, parfois, si nous n'aurions pas intérêt à réviser nos plans...

— Tu en as d'autres à me proposer ?

— Non, reconnaît Vissarion.

Un claquement de drapeau. C'est Klim qui secoue des linges humides. Puis il les étend sur une corde, entre les deux sorbiers. Stiopa allume sa pipe et rentre dans la maison. Vissarion le suit. Un regard à la porte, qui, de la salle à manger, conduit à la chambre d'Ida. Tout est calme, de l'autre côté. Mais l'odeur, l'odeur... Il y a une bouteille de vodka sur la table. Vissarion en avale un gobelet avec rage et croque un morceau de pain noir poudré de sel. Il lui semble que l'alcool le décape à l'intérieur et chasse les miasmes de la contagion. Le Dr Zotoff a d'ailleurs dit que c'était là une bonne mesure préventive. Stiopa se sert, lui aussi. Ils continuent à boire, face à face, silencieusement. L'esprit de Vissarion s'alourdit et s'embrume. La présence de son ami ne suffit plus à dissiper ses doutes. Brusquement, il éprouve le besoin d'être éclairé, confirmé dans sa foi. Lui qui naguère critiquait l'idée d'un voyage de Stiopa en Suisse, le voici qui l'envisage, pour lui-même, comme une chance de salut. Aller là-bas, rencontrer un des nobles penseurs de la révolution, Bakounine par exemple (oui, Bakounine, c'est le plus grand !), lui avouer son désarroi, comme un croyant avoue son trouble à quelque ermite, à quelque moine inspiré, entendre sa réponse de feu, et repartir avec une ardeur nouvelle dans les veines. Déjà il imagine son tête-à-tête avec le vieux lion révolutionnaire, dans un chalet, au bord d'un lac suisse. Le seul regard de cet homme doit vous charger d'une intarissable énergie. Encore un verre de vodka. Brûlure poivrée, suivie d'un choc mou au centre du cerveau. Mais les idées restent nettes.

— Tu sais, dit Vissarion, j'ai repensé à ton intention de partir pour la Suisse. Si tu y vas, j'irai aussi. C'est nécessaire... Enfin cela me fera le plus grand bien... Je voudrais voir Bakounine...

— Bakounine n'est pas un monument ! ricane Stiopa. Quand tu l'auras vu, tu ne seras pas plus avancé.

— Je lui parlerai.

— De quoi ?

— De la révolution... de... de moi par rapport à la révolution... et de la révolution par rapport à moi...

— Sujet passionnant, en effet ! Et tu te figures que Bakounine t'écoutera comme ça, paternellement, pendant des heures ? Il a autre chose à faire qu'à confesser les grands nerveux du socialisme, Bakounine ! On va à lui pour chercher des directives stratégiques et non un réconfort moral. Le Dr Zotoff, qui se trouvait à Zürich il y a cinq ou six ans, lors d'un congrès médical, a vu Bakounine. Eh bien ! sais-tu ce qu'il m'a dit, avant-hier, comme je lui en parlais ? « Je m'attendais à des minutes historiques, inoubliables. Mais Bakounine, ce colosse, cet ogre, avait mal à l'estomac. Il n'a fait que grogner contre la mauvaise qualité de la viande qu'il avait mangée à déjeuner, et a écourté l'entrevue. » En vérité, Vissarion, les grands hommes, il ne faut pas les chercher dans leurs paroles, mais dans leurs livres. Tu veux rencontrer Bakounine, alors ouvre *Dieu et l'Etat,* tu veux bavarder avec Marx et Engels, jette-toi dans le *Manifeste du parti communiste...*

— J'en ai assez des livres, j'en ai assez des mots, soupire Vissarion, je voudrais des visages. Il me semble... je ne sais pas comment te l'expliquer... il me semble que nous nous éloignons de l'humain !

— Ah ! tu trouves ? grogne Stiopa avec un regard désespéré à la porte de la chambre. Eh bien ! je ne suis pas de ton avis ! C'est au contraire parce que nous sommes trop près de l'humain que nous n'avons encore rien réussi de grand. Il faut vaincre en nous la tendresse. Il faut arriver à être des mécaniques... des mécaniques de précision... Rien de plus...

Il vide son verre si abruptement qu'un peu de vodka coule sur son menton.

— J'ai changé d'optique, reprend-il. Je n'irai pas en Suisse. Et toi non plus tu n'iras pas. Nous resterons ici... Avec Ida... Elle guérira, je le sais... Ensemble, nous réorganiserons le groupe...

Il se tait, reprend la bouteille et l'incline : plus une goutte. Vissarion va chercher une autre bouteille dans la réserve. Quand il ouvre le placard, des cafards s'enfuient par les fentes des planches.

— Saleté ! Saleté ! dit Vissarion d'une voix tremblante de larmes.

Natalia Triphonovna rentre dans la pièce, sur la pointe des pieds, et referme la porte derrière elle. Son gros corps boudiné oscille d'une hanche sur l'autre. Elle tient à la main un mouchoir maculé de sang.

— Qu'est-ce que c'est ? demande Stiopa.

— Elle a eu un saignement de nez... Pauvre petite baie sauvage... Mais c'est arrêté maintenant... Demain, j'en parlerai au docteur... Ah ! je prendrais bien un verre avec vous pour me remonter !...

Vissarion remplit les gobelets. Natalia Triphonovna s'assied, le mouchoir sanglant roulé en boule sur ses genoux. Elle a un visage épais, couperosé, et des yeux pâles à fleur de tête. Une courte rasade. Et la voici souriante. « Tout est simple pour elle, pense Vissarion. La vie, la maladie, la mort. Elle habite seule, elle rend service aux voisins pour quelques kopecks. A la fois infirmière, accoucheuse, gardienne d'enfants, marieuse, tireuse de cartes, veilleuse de défunts, n'est-elle pas plus utile au monde des hommes avec sa bonté quotidienne que nous avec notre prétendue science ? »

— Demain, dit Natalia Triphonovna, je donnerai une compote de rhubarbe à notre malade. Ça la requinquera mieux que tous les sirops du docteur.

Et elle tend de nouveau son verre. Ils boivent. Le soir descend. Klim rentre, portant un panier vide. Sur la route, on entend passer les chariots grinçants des rouliers qui se rendent à la ville.

10

— Vite ! Vite ! venez ! dit Natalia Triphonovna.

Vissarion, Stiopa et Klim se précipitent dans la chambre. Sur le lit, Ida respire à peine. Son regard grave et fixe ne change pas d'expression, tandis que son frère se penche sur elle. Peut-être ne le voit-elle plus. Cependant les muscles de son front se contractent, ses lèvres remuent.

— Va chercher le docteur, Klim, dit Vissarion.

Natalia Triphonovna secoue la tête :

— Je crois que ce n'est plus nécessaire, Vissarion Vassiliévitch.

Et Vissarion constate qu'en effet l'imperceptible mouvement de la vie s'est arrêté sur ces lèvres et dans ces yeux. L'immobilité de la malade se prolonge, puis sa respiration reprend, faible, saccadée. Encore quelques instants et, de nouveau, tout se fige. « Cette fois, ce doit être fini », pense Vissarion. La tension de son esprit est telle, qu'il en vient à souhaiter cette mort comme le règlement d'un problème en suspens. Des secondes passent. Ida semble retenir son souffle. Par jeu. C'est trop long, trop pénible, pour ceux qui attendent. Enfin la certitude s'installe. Ida a vraiment cessé de vivre. « Elle est de l'autre côté, elle sait déjà », songe Vissarion avec un mélange d'envie et de respect. Klim fait un signe de croix. La flamme de la veilleuse brûle, droite, dans son verre rose.

— Qu'elle est belle et sage, la pauvrette ! dit Natalia Triphonovna.

— Ida, Ida ! chuchote Stiopa qui doute encore. Un genou appuyé sur le bord du matelas, il serre les mains de sa sœur, il lui palpe les épaules, il l'appelle, il la secoue. Le corps bouge avec une docilité funèbre. La tête aux yeux de verre roule sur l'oreiller comme si elle ne tenait plus que par un fil. Alors Klim écarte Stiopa d'autorité et recouche le cadavre, doucement, sur le dos. Natalia Triphonovna effleure de ses doigts le front de la morte ; les paupières d'Ida se ferment. Mais sa mâchoire reste ouverte, comme déboîtée. Stiopa considère sa sœur fixement, avec une sorte de colère, de rancune fraternelle, et se dirige vers la porte.

— Où vas-tu ? dit Vissarion.

Sans répondre, Stiopa traverse la seconde pièce et sort dans la rue. Vissarion le suit, inquiet. Impossible de laisser son ami dans un moment pareil. Klim et Natalia Triphonovna se débrouilleront seuls avec le corps.

Les petites maisons des faubourgs dorment, renfrognées, de chaque côté d'une chaussée de boue. Une bruine argentée descend du ciel. Il fait froid et humide. Stiopa marche nerveusement, les mains enfoncées dans les poches. Vissarion doit allonger le pas pour se maintenir à sa hauteur. Ni l'un ni l'autre ne parlent. Que pourraient-ils se dire ? N'est-il pas anormal pour un révolutionnaire de se laisser abattre par un événement aussi banal que la perte d'un être aimé ? On se croit au-dessus de la loi commune, et, devant le malheur, on se retrouve semblable à tous les hommes. Un chagrin égoïste suffit à boucher le plus vaste horizon.

Ils ont dépassé les dernières maisons des faubourgs. La route, maintenant, court, libre, dans la campagne. Il fait de plus en plus sombre. Stiopa presse l'allure. C'est sa façon de souffrir, sans doute. Il fatigue son chagrin, il l'use. Son visage a une expression haineuse. La bruine s'épaissit. Une pluie fine mouille la figure de Vissarion et coule dans sa nuque. Il remonte le col de sa veste. Mais des gouttes s'insinuent entre le bord de son vêtement et sa peau. Il frissonne, renifle. Ses chaussures prennent l'eau. Stiopa, lui, ne remarque rien, ne sent rien, toujours tendu vers un but invisible. Depuis combien de temps sont-ils partis ? Une heure, deux heures... A bout de souffle, trempé, excédé, Vissarion balbutie :

— Nous devrions retourner là-bas, Stiopa.

Stiopa ne dit mot et poursuit son chemin.

— C'est absurde ! dit Vissarion. Arrête-toi ! Je n'en peux plus !...

Enfin Stiopa s'arrête. Ils se font face, sous la pluie. Dans la pénombre, Vissarion distingue vaguement une bouche mouillée, des sourcils ruisselants. Il met une main sur le bras de son ami :

— Stiopa, laisse-moi te dire...

— Non, murmure Stiopa, c'est à toi de m'écouter ! Il faut que tu saches... Dans notre univers, il n'y a pas de deuil... La mort d'Ida ne change rien... Ou plutôt si !... Elle me renforce, elle me justifie... Sans Ida, j'irai encore plus loin... Jusqu'au bout, tu entends ? jusqu'au bout, quoi qu'il arrive !... Ils verront, ils verront !... Ce sera terrible, Vissarion !...

Sa voix est enrouée, cassée. Il repart, les mains dans les poches, le dos voûté. Vissarion le suit en sautant pour éviter les flaques.

QUATRIEME PARTIE

1

Plus que trois cents pas pour être en sécurité. Au-delà du cimetière des Vieux-Croyants, le faubourg Préobrajenskaïa échappe pratiquement à tout contrôle. Mais il faut d'abord passer devant l'agent de police, qui monte la garde près du dépôt de bois. Surtout ne pas avoir l'air pressé. Klim amollit sa démarche et donne à son regard une expression de candeur bornée. Le gros balluchon pend innocemment au bout de son bras. Dedans, cinq kilos de dynamite. Kolia a eu l'impression, la veille, que sa chambre-laboratoire était surveillée. Craignant une perquisition, Stépan Alexandrovitch a ordonné le transport immédiat du matériel au « local conspiratif » du faubourg Préobrajenskaïa. Tout le monde s'y est mis : Max, Kolia, Stépan Alexandrovitch, le bartchouk... Ils doivent attendre l'arrivée de Klim à la maison avec impatience. On l'a prévenu : par suite de la mauvaise qualité chimique des produits employés, le mélange explosif n'est pas stable. Au moindre choc, tout risque de sauter. Aussi Klim s'efforce-t-il de tenir le paquet à la verticale, en évitant les oscillations. Il regarde où il pose ses pieds. Il retient son souffle. Cela lui rappelle le temps lointain où, pour la première fois, il servait à la table du barine. Avec quelle précaution il portait alors la soupière !

Un faux mouvement. Une tache jaune et grasse qui s'élargit sur la nappe brodée. Le regard courroucé du maître. Toutes les flammes de la honte ! Il aurait voulu rentrer sous terre. Et pourtant, il ne s'agissait que d'un peu de borsch renversé. Aujourd'hui, s'il fait un geste maladroit, ce n'est pas une nappe qu'il tachera, mais Vissarion Vassiliévitch et ses amis qu'il livrera à la police, après avoir lui-même, sans doute, disparu dans un horrible éclatement de feu. En vérité, la mort ne lui fait pas peur. Mais si, par sa faute, le bartchouk... Non ! Il se raidit contre l'horreur d'une telle perspective.

Devant le dépôt de bois, l'agent bavarde avec un portier. Les deux hommes lui font face. Sans doute le prennent-ils pour un Vieux-Croyant qui rentre chez lui. Sur l'ordre du bartchouk, il s'est laissé pousser la barbe. Tous les membres du groupe en ont fait autant. Pour ne pas se distinguer des sectaires. C'est une bonne idée que les maîtres ont eue de se réfugier dans ce trou perdu, aux confins de Moscou, là où la ville gigantesque se fractionne en villages, en potagers, en champs, en terrains vagues. Presque tous les habitants du coin pratiquent le même culte et se connaissent entre eux. Pourquoi la police songerait-elle à chercher des terroristes parmi ces gens arriérés, qui dénoncent la corruption du siècle, s'abstiennent de fumer l'herbe du diable, ne se rasent jamais pour conserver la ressemblance de l'homme avec Dieu et refusent d'appuyer leur foi sur les textes saints corrigés par le patriarche Nikon (1) ? Habitués, depuis l'épo-

(1) Au XVIIIe siècle, le patriarche Nikon ayant résolu de corriger les erreurs de copie dans les textes religieux, la secte des Vieux-Croyants s'était formée pour résister à ces innovations jugées démoniaques. Refusant la « nou-

que des persécutions religieuses, à secourir les réprouvés, ils ont accueilli les « étrangers » sans leur demander ni d'où ils venaient ni qui ils étaient. Il leur suffit, pour se rassurer, de constater que les nouveaux occupants de la maison abandonnée, près du ravin, étaient de mœurs paisibles. Peut-être aussi ont-ils cru voir en eux les adeptes d'une autre secte. Or, toutes les sectes sont unies par leur commune aversion de la police. Klim l'a compris, dès le premier jour, en décelant, dans le regard des voisins, une flamme de malicieuse complicité. Encore quelques pas. Il entre dans la zone chaude. Sa main se crispe sur le nœud du balluchon. La dynamite est enfermée dedans comme une bête vivante. Pourvu qu'elle ne bouge pas ! Il prie de toute son âme. Enfin, il arrive à hauteur de l'agent. Un regard professionnellement soupçonneux l'enveloppe. La dynamite se tient sage. Gonflé de suffisance, le policier ne discerne rien d'anormal dans ce passant humble, barbu, en touloupe, un balluchon sale à la main. Il fait beau. Le soleil brille dans les vitres. Des orties poussent au bord du trottoir. Klim s'éloigne, favorisé par Dieu.

Quand il parvient devant la maison, la porte s'ouvre. On le tire à l'intérieur. Il pose le balluchon sur la table. Des visages joyeux l'entourent :

— Pas d'anicroche ?

Il assure que non. Le bartchouk et Stépan Alexandrovitch le félicitent. Tout à coup, il est fier d'avoir été choisi pour cette mission. Existe-t-il rien de plus agréable au monde que d'exécuter un ordre à l'entière satisfaction du maître ? Le bartchouk et ses amis ont beau répéter que la

velle Bible », et les « nouveaux prêtres », elle s'était enfermée dans un tel rigorisme que deux siècles de persécution policière n'avaient pu en venir à bout.

fin justifie les moyens, Klim, lui, ne s'intéresse qu'aux moyens et redoute même, parfois, la fin que les autres souhaitent. Car quelle est-elle, cette fin ? L'assassinat de hauts dignitaires, la prise du pouvoir par le peuple ? Plutôt que d'envisager une perspective aussi inquiétante, il vaut mieux servir sans comprendre, au jour le jour, ponctuellement, fidèlement. Dieu ne peut en vouloir à un domestique. Dieu aime les domestiques. Parce qu'ils n'ont pas de volonté. Les maîtres sont là pour décider et payer à leur place. Ne pas se substituer aux maîtres, sous peine de remords. Mais la gratitude des maîtres est une rosée de bonheur. Depuis qu'il a transporté de la dynamite, Klim se sent encore plus proche d'eux. Stépan Alexandrovitch invite tout le monde à s'asseoir autour de la table. Klim hésite.

— Mais si ! Mais si ! dit Stépan Alexandrovitch.

Et Klim s'assied à côté du bartchouk. Il ne peut s'habituer à voir Vissarion Vassiliévitch avec une barbe. On dirait le Christ. En brun. Mais, dans ce visage régulier, les yeux ont un regard d'inquiétude et d'intolérance qui n'est pas du tout celui du Sauveur, sur les icônes. En face de lui, Kolia, Max et l'affreux Boulyjnikoff, qui grignote des graines de tournesol. On rediscute la meilleure façon d'en finir avec le général Vassiltchikoff. Quel chemin parcouru, pense Klim, depuis le temps lointain où il allait de village en village, avec le bartchouk, Stépan Alexandrovitch et Ida Alexandrovna, porter la bonne parole ! C'est la faute des moujiks si tout a mal tourné. Ils ont déçu les messieurs en refusant de les écouter, en les chassant, en les dénonçant. Puis la police s'est mise de la partie. De larges coups de filet se sont abattus sur les missionnaires du socialisme. Devant cet échec, il a bien fallu reconnaître que les mots ne servaient plus à rien. Alors, naturellement, les messieurs ont choisi la voie opposée. Au lieu d'enrôler des paysans et des ouvriers sous le drapeau révolutionnaire, ils ont constitué un petit groupe de combat. Plus de paroles — des actes, plus de brochures — du sang. D'autres cellules terroristes se sont créées un peu partout. Indépendantes et rivales. Visant le même but, mais par des méthodes différentes. « Le plus difficile, dit Stépan Alexandrovitch, c'est le recrutement. Des hommes qui ont la langue bien pendue, on en trouve à la pelle, mais des hommes résolus à tuer et à mourir pour une cause, c'est rare ! » Comment le bartchouk, qui a toujours eu horreur des coups, en est-il arrivé, insensiblement, à accepter cette existence criminelle ? Sans doute n'a-t-il pas su dire non à Stépan Alexandrovitch. On peut être violent par faiblesse. Et maintenant, emporté par le courant, il ne se pose même plus de questions. Si Ida Alexandrovna avait été en vie, les choses ne seraient pas allées si loin. Elle était raisonnable et douce. Depuis sept ans qu'elle est morte, Klim pense souvent à elle avec regret. Une croix sans inscription, dans un cimetière de Nijni-Novgorod. Jamais ni Stépan Alexandrovitch ni Vissarion Vassiliévitch ne font allusion à elle. Ont-ils peur que son souvenir ne les attendrisse ? Klim les écoute avec angoisse. D'après eux, le général Vassiltchikoff mérite cent fois de disparaître : président du tribunal militaire, il a condamné à mort et fait passer par les armes huit soldats coupables d'insolence envers leur lieutenant. En l'abattant, l'organisation de combat prouvera qu'il existe une justice clandestine plus forte que la justice officielle. Kolia et Max regrettent simplement qu'il ne s'agisse pas là d'un « gibier de première grandeur », Stépan Alexandrovitch leur réplique, avec raison, que le groupe n'en est encore qu'à son troisième attentat politique (deux réussis contre des colonels de gendarmerie, et un manqué, contre un procureur) et qu'il faut apprendre le terrorisme dans des expéditions secondaires avant de s'attaquer aux grosses pièces de l'échiquier impérial.

Là-dessus, Boulyjnikoff éclate de rire, comme si la formule : « échiquier impérial » était particulièrement comique. Sa face lourde s'élargit, comprimée d'en haut et d'en bas. Deux estafilades pour les yeux, une pour la bouche, dans une masse de chair blanchâtre. Cheveux et barbe, d'un roux terne, se hérissent autour de cette lune. Les épaules sont rondes, les mains piquées de poils jaunes. Il porte une vieille touloupe déchirée, qui perd sa laine par les trous. Klim ne peut le regarder sans un sentiment de crainte et de répugnance. Pourquoi Stépan Alexandrovitch a-t-il appelé cette brute dans leur association ? Le pauvre Altaïsky — qui s'est fait prendre le mois dernier et s'est pendu en prison — était autrement sympathique !

— Moi, dit Boulyjnikoff, votre « échiquier impérial », je vous le balaierai quand vous voulez ! Vous n'avez qu'à dire qui vous encombre, et hop !...

Stiopa hausse les épaules :

— Ça va, Boulyjnikoff ! Nous savons de quoi tu es capable !

La discussion reprend. Klim tourne la tête à gauche, à droite, pour mieux suivre l'échange des propositions et des objections. De l'avis unanime, trop de gardes du corps, de mouchards, de gendarmes entourent Vassiltchikoff dans ses déplacements pour qu'il soit possible de se faufiler jusqu'à lui et l'abattre d'un coup de revolver. Avec une bombe, en revanche, le travail serait grandement facilité. En effet, une bombe se jette à distance et sans qu'il soit nécessaire de viser avec précision. On pourrait frapper Vassiltchikoff lorsqu'il se rend en voiture de son domicile à son bureau. Kolia et Max ont établi exactement les heures de passage. Il suffirait de trois lanceurs disposés sur le parcours. Stiopa étale un plan de Moscou sur la table. Son doigt glisse le long d'une rue.

— Ici, le premier lanceur, dit-il. A vingt pas, le second, et, à cinquante pas, le troisième. Si le premier lanceur manque son coup, le deuxième entrera en action. Le rôle du troisième sera de protéger, en cas de besoin, la fuite des deux autres. Le premier lanceur sera Boulyjnikoff. Le deuxième, moi. Le troisième, Vissarion. En outre il nous faudra des surveillants. Max, Kolia et Klim se posteront à des endroits que je leur indiquerai et nous avertiront, par un signal convenu, de l'arrivée de la calèche. Cette calèche, vous la connaissez tous. Vert bouteille, avec des roues à rayons jaunes. Je vous recommande, dans les jours prochains, de retourner sur les lieux pour la voir passer et repasser, afin qu'il n'y ait pas d'erreur possible. Le cocher, les chevaux, tout doit être parfaitement gravé dans votre mémoire...

Kolia et Max boivent ses paroles. Klim les aime bien, ces deux-là. Surtout Max, qui est maigre, noiraud, délicat et dont les convictions révolutionnaires ressemblent à une religion. Que deviendrait l'organisation sans l'aide généreuse de Max ? Héritier d'un petit domaine dans le Sud, il en a confié la gestion à un intendant, loge lui-même misérablement dans une chambre garnie, et verse tous les revenus de ses terres à la caisse de l'association. Grâce à lui, les camarades n'ont jamais eu besoin de recourir à des vols ou à des

« collectes forcées » pour assurer le fonctionnement du groupe de combat. Kolia, qui est tout rond, tout blond, habite avec lui et le calme par son extraordinaire optimisme et son sens aigu des réalités. La principale qualité de Kolia est sa mémoire. Il retient tout, instantanément : chiffres, adresses, noms propres, traits d'un visage, topographie. Et, comme si ce constant exercice mental épuisait ses réserves d'énergie, il mange pour quatre.

— Bon, dit Max, le plan me paraît tout à fait clair.

— Trop clair même, dit Vissarion. Si j'ai bien compris, c'est le premier lanceur qui terminera l'affaire.

— Je l'espère, dit Stiopa.

— Je voudrais être ce premier lanceur.

Il y a un silence. Klim, épouvanté, baisse les yeux. Jusqu'ici, le rôle du bartchouk n'a pas été de tuer, mais d'organiser et de surveiller. Pourquoi, aujourd'hui, se met-il en avant ? Stiopa tiraille pensivement les poils rares et désordonnés de sa barbe.

— Non, Vissarion, dit-il enfin. Il nous faut, à cet endroit, un homme d'expérience, aux nerfs d'acier et au jugement rapide, autrement dit : Boulyjnikoff. Quant à la deuxième place, elle me revient de droit : ayant conçu l'opération, je dois me trouver entre Boulyjnikoff et toi pour la diriger. Si, par malheur, le général Vassiltchikoff échappe à la bombe de Boulyjnikoff, ce sera à moi, en tant que chef, d'apprécier ce qu'il faut faire et de vous donner, par signaux, mes ordres en conséquence !

Klim lève les yeux sur l'icône, avec ferveur. Grâce à l'intransigeance de Stépan Alexandrovitch, un grand péché sera peut-être épargné au bartchouk ! Mais comme celui-ci a l'air malheureux ! On dirait qu'en lui préférant Boulyjnikoff pour les basses besognes, Stépan Alexandrovitch l'a humilié et trahi. Il serre ses mains l'une contre l'autre et fait craquer ses jointures.

— A présent, dit Stopia, il nous reste à confectionner les bombes et à choisir le jour. Max et Kolia installeront leur laboratoire dans la cabane, derrière le chantier. Je me suis entendu avec le propriétaire. Rien à craindre, de ce côté-là... Nous allons tout de suite transporter le matériel !

Tous se lèvent, sauf Vissarion, qui continue à pétrir ses mains, au bord de la table.

— Allez-y sans moi, dit-il d'un ton rogue.

Stiopa le couvre d'un regard méprisant et, lui tournant le dos, organise le déménagement des produits chimiques et de la vaisselle de laboratoire. Klim, Kolia, Max et Boulyjnikoff quittent la maison, chargés de caisses et de paquets.

— Je vous rejoins dans un instant, leur dit Stiopa. Commencez à tout installer, là-bas...

Resté seul avec Vissarion, il demande :

— Qu'est-ce qui te prend ?

— Je préfère que tu désignes quelqu'un d'autre à ma place comme troisième lanceur, dit Vissarion.

— Bon Dieu ! grogne Stiopa, ce que tu peux m'exaspérer avec tes nerfs de fille ! Quand donc comprendras-tu que, dans notre groupe, chacun doit être employé selon ses talents ? Max et Kolia sont parfaits comme chimistes, comme observateurs, comme aides, mais trop jeunes, trop fougueux pour une action meurtrière directe. Ni toi, ni Klim, ni moi-même ne sommes habitués au maniement des bombes et des armes à feu. Nous avions Altaïsky. Un pur, lui ! Est-ce ma faute s'il s'est fait pincer comme un novice ? Par qui le remplacer ? J'ai cherché un spécialiste...

— Un spécialiste ! Quand Véra Zassoulitch a

décidé de tuer le général Trépoff, elle n'est pas allée trouver un spécialiste ! Elle a pris un revolver, elle s'est postée sur le passage du préfet de police et elle a tiré !

— Oui, répliqua Stopia sévèrement. Mais elle n'a réussi qu'à le blesser et elle s'est fait prendre...

— Qu'importe, puisqu'elle vient d'être acquittée par le jury (1) !

— Son acquittement ne change rien à notre problème. Notre intention n'étant pas de nous limiter à un seul attentat, mais de continuer à frapper de plus en plus souvent, nous devons adopter un tout autre style. Ne pas agir isolément, avec une superbe imprudence, à la Charlotte Corday, mais par groupes, en techniciens de la lutte clandestine !

— Tu confonds techniciens et bandits ! Boulyjnikoff déshonore notre cause et nous déshonore nous-mêmes !

— La seule chose qui puisse nous déshonorer, c'est l'échec. Etant donné le programme que nous nous sommes fixé, j'aime mieux avoir parmi nous une crapule qui sait porter ses coups qu'une belle âme qui frappe à côté. Je suis sûr que Boulyjnikoff se tirera très bien d'affaire !

— Oui, ricane Vissarion, il a des antécédents qui inspirent confiance. Trois condamnations pour vol, deux pour meurtre — celui de sa femme et celui d'un usurier polonais —, deux

---

(1) Le 24 janvier 1878, une jeune fille, Véra Zassoulitch, avait tiré sur le général Trépoff, préfet de police de Saint-Pétersbourg, qui, disait-on, avait fait donner les verges à un étudiant révolutionnaire détenu en forteresse. Deux mois plus tard, Véra Zassoulitch comparaissait devant la cour d'assises, et, après le défilé des témoins, le jury, retourné, subjugué, prononçait son acquittement.

autres pour complicité dans le cambriolage d'une banque...

— Où veux-tu en venir ? tranche Stiopa. Je ne peux pas ressusciter Altaïsky ! Et nous devons aller de l'avant, coûte que coûte !

Vissarion incline la tête. Sa colère s'apaise. Il marmonne :

— Oui, bien sûr !... Mais parfois — c'est plus fort que moi ! — toute notre action me semble si décousue, si absurde !... Pour lutter contre le formidable appareil de l'autocratie, les révolutionnaires devraient disposer d'une organisation unifiée et puissante, avec un chef suprême, des comités de consultation, des comités d'action... Or, que se passe-t-il ? A Genève, à Zürich, à Bâle, les théoriciens de l'insurrection s'agitent, tiennent des congrès, votent des motions et prétendent tout régenter alors qu'ils n'ont de pouvoir sur personne ! Association internationale des Travailleurs, Fédération de ceci, Section de cela... Tu t'y reconnais, toi ? Et en Russie, pendant ce temps, c'est le désordre, l'improvisation... Que cinq ou six hommes se rassemblent dans leur haine du tsar — et voilà une nouvelle organisation clandestine ! Qu'ils renoncent à la propagande pour passer aux actes — et voilà un nouveau groupe de combat ! Et ces groupes de combat ne sont reliés entre eux que par la communauté des idées et des buts. Ils agissent cahin-caha, sous l'inspiration du moment, ils s'ignorent l'un l'autre la plupart du temps !

— Heureusement ! s'écrie Stiopa. Comment ne comprends-tu pas que nous menons une guerre de harcèlement, d'embuscades, et que notre meilleure chance de salut, c'est justement notre petitesse, notre isolement et notre mobilité ? Si nous dépendions d'une association importante et hiérarchisée, il serait possible à la police, en découvrant un maillon, de saisir, de proche en proche, toute la chaîne. Rappelle-toi ce qu'écrit Machiavel à propos des sociétés secrètes : « Le grand nombre les gâte. » Ce qui limite les succès du Troisième Bureau, c'est cette structure fractionnée et incohérente que tu critiques chez nous ! Cela dit, je puis t'assurer que l'assassinat de Vassiltchikoff aura l'approbation de tous nos camarades, à quelque groupe qu'ils appartiennent !

Il s'assied sur le bord de la table, balance son pied dans le vide et dit encore :

— Au fait, Vissarion, pourquoi tiens-tu tellement à tuer Vassiltchikoff de tes propres mains ?

— Je ne sais pas, balbutie Vissarion. Depuis quelques jours, je vis avec cette idée, je dors avec elle. Ma tranquillité dépend de la disparition de cet homme !

— Moi, je vais te dire ce qui te pousse, dit Stiopa. Tu veux tout simplement te prouver que tu es capable de donner la mort.

— Peut-être, soupire Vissarion.

— Eh bien ! rassure-toi ! Une autre occasion se présentera très vite, j'en suis convaincu. Si tout marche bien dans l'affaire Vassiltchikoff, nous nous passerons de Boulyjnikoff dans l'affaire suivante. Nous resterons entre nous. Ça te va ?

— Ça me va. Mais... précisément... avec Vassiltchikoff, crois-tu que nous réussirons ?

— Oui.

— Et qu'éprouverons-nous après avoir réussi ?

— Quelle question ! Tu as peur du remords ?

Vissarion ne répond pas.

— Ecoute, Vissarion, reprend Stiopa. L'humanité est bête, faible, moutonnière. L'immense majorité de nos congénères n'osent rien entreprendre et ne comprennent rien. Mais, heureusement, dans ce troupeau, il se trouve quelques hommes forts. Si l'un de ces hommes, ayant bien réfléchi, se sent de taille à transgresser les lois morales de la multitude, alors il doit se détacher des autres et agir à leur place. Nous sommes tous, dans notre groupe, résolus à la terreur. Nous sommes mariés avec la terreur. Nous sommes amoureux de la terreur. Comment le vulgaire remords pourrait-il nous entamer ? Si tu as encore besoin d'une excuse, dis-toi que tu donnes la mort, oui, mais que tu risques la mort toi-même, à chaque instant. Notre destruction, à bref délai, est aussi certaine que celle de Vassiltchikoff. Chaque jour que nous vivons est un incroyable sursis. Nous avons consciemment, volontairement gâché notre vie au sens où l'entendent les imbéciles, les immobiles, les nantis, les perclus...

— C'est vrai, dit Vissarion, quand je fais le bilan de mon passé, je constate que j'ai tourné le dos à tout ce qui attire la masse de mes semblables...

— Tu le regrettes ?

« Je l'ai regretté jadis... Je ne le regrette plus... Je suis trop enfoncé dans la pratique conspirative pour imaginer ce qu'aurait pu être mon existence si je ne vous avais pas rencontrés, toi et Ida...

En entendant prononcer le nom de sa sœur, Stiopa fronce les sourcils et dit sèchement :

— Bon ! Assez de littérature comme ça ! Allons rejoindre les autres.

2

Les bulles montent dans le verre de limonade. Un parfum acidulé chatouille les narines de Vissarion. La confiserie est à demi vide. Sur les murs, de grandes figurines de femmes, représentant on ne sait quelles divinités païennes, s'ennuient, le sein nu et le regard lointain, parmi les avalanches de fleurs. Stiopa lorgne sa montre et soupire. Vissarion consulte la sienne. Neuf heures douze. Le passage de Vassiltchikoff par la rue Tverskaïa n'est prévu qu'à dix heures cinq. Jusque-là, il serait imprudent de se promener sur le trottoir avec des bombes. Fussent-elles, comme celles-ci, soigneusement enveloppées dans du papier blanc et nouées avec une faveur rose. C'est Klim qui a confectionné les paquets. On dirait des boîtes de bonbons. Qui songerait à arrêter deux messieurs ostensiblement porteurs de cadeaux pour leurs enfants, ou leurs épouses ? Ils se sont habillés en conséquence. Chemise blanche, cravate, souliers cirés. De vrais bourgeois. Boulyjnikoff, lui, a été déguisé en employé de chemin de fer. Il prend le thé dans un traktir voisin, en attendant le moment de se rendre, avec sa bombe, au-devant de la calèche vert bouteille. Tous les camarades qui jouent le rôle de « signaleurs » doivent déjà se trouver à leurs postes. Le plan d'attaque a été modifié cinq fois pendant les deux mois qu'a duré la surveillance. Finalement on a décidé de guetter Vassiltchikoff sur le passage de son domicile, rue Mamonovsky, au palais du Gouvernement général, place Tverskaïa. Il ne change jamais d'itinéraire. Ses heures de départ et d'arrivée sont connues. Le coup ne peut manquer. Et pourtant, hier soir encore, tandis que Kolia et Max finissaient de monter les bombes, Vissarion a bien cru que l'affaire tournerait mal. Un début de décomposition s'était produit dans le mélange. Il a fallu noyer la dynamite et recommencer avec des produits de meilleure qualité. Toute la nuit, les chimistes ont travaillé à malaxer la pâte gélatineuse, à l'enfoncer dans une boîte en fer-blanc, à ajuster les deux tubes de verre, pleins d'acide sulfurique, dont la rupture allumera le mélange détonant. Il semble incroyable à Vissarion que la réussite de toute l'entreprise tienne à des détails matériels aussi infimes. Le courage, la décision ne sont rien, si deux petits tubes ne se brisent pas au moment voulu. Involontairement, il jette un coup d'œil au paquet qu'il a placé sur la chaise, à côté de lui. L'autre paquet repose sur la tablette intermédiaire, en forme de demi-lune, qui relie les pieds du guéridon. Stiopa suit la direction de son regard et chuchote :

— N'aie pas peur, elles n'exploseront pas toutes seules !

Vissarion essaie de sourire. Mais son visage est de carton. De nouveau il regarde sa montre.

— Non, dit Stiopa. C'est encore trop tôt.

A une table, non loin d'eux, quelques dames aux chapeaux fleuris grignotent des biscuits, voilettes relevées, et papotent. Vissarion envie leur insouciance. Stiopa commande encore deux limonades. Bien que Vissarion n'ait plus soif, il s'oblige à vider son verre. Le liquide pétillant et sucré empâte sa langue. Son estomac gargouille. Est-ce l'écœurement ou la peur ? Cette fois, il est temps de partir. Stiopa paie, tend l'un des paquets à Vissarion, prend l'autre sous son bras et se lève. Ils sortent ensemble, salués par une serveuse au tablier de dentelle. A la pénombre parfumée de vanille et de chocolat chaud, succède l'éblouissant torrent de la rue.

— Eh bien ! allons-y ! dit Stiopa d'une voix calme. Bonne chance !

Il ne répète même pas les consignes, pivote sur ses talons et s'éloigne dans la rue Tverskaïa, en direction de la rue Kozitsky. Vissarion, lui, fait quelques pas vers le palais du Gouvernement général et s'arrête peu avant la place, en feignant d'admirer la vitrine d'une coutellerie. La veille, il a noté qu'une des glaces de la devanture, placée de biais, reflète la chaussée sur une grande longueur. De cette façon, il peut surveiller le mouvement des voitures sans détacher ses yeux de l'étalage. Il découvre son visage barbu et triste au-dessus d'un faux-col blanc. Derrière lui, bouge la foule des promeneurs. Il y a là des femmes élégantes, coiffées de petits chapeaux à brides et traînant dans la poussière du trottoir leurs robes aux plis précieux, des fonctionnaires en uniforme d'été, une serviette sous le bras, les joues encadrées de favoris, des marchands ventrus, des moujiks aux cheveux coupés en rond sur des nuques roses. Les garçons d'un pensionnat défilent, deux par deux, dans leurs camisoles blanches. Un hussard, le dolman à l'épaule, éperonne son cheval et se faufile entre les véhicules qui roulent dans les deux sens. Bruit de roues, bruit de voix — le grondement paraît monter des entrailles de la terre. Plus que cinq minutes. La bombe pèse lourd au bras de Vissarion. De toute façon, il n'aura pas à s'en servir. Tout sera réglé par Boulyjnikoff, le numéro un, ou par Stiopa, le numéro deux. Porterait-il une bille de bois que le résultat serait le même. Devant le palais du Gouvernement général, des policiers vont et viennent. Un officier de gendarmerie aux aiguillettes d'argent sort du portail entrouvert, inspecte les alentours d'un regard prompt et rentre. La calèche du général ne va plus tarder. L'œil fixé sur un assortiment de couteaux finnois, Vissarion attend le bruit de l'explosion qui délivrera la Russie de Vassiltchikoff et lui-même de son angoisse. Mais les secondes passent et rien ne vient. Peut-être Vassiltchikoff a-t-il changé d'itinéraire ? Peut-être ne se rendra-t-il pas au palais du Gouvernement général aujourd'hui ? Un secret espoir s'empare de Vissarion. Derrière le désir avoué que l'attentat réussisse, pointe le souhait honteux qu'un incident détourne Vassiltchikoff de son rendez-vous avec la mort. Allons ; ce 17 juin sera une journée comme les autres. Dans quelques minutes, Stiopa, découragé, donnera l'ordre de lever la surveillance. Tout le monde se retrouvera dans la petite maison du faubourg Préobrajenskaïa. Les discussions reprendront : critique du dispositif actuel, plan d'un nouvel attentat...

Soudain Vissarion tressaille et tous les couteaux de la devanture se plantent dans sa tête. Il se retourne d'un bloc. Cette calèche verte qui arrive, au trot de deux chevaux gris pommelé, ce gros cocher au chapeau rond et à la barbe rousse. Pas de doute : Vassiltchikoff ! Pourquoi ni Boulyjnikoff ni Stiopa n'ont-ils lancé leur bombe ? Vissarion est seul. Privé de conseil. Tout repose sur lui. Que faire ? La calèche approche. Sans réfléchir, Vissarion s'avance jusqu'au bord du trottoir. Des passants le frôlent.

— La rue Guéorguievsky, s'il vous plaît, est-ce bien par ici ?

C'est un petit monsieur à barbiche blonde et à lorgnon d'or qui l'interroge en lui touchant le bras.

— La rue Guéorguievsky, répète Vissarion machinalement, la rue Guéorguievsky...

Les têtes des chevaux grandissent, crinières nattées, œillères à chiffre d'argent, et, derrière le cocher, la caisse verte montée sur ressorts, où le général Vassiltchikoff vit ses derniers instants. Un calme extraordinaire succède au tourbillon des idées dans le cerveau de Vissarion. Il pense à Stiopa avec un désespoir joyeux et lève la bombe au-dessus de sa tête. Le petit monsieur à barbiche blonde se démanche le cou, étonné, avance les bras, tremble du lorgnon, crie :

— Que faites-vous ?

Derrière la vitre de la portière, Vissarion entrevoit des épaulettes, une rangée de décorations. Trop tard ! Non ! Le marchepied noir. Les ressorts incurvés. Des cloches sonnent. Le soleil est haut dans le ciel. Une brusque détente. Sans viser. Entre les roues arrière. Dieu merci, c'est la fin ! Et si la bombe n'éclatait pas ? Si c'était une farce ? Si ? si ?... Tout s'abîme dans un fracas, dans un flamboiement d'enfer. Des vitres volent en éclats, des bouts de bois sautent et tourbillonnent. Soulevé par le souffle de l'explosion, Vissarion aspire une âcre odeur de fumée et de poudre, ferme les yeux et se retrouve couché par terre, l'épaule douloureuse. Un silence surnaturel le recouvre. Puis des cris, des plaintes retentissent autour de lui. Rouvrant les paupières, il voit, au milieu d'un nuage, les débris de la calèche, une roue par-ci, une banquette par-là, un mannequin en uniforme, déculotté par l'explosion, avec une éponge de sang à la place de la figure. Dans cette bouillie rouge, l'œil, rond et blanc, luit tel un œuf dur décortiqué. Le cocher se tient agenouillé, non loin de là, les mains au ventre, dans une pose de colique. Un inconnu semble s'être endormi, assis par terre, le dos à la caisse de la voiture. Un cheval dresse la tête et hennit faiblement, l'encolure tordue, les lèvres retroussées sur une denture jaune. L'autre cheval a le ventre ouvert et ses entrailles roses, répandues sur le sol, respirent. Au centre de cette boucherie, Vissarion se sent bizarrement épargné. Seule son épaule lui fait mal. Des gens épouvantés courent en rond, comme emportés par le mouvement d'un manège.

— On a tué un général !...

— Quel général ?

— Qui ? Comment ?

— Ils sont plusieurs !...

— Ce n'est pas fini !...

— Attention ! Attention !

Ainsi, c'est vrai : Vassiltchikoff a cessé de vivre. Et c'est lui, Vissarion, qui l'a supprimé. Il n'en éprouve ni joie ni remords. Sa tête est lourde. Un goût de chair roussie emplit sa bouche. Tout le monde l'a vu. On va l'arrêter. Il voudrait dormir. Le laissera-t-on se reposer quelques minutes avant l'interrogatoire ? Des agents accourent, des gendarmes. Ils encerclent les restes de la voiture. En se relevant, Vissarion voit le petit monsieur à barbiche blonde qui, tout à l'heure, lui demandait son chemin. Penché sur le trottoir, le petit monsieur cherche son lorgnon avec des mains tâtonnantes. De profondes écorchures marquent son front et ses joues. Il a le bout du nez tout noirci. Sa langue ballotte drôlement entre ses lèvres.

— Arrêtez-le ! Arrêtez-le ! crie une femme.

Vissarion se tourne vers elle avec ennui. Elle est jeune, bien vêtue, avec un visage de panique sous une coiffe en coques de rubans. Mais ce n'est pas Vissarion qu'elle désigne de son ombrelle pointée. Est-elle folle ? Il faut la détromper ! Comme une illuminée, elle répète, en regardant à côté de lui :

— Je le reconnais ! Je l'ai vu !

D'autres passants se joignent à elle. Tous prétendent s'être trouvés à deux pas du lanceur :

— Oui ! Oui ! C'est celui-là !

— Assassin ! Buveur de sang !

Engourdi de surprise, Vissarion voit deux gendarmes empoigner le petit monsieur à barbiche blonde et le secouer comme pour en faire tomber une pluie d'aveux :

— Ah ! c'est toi ! Ah ! canaille ! tu vas voir !...

L'inconnu proteste. Nul ne l'écoute. Le groupe s'éloigne en piétinant. D'autres gendarmes accourent. Un officier, livide, l'épée à la main, écarte les importuns. Vissarion se trouve séparé des victimes par plusieurs rangs de badauds.

Il marche à contre-courant dans la foule. Surtout ne pas courir. Ses muscles tremblent, ses nerfs voudraient l'emporter au pas de charge, et il se contraint à mesurer ses enjambées. La multitude, autour de lui, se morcelle enfin, se disperse. Il émerge de l'événement. A quelques rues du palais du Gouvernement général, il ne s'est rien passé. Vassiltchikoff n'est pas encore mort et Vissarion n'est pas encore son meurtrier. Curieuse impression d'obtenir par la distance un sursis que le temps lui refuse. Dans une glace, à la devanture d'un barbier, apparaît un homme au visage maculé, aux vêtements poudreux, à l'œil dément. Lui ! Lui dans une autre vie ! Un peu de sang marque ses lèvres et les poils de sa barbe. Il va se laver la figure, les mains, à une fontaine publique. Sa chance, qui se confirme à chaque pas, l'enivre. Il hèle un fiacre et se fait conduire jusqu'à l'étang Krasny ; de là, pour brouiller les pistes, il prend un autre fiacre qui le dépose au pont Pokrovsky ; le reste du chemin, il le fera à pied.

Plusieurs fois il se retourne pour s'assurer qu'il n'est pas suivi. Personne. Hors de danger. Un autre paye à sa place. C'est injuste. Mais non, le petit barbu parviendra bien à se disculper. Et s'il n'y parvient pas ? Tant pis pour lui. Dans toute révolution, des innocents trinquent parce qu'ils se sont trouvés au plus mauvais moment, à la plus mauvaise place. C'est ce qu'on appelle la fatalité. Combien de victimes en plus de Vassiltchikoff ? Le cocher, un ou deux passants... Au fait, étaient-ce vraiment des passants ? Des mouchards, plutôt ! Il se le répète parce que cette interprétation le soulage de ses scrupules. Un cheval ensanglanté hennit dans sa tête. Qu'est-il arrivé à Boulyjnikoff et à Stiopa ? Pourquoi ont-ils laissé passer la calèche ? Un miracle que lui-même n'ait pas été touché par les éclats. Merci, mon Dieu ! Sa joie est double. Comme s'il venait tout ensemble d'échapper à un accident et d'être reçu à un examen. Un homme qui a tué est aussi différent d'un homme qui n'a pas tué qu'une femme qui a mis un enfant au monde l'est d'une femme stérile. Il est allé au bout de ses possibilités. Il s'est égalé à Jéhovah créateur et destructeur. Il a crevé le plafond. Marchant dans le faubourg Préobrajenskaïa, il exulte. Il voudrait crier, rire, gesticuler... Ces bicoques de bois, ces jardinets, ces rues mortes envahies d'herbe ne sont pas à la taille de son enthousiasme. Des Vieux-Croyants, barbus et silencieux, le croisent et le saluent. Il les embrasserait ! Il est le héros du jour. Il mérite de survivre...

Du plus loin qu'il aperçoit la maison, il presse le pas : il a hâte de revoir ses camarades et de recevoir leurs congratulations. Deux coups rapprochés, trois coups espacés. Au signal, la porte s'ouvre. Tous sont réunis dans la grande pièce. Leurs visages sont graves. Stiopa dit :

— Ce n'est pas le général Vassiltchikoff qui se trouvait dans la calèche.

Frappé de stupeur, Vissarion balbultie :

— Comment ?... Ce n'est pas... J'ai bien vu...

— Le général Vassiltchikoff, souffrant, est resté chez lui et a envoyé à sa place, au palais du Gouvernement général, son aide de camp, le capitaine Kniazeff.

— Alors, ce serait le capitaine Kniazeff que...

— Oui, Vissarion.

— Tu es sûr ?

— Certain.

— Mais... mais comment aurais-je pu savoir... ?

— Pourquoi crois-tu que ni Boulyjnikoff ni moi n'avons jeté notre bombe ? En voyant l'aide de camp monter seul en voiture, Kolia, qui surveillait le domicile de Vassiltchikoff, a fait le geste convenu en cas de contrordre. Répété par Klim et par Max, le signal est arrivé jusqu'à Boulyjnikoff et à moi-même. J'ai essayé de te prévenir, à mon tour. J'ai sorti mon mouchoir, je l'ai agité trois fois, de la façon la plus ostensible, au risque de me faire prendre, tandis que la calèche se rapprochait. Mais tu regardais d'un autre côté, tu rêvais à je ne sais quoi ! C'est... c'est inadmissible !...

Vissarion est anéanti sous le faisceau de regards qui le jugent. Boulyjnikoff rigole, les mains sur les cuisses, la face élargie dans une grimace de crapaud.

— Pour être un bon bûcheron, il ne suffit pas de cogner fort, dit-il d'une voix traînante, il faut encore viser juste !

Vissarion se précipite dans sa chambre et s'assied sur le lit. Un raz de marée le secoue. Tous ses nerfs tremblent sous sa peau. Il y a dans sa tête comme une tôle sonore qui bat. Un rire idiot fait claquer ses mâchoires en même temps que des larmes gonflent ses yeux. Un aide de camp ! Il a tué un aide de camp ! Et on a arrêté un innocent à sa place ! Longtemps il demeure ainsi prostré, retranché, incapable de dominer son dégoût. La pensée d'Ida traverse son esprit. Elle, sans doute, aurait pu le comprendre et le justifier à ses propres yeux.

Klim pousse la porte, mais n'ose entrer. Il regarde le bartchouk qui pleure. Et une honteuse pitié lui vient de le voir si malheureux. Peut-on, tout en restant chrétien, consoler son maître d'avoir abattu un homme à la place d'un autre ? Peut-on regretter avec lui qu'il n'ait pas réussi à tuer un vrai général ? Dieu n'interdit pas de plaindre à la fois celui qui frappe et celui qui tombe.

— Vissarion Vassiliévitch, murmure Klim, ne sois pas si triste ! Ça peut arriver à tout le monde de se tromper...

— Fiche-moi la paix ! grogne Vissarion. Va-t'en !...

Klim se retire. Des minutes passent. La porte s'ouvre de nouveau. Stiopa dit, sans franchir le seuil :

— Tu viens, Vissarion ?

— Quoi faire ? marmonne-t-il.

— Je voudrais rédiger une proclamation au sujet de l'attentat.

— Moins nous en parlerons, de cet attentat, mieux ça vaudra !

— Ce n'est pas mon avis. Nous pourrions dire, par exemple, qu'en supprimant Kniazeff nous avons voulu donner un avertissement au général Vassiltchikoff...

— Le mensonge maintenant ! soupire Vissarion.

— Il n'y a pas plus de mensonge qu'il n'y a de crime en matière révolutionnaire ! dit Stiopa. La vérité est une notion bourgeoise. Etant donné le but que nous nous sommes assigné, nous n'avons pas le droit d'avouer nos échecs !

Vissarion se lève, passe les mains sur son visage et rentre dans la pièce où les camarades, assis autour de la table ronde, ont déjà commencé la discussion.

3

La proclamation est pleine de coquilles. Il y a même une faute d'orthographe dans le titre. Mais on ne peut en vouloir aux imprimeurs. Ils ont réalisé un tour de force en tirant ces mille exemplaires dans la nuit. Les yeux de Vissarion se fatiguent sur les lignes grises :

« Notre combat n'est pas inspiré par un mesquin esprit de vengeance mais par le désir d'ébranler et de désorganiser toute la machine administrative russe... Le cas du capitaine Kniazeff est significatif... Ce meurtre que la presse bourgeoise a présenté comme une fatale erreur des terroristes frappant aveuglément dans la rue, sans souci de l'identité ni du nombre des victimes, s'inscrit tout au contraire dans la ligne de... »

Assis avec Vissarion derrière la longue table, Stiopa et Klim reportent les corrections de feuillet en feuillet. Chacun a sa pile. Celle de Klim baisse plus lentement que les autres. Il trempe souvent sa plume dans l'encrier, il en essuie le bec à un chiffon, il hoche la tête, il soupire, il s'applique, il est heureux. « Celui-là, pourvu qu'on lui commande un travail !... » pense Vissarion avec agacement. Depuis deux jours, tout le fatigue et l'irrite. Il dort mal. A chaque instant, des souvenirs de sang l'éclaboussent. Les obsèques solennelles du capitaine Kniazeff doivent se dérouler cet après-midi, au milieu d'une grande pompe. D'après les journaux, le deuil serait conduit par le propre chef du défunt, le général Vassiltchikoff, et une foule nombreuse s'apprêterait à se rendre au cimetière. Evidemment l'administration tsariste s'efforce d'exploiter l'événement pour monter l'opinion publique contre les révolutionnaires. Il est donc urgent que ce tract soit distribué. Mais qu'est-ce qu'un tract, comparé à l'immense puissance de la presse officielle ? Vissarion rature un mot, en haut de la deuxième page, et répète son geste deux fois, cinq fois, dix fois. Le petit barbu, arrêté à sa place, a été relâché après interrogatoire. Il s'agissait d'un honorable professeur de botanique. Le cocher et un passant ont été tués sur le coup. Le capitaine Kniazeff laisse une veuve et deux enfants en bas âge. Ses états de service s'étalent dans toutes les gazettes. Sans doute lui a-t-on épinglé toutes ses croix, toutes ses médailles, sur la poitrine, pour l'enterrer. Mais a-t-on laissé le cercueil ouvert, comme il est d'usage, pendant l'office religieux, bien que le défunt n'ait plus figure humaine ? Cette boule de chair saignante, cet œil blanc, le cheval qui hennit, la fumée, les cris... Vissarion songe qu'en ce moment la foule est réunie au cimetière, autour de la fosse. Son cœur s'alourdit. Il reste la plume en suspens. Devant lui, Klim, lui aussi, s'arrête de travailler. Soudain tous tressaillent. On frappe à la porte. Rien à craindre, d'après le nombre de coups. Klim va ouvrir.

Boulyjnikoff entre, le pas pesant, le regard léger. Aurait-il bu ? Il est vêtu d'une sorte de jaquette d'un noir verdâtre, qui craque de partout sous la poussée de la graisse et des muscles. Une cravate noire pend de biais sous sa mâchoire carrée. Il tient à la main un chapeau noir aux bords avachis.

— Que signifie cet accoutrement ? demande Stiopa.

— Je ne suis pas bien comme ça ? dit Boulyjnikoff en clignant de l'œil. Quand on va à un enterrement, faut s'habiller !

— Tu vas à un enterrement, toi ?

— J'en reviens.

— Quel enterrement ?

— Celui de Kniazeff.

— Quoi ? s'écrie Stiopa. Tu n'as pas fait ça !

— Je voulais porter quelques fleurs sur la tombe du défunt, dit Boulyjnikoff. Un petit bouquet, en souvenir... Oh ! ça a été une belle cérémonie ! Quel monde ! Quelle cohue ! On s'écrasait ! Il y a eu des discours ! Tout a été très réussi ! Sauf pour ce pauvre général Vassiltchikoff ! Brusquement, pfuitt !...

Boulyjnikoff donne, de ses gros doigts, une chiquenaude dans le vide. Un rire mouillé lui retrousse les lèvres. Balayant l'assistance d'un regard visqueux de bêtise, il ajoute :

— Alors ? Vous ne me félicitez pas ?

— Tu ne veux pas dire que..., balbutie Vissarion.

— Si, dit Boulyjnikoff avec fierté. Je m'étais faufilé parmi les porteurs de couronnes. Quand le général Vassiltchikoff s'est avancé pour jeter une poignée de terre sur le cercueil, j'ai levé mon petit bouquet, comme ça, doucement...

Il fait le geste, hoche la tête et ajoute :

— Seulement voilà, derrière le petit bouquet, il y avait mon revolver. J'ai tiré à travers les fleurs. Presque à bout portant. Il a eu son compte. Quelle bousculade ! Les gens étaient comme fous.

Ils couraient dans tous les sens. Et moi, profitant de la panique, j'ai détalé entre les tombes !

Un silence de stupéfaction. Klim se tourne vers l'icône et se signe. Le dégoût, la peur envahissent Vissarion comme une eau noire : son geste maladroit, dans la rue Tverskaïa, corrigé, complété, par le geste professionnel de Boulyjnikoff au cimetière, la victime par erreur entraînant la vraie victime dans la tombe, la brutale imbécillité volant au secours de la pure pensée révolutionnaire...

— Comment as-tu osé ? bégaye Stiopa en marchant sur Boulyjnikoff. Sans consulter personne, sans me prévenir...

— Si je t'avais prévenu, dit Boulyjnikoff, tu m'aurais mis des bâtons dans les roues. Ou alors, tu aurais voulu tout organiser, comme l'autre fois. Tu trouves que ça a si bien réussi ? Je n'ai pas besoin de signaleurs, moi, je n'ai pas besoin de bombes, je travaille seul et vite, je travaille proprement...

— Et le risque, tu n'y as pas pensé, canaille ? Le risque d'être suivi !

— Je n'ai pas été suivi !

— Qu'en sais-tu ?

— Vous me prenez pour un novice ! J'ai changé dix fois d'itinéraire pour venir ici. J'ai...

— Tais-toi ! tranche Stiopa. Tu as failli à la règle du groupe ! Tu nous as tous mis en danger ! Tu mériterais une balle dans la peau !

— C'est ça, votre remerciement ? grogne Boulyjnikoff en serrant les poings. Vous faites une bourde. Je la répare. Et au lieu de... Ah ! si je m'attendais...

— Va-t-en ! dit Stiopa entre ses dents. Tu n'as plus rien à faire parmi nous !

Boulyjnikoff se redresse et se gonfle du haut.

Son buste paraît énorme sur ses petites jambes torses. Ses yeux s'injectent de fiel.

— Permets, permets, frérot, dit-il. Je veux bien m'en aller, mais il faudrait me payer d'abord !

— Te payer ? dit Stiopa blanc de colère.

— Eh oui ! j'ai tout de même culbuté Vassiltchikoff !

— Il a toujours été entendu que tu travaillerais avec nous pour rien ! dit Stiopa.

— Là, je n'ai pas travaillé *avec* vous ! J'ai travaillé *pour* vous ! Seul ! A mes risques et périls ! C'est différent !

— La dignité de notre cause s'oppose à l'emploi de mercenaires, prononce Vissarion d'une voix tremblante.

— Qu'est-ce que ça veut dire ? demande Boulyjnikoff.

— Que, pour nous, le terrorisme n'est pas un commerce, mais une religion ! Des hommes comme toi sont aussi détestables que nos pires ennemis !

— Déteste-moi si tu veux, mais paye-moi !

— Pas un kopeck, dit Stiopa.

— Et si je vous dénonçais ?

— Ça t'avancerait à quoi ? Aux yeux des autorités, tu es aussi coupable que nous !

— C'est pas honnête ! marmonne Boulyjnikoff en secouant sa tête de viande livide. C'est pas honnête de me refuser ! Et ça ne ne vous portera pas bonheur !

Il crache par terre, pose sur chacun, successivement, un regard de haine, comme pour les marquer tous de son sceau, et marche vers la porte.

— Attends ! dit Stiopa en tapant du poing sur la table.

Boulyjnikoff se retourne. Un souffle entrecoupé soulève la poitrine de Stiopa. Son regard a la dureté et le froid de l'acier. Mais, peu à peu, un sourire desserre la ligne de ses lèvres.

— Cette dispute est absurde, reprend-il. Ce qui compte avant tout, c'est le résultat. Je reconnais, Boulyjnikoff, que tu as agi avec une présence d'esprit extraordinaire !

Après un instant de surprise, Vissarion devine que Stiopa, changeant de tactique, s'efforce de flatter l'orgueil de cet homme pour le désarmer. Boulyjnikoff s'épanouit. Ses yeux brillent d'une fierté puérile dans son visage gras, hérissé de poils roux.

— Ah ! j'aime mieux ça ! dit-il.

— Seulement, poursuit Stiopa, en ce qui concerne l'argent...

— On verra plus tard ! dit Boulyjnikoff. L'argent, je crache dessus. Ce qui m'intéresse, c'est le travail et la compagnie. Alors, on fait la paix ?

— On fait la paix ! répond Stiopa.

— Quand crois-tu qu'ils raconteront l'attentat dans les journaux ?

— Demain, sans doute.

— Ça m'amusera de lire ça ! Tu feras acheter toutes leurs feuilles de choux, hein ?

— Je te le promets. Maintenant rentre chez toi et attends mes instructions. Après ton coup d'éclat, il faut que nous nous tenions tranquilles pendant quelques jours au moins !

— Compris, dit Boulyjnikoff.

Et il tend la main à Stiopa :

— Allons ! Au revoir, frérot ! Sans rancune.

— Sans rancune, dit Stiopa en refermant les doigts sur cette énorme patte rugueuse et velue.

Puis Boulyjnikoff s'avance vers Klim, vers Vissarion. A chaque serrement de main, il secoue son bras par trois fois, du poignet à l'épaule.

Enfin il sort. Klim referme la porte.

— Le salaud ! soupire Stiopa. J'ai eu du mal à

me maîtriser devant lui. Mais il n'y avait rien d'autre à faire. Nous allons déménager. Au plus vite ! Et nous ne lui donnerons plus signe de vie. C'est encore le meilleur moyen de nous débarrasser de cette crapule. Je vais immédiatement chercher où nous pourrions coucher, ce soir. En attendant, vous deux, préparez les bagages et brûlez les proclamations. Elles sont dépassées. Il faudra en rédiger d'autres...

En quelques mots, tout est réglé. « Ainsi parle un chef », songe Klim avec admiration. Stiopa enfile sa touloupe, coiffe une casquette d'ouvrier et s'en va. On le voit repasser, en silhouette, derrière la vitre. Mille poussières brillent dans un rayon de soleil qui coupe la pièce obliquement. Vissarion saisit une poignée de tracts et les glisse dans le fourneau de la cuisine. Klim en fait autant, le cœur serré. Le feu jaillit. Les feuillets noircissent et se tordent. La fumée pique les yeux. Klim rabat le portillon et court aider Vissarion à préparer les bagages. On empile des livres dans un sac. Klim aimait bien cette cabane paisible, au pays des Vieux-Croyants. Mais, tant qu'on a des jambes pour fuir, il ne faut rien regretter ! Encore heureux que le bartchouk et ses amis aient pu se débarrasser de Boulyjnikoff ! Un meurtrier de la pire espèce. Tuer dans un cimetière, c'est deux fois offenser Dieu. Evidemment, le bartchouk, lui aussi, a tué. Mais d'abord ce n'était pas dans un cimetière. Et ensuite, il est d'origine noble. Les péchés d'un noble ne peuvent se comparer à ceux d'un moujik. Il suffit de lire un livre d'histoire pour comprendre qu'en Russie les boyards seuls ont le droit d'assassiner les empereurs, les favoris et les ministres. Certains de ces boyards sont d'ailleurs devenus célèbres ! Qui ne connaît les noms d'Orloff, des frères Zouboff, du comte de Pahlen, de Chouïsky, du prince Galitzine... Tous ont du sang sur les mains. Mais tous ont agi pour le bien de la patrie. Le bartchouk aussi agit pour le bien de la patrie. Et il est si malheureux d'avoir à jeter des bombes, que ce tourment lui sera compté par Dieu au moment de l'addition finale !

Peu à peu, la cabane se vide. Les paquets sont ficelés. Stiopa revient et annonce qu'une certaine Valia consent à les héberger, le temps nécessaire. Alors Klim grimpe sur un tabouret, se signe, souffle la veilleuse, décroche l'icône, la baise sur son revêtement d'argent, se signe de nouveau, enveloppe l'image sainte dans une pièce de tissu bleu et la glisse dans un sac, avec son linge. Maintenant on peut partir. Mais, au dernier moment, Stiopa craint d'attirer l'attention par une sortie en groupe. Il est décidé que le déménagement se fera en ordre dispersé, après la tombée de la nuit. On se rassied. On attend.

L'obscurité est lente à venir. Des ombres humaines, des voix confuses passent dans la rue. Klim regrette d'avoir décroché l'icône : il se sentait plus en sécurité quand elle veillait sur eux, dans l'angle de la pièce. Il prend sur ses genoux le sac où il l'a rangée. Et, silencieusement, il la prie pour le bartchouk, pour lui-même, pour tous ceux qui croient bien faire en faisant le mal.

4

Mission de confiance ; pour la première fois, Klim porte un texte à l'imprimerie clandestine. Deux feuillets rédigés par le bartchouk au sujet de l'attentat manqué contre le général Drenteln (1), le mois précédent. Ils sont dans la poche intérieure de sa touloupe. Tout près de son cœur. Par moments, il lui semble que cette littérature violente rayonne à travers l'étoffe de ses habits et le signale à l'attention des passants. L'imprimerie se trouve rue Povarskaïa, en plein cœur de la ville, là où la police ne songerait certainement pas à la chercher. C'est une grâce du ciel que, les derniers temps, le groupe du bartchouk se soit cantonné dans la propagande. Stépan Alexandrovitch a jugé nécessaire de « prendre du recul », comme il dit lui-même, après le meurtre de Kniazeff et de Vassiltchikoff.

---

(1) Le 13 mars 1879, le général Drenteln, récemment appelé pour remplacer à la tête de la police d'Etat le général Mézentseff assassiné l'année précédente, fut, à son tour, victime d'un attentat. Il se rendait en voiture au Conseil des ministres, lorsqu'un cavalier inconnu le dépassa au galop et tira sur lui un coup de revolver, le manquant de peu. Malgré les recherches de la police, le terroriste ne put être découvert.

Cependant il compte bientôt revenir à la charge. Tous les soirs, ces messieurs reparlent d'une « action » possible. « L'année 1879 doit être, disent-ils, la grande année de la révolution. » Ils ne sont pas d'accord sur le nom des victimes. Evidemment il est difficile de choisir parmi tous ces généraux, ces gouverneurs, ces chefs de gendarmes, ces juges... En attendant, d'autres groupes révolutionnaires n'hésitent pas à multiplier les exécutions. Quel jeu de massacre, depuis six mois ! Le général de gendarmerie Mézentseff poignardé en pleine rue, à Saint-Pétersbourg, le prince Kropotkine (1), gouverneur général de Kharkov, abattu d'un coup de revolver, le général Drenteln échappant par miracle aux balles d'un terroriste... Ces attentats, plus ou moins réussis, créent une émulation parmi les jeunes. Pas plus tard qu'hier, Max s'est écrié : « De quoi avons-nous l'air devant les autres ? Nous nous croisons les bras ! Nous discutons ! Et, pendant ce temps-là, les gens de « Terre et Liberté (2) » agissent ! » Heureusement encore que cette pourriture de Boulyjnikoff n'a pas reparu dans le cercle ! Tout le monde s'est rasé la barbe en quittant le quartier des Vieux-Croyants. Comme s'il s'agissait de commencer une autre vie. Mais, hélas ! seuls les visages ont changé. Il fait gris. La neige fond sur la chaussée. Des corneilles volent par bandes au-dessus des toits. Klim regarde les devantures au passage. Il lui semble que toutes ces choses à vendre — chemises, chapeaux, pipes, livres,

(1) Kropotkine, cousin de l'anarchiste bien connu.

(2) Fameuse organisation groupant des terroristes résolus, tels Jéliaboff, Sophie Pérovsky, Mikhaïloff, Kibaltchich. La scission de « Terre et Liberté » donna naissance, dès l'été 1879, à une nouvelle organisation : « La Volonté du peuple », dont le comité exécutif se fixa comme but l'assassinat d'Alexandre II.

gâteaux — sont le symbole d'une vie inconcevable, inaccessible, que, même s'il pouvait les acheter, il ne saurait qu'en faire et n'en éprouverait pas de plaisir. Puis son cœur se met à battre plus vite. Ses pieds l'emportent dans un autre temps. Sa tête ballotte à la traîne. Soudain il comprend : au bout de la rue, là-bas, c'est la maison de feu Lev Serguéïévitch Sorokine, l'arbitre de paix. Une sourde mélancolie le gagne. Toujours le passé a un goût de miel. Les morts ne savent que sourire. Klim était-il heureux, alors ? Il portait une livrée, il soupirait après le bartchouk introuvable, il n'espérait rien de l'avenir. Aujourd'hui, il a le bartchouk et il n'a plus de livrée. Mais l'avenir ?... Il n'ose y penser. L'avenir sera ce que le bartchouk voudra. Une route, un lac, une explosion ! Avec effort, il se détourne de la maison de Sorokine. Est-ce sa veuve qui l'habite ? A-t-elle épousé son beau-frère ? Et les enfants ? Ils doivent être grands maintenant. Mariés même, sans doute. Klim additionne les années et s'étonne. Mais oui, ce serait très possible ! C'est même à peu près certain !... Kostia avait dix ans et Katia huit ans, à l'époque...

Il plonge dans une rue transversale, marche, marche, pour s'éloigner de ce qui fut. Voici l'église Boris et Glèbe, l'église Siméon, la rue Povarskaïa, le magasin... Tout à coup il n'est plus le paisible valet de chambre de Lev Serguéïévitch, mais un réprouvé, porteur d'un libelle incendiaire. Il se retient de vérifier si le papier est toujours là, contre sa poitrine, et ouvre la porte. Une clochette tinte. Derrière un comptoir, se tient une femme seule, qui range des tiroirs. Elle est grande, maigre, avec un ruban de velours noir dans ses cheveux blonds. Autour d'elle, sur les murs, s'alignent, dans des cadres, cent modèles de mouchoirs, de fanchons et de napperons brodés. Klim reconnaît Anna Karlovna, d'après la description qu'on lui en a faite.

— Je viens voir si vous avez reçu des draps fins de Hollande, dit-il.

C'est la phrase convenue. Anna Karlovna va fermer à clef la porte du magasin, revient et pousse le comptoir, qui pivote lourdement et découvre une trappe.

— Vite ! dit-elle. On vous attend !

Pendant que Klim descend les barreaux de l'échelle, le comptoir reprend sa place, au-dessus de lui, dans un grincement. La cave est vaste, sombre, voûtée, avec des montagnes de bûches empilées contre les murs. Une grande table, au centre. Sur cette table, deux hommes assis côte à côte, les jambes ballantes. La lampe à pétrole, qui pend du plafond, éclaire leur front et laisse le reste de leur visage dans l'ombre. L'un est blond, trapu, la tête ronde. L'autre dresse au-dessus d'un corps squelettique une face en losange, aux longs cheveux noirs et au regard de feu. Ce doit être le fameux Ptitza, dont le bartchouk et Stépan Alexandrovitch ont parlé à Klim. Il a été, dit-on, compromis dans la conspiration de Karakozoff et ne sort jamais de sa cave. Vivant dans l'exhalaison vénéneuse du plomb, il meurt lentement de claustration, de passion révolutionnaire et de phtisie. Son compagnon, c'est « Basile la Boule », compositeur comme lui, mais depuis moins longtemps. Basile est fils de général, neveu de sénateur. Lui sort, de temps à autre, avec de faux papiers.

— Alors, c'est toi, le nommé Klim ? demande-t-il. Qu'est-ce que tu nous apportes de beau ?

Klim tend le papier que lui a remis le bartchouk. Ptitza et Basile le lisent, têtes rapprochées, à la lumière de la lampe.

— Pas mal, dit Ptitza. On va te composer ça !

Basile écarte quelques bûches, démasque une porte basse comme l'entrée d'un four de boulanger et s'y glisse à quatre pattes. Klim le suit. En se redressant, il découvre une autre cave, petite, enfumée, où règne une odeur d'encre, de plomb, de papier humide et de colle. Des casiers alignés sur une table, avec, à l'intérieur, un assortiment de caractères typographiques ; un petit cylindre enduit de pâte gélatineuse ; un grand cylindre recouvert de drap ; des brosses et des éponges qui noircissent dans une casserole ; deux vases contenant de l'encre ; des rames de papier...

— Tu vois, dit Basile, tout est disposé de façon à pouvoir être dissimulé en dix minutes. Anna Karlovna a choisi de vivre au grand jour. Je passe pour être son locataire. Il n'y a que Ptitza qui soit « illégal ». On l'enferme dès qu'il y a du danger, en même temps que le matériel typographique. A part ça, le portier va et vient, apporte de l'eau, balaie le magasin, les chambres. Comme aucune porte ne lui est interdite, il s'imagine que nous n'avons rien à cacher. Et il fait son rapport au commissariat de police du quartier en conséquence. Résultat, pas une visite domiciliaire en deux ans ! C'est à peine croyable ! Assieds-toi là. Nous n'en aurons pas pour longtemps.

Ptitza rejoint Basile et tous deux, debout, devant la table, se mettent au travail. Le jeu alerte de leurs mains volant au-dessus de la casse, piquant des caractères et remplissant le composteur, fascine Klim comme une pratique de sorcellerie. Les lignes s'ajoutent aux lignes, les paquets aux paquets, une page est prête, serrée entre quatre règles de fer. Il fait froid. Ptitza s'étouffe dans une quinte de toux et porte un mouchoir sale à sa bouche. Au-dessus d'eux, on parle, on marche, une clochette tinte, annonçant l'entrée et la sortie des clients. Ptitza tire une épreuve du texte, la relit, extrait des lettres de la forme, les remplace par d'autres... « Que de travail pour une simple proclamation ! » pense Klim avec respect. Et il rêve au destin de ces pages. Le bartchouk les distribuera entre une dizaine d'amis sûrs, qui les glisseront eux-mêmes, par plus petits paquets, à d'autres amis sûrs, et bientôt, passant de main en main, elles apparaîtront dans les usines, dans les chantiers, dans les universités, dans les campagnes, dans les salles de rédaction des journaux. Ce sont les étudiants qui, dit-on, sont les meilleurs propagandistes de la foi libérale. Enfin les deux typographes se redressent, contents. Dans la main de Ptitza, toute tachée d'encre, les trois feuilles imprimées, aux larges marges blanches, brillent, merveilleuses de netteté. Est-il possible que le gribouillage du bartchouk, avec ses ratures, ses ballons, ses lignes chevauchantes, se soit transformé, sans changer de sens, en une telle œuvre d'art ? Le manifeste impérial de 1861 sur la libération des serfs n'avait pas plus noble allure que cette proclamation révolutionnaire ! Klim la prend religieusement. Elle est tout humide encore, toute molle. Il la glisse, sans la plier, entre sa chemise et sa peau, comme on le lui a recommandé.

— Si tu nous rapportes l'épreuve ce soir, avec le bon à tirer de Stiopa, nous pourrons, en travaillant de nuit, aligner plus d'un millier d'exemplaires pour demain matin, dit Basile.

Cependant, là-haut, le remue-ménage continue. Impossible de sortir tant qu'il y aura du monde au magasin. Ptitza tire sur une ficelle qui passe par un trou du plafond et commande, probablement, un signal visuel, près du comptoir. En effet, peu après, dans la cave, la ficelle lestée d'un plomb tressaille.

— La voie est libre, dit Ptitza.

Klim ressort de l'atelier, en rampant sur les genoux, enjambe l'amas de bûches et grimpe à l'échelle, tandis qu'au-dessus de lui Anna Karlovna déplace le comptoir.

Le tiers de Moscou à traverser. Les semelles de Klim s'enfoncent en claquant dans la boue. Il marche si vite qu'il est tout essoufflé en arrivant dans la cour de la grande maison de brique, près de la barrière Trekhgornaïa.

L'appartement de Valia, la « receleuse », est situé au quatrième étage, à l'extrémité d'un couloir long et sombre. Devant la porte, une brosse pendue à une ficelle. Valia est une maniaque de la propreté. Nul n'entre chez elle, qu'il n'ait d'abord brossé ses chaussures. Klim s'exécute, frappe au battant selon un rythme convenu, et attend. Valia lui ouvre, et, immédiatement, regarde ses pieds. Puis, rassérénée, elle s'efface. Elle est petite, boulotte, avec des tresses noires enroulées sur son crâne de façon à former une tour. Sans doute pense-t-elle se grandir par cette coiffure haute, toute hérissée d'épingles. Elle marche en traînant ses pantoufles de feutre sur le plancher ciré du couloir pour l'astiquer. Chemin faisant, elle rectifie l'aplomb d'un cadre et soupire :

— Ah ! pourquoi ces gravures pendent-elles toujours de travers !

Sa mère était allemande et elle parle le russe avec un fort accent. Serrant un châle sur ses épaules, elle précède Klim dans la salle de réunion. Tout le monde est là ! Max, Kolia, Stépan Alexandrovitch, le bartchouk. Assis autour de la table, ils s'arrêtent de causer à l'entrée de Klim. Fier de son importance, il tire les épreuves de dessous sa chemise et les dépose devant Vissarion en disant :

— Voilà ! Tout a bien marché !

Mais personne ne l'interroge, personne même ne prend les feuillets en main. A croire qu'on n'attendait pas sa venue. Désemparé, il murmure :

— Ils m'ont dit que je devais vite les leur rapporter pour que la proclamation soit tirée demain.

— Il s'agit bien de la proclamation ! dit Stiopa en ramassant les papiers et en les jetant derrière lui sur une table de décharge. Nous avons d'autres soucis en tête : ce matin, à Saint-Pétersbourg, le tsar a encore échappé à un attentat !

Klim s'assied sur un coffre de bois colorié et laisse l'étonnement s'arrondir en nuage dans sa tête. La discussion reprend, comme s'il n'avait pas été là. D'une phrase à l'autre, par recoupements, il comprend que Max a eu tous les renseignements grâce à un de ses amis qui travaille aux *Nouvelles moscovites.* D'après les dépêches reçues dans le courant de l'après-midi, c'est ce matin, 2 avril, que l'empereur a été attaqué, alors qu'il faisait sa promenade quotidienne sur le quai, près du palais d'Hiver. Un homme d'une trentaine d'années, correctement vêtu et coiffé d'une casquette à cocarde, a tiré sur lui un coup de revolver. Aussitôt, le tsar s'est jeté à droite. Le terroriste a tiré une deuxième fois. Le tsar a couru vers la gauche. Encore deux balles — manqué !... Des policiers et des passants ont enfin maîtrisé le meurtrier. Immédiatement traîné au poste, il a tenté de s'empoisonner. Revenu à lui, il a refusé de livrer son nom. Mais Max prétend savoir qu'il s'agit d'Alexandre Solovieff, un membre éminent de l'organisation « Terre et Liberté ». « Un héros ! Un martyr ! » ajoute-t-il avec flamme. Klim essaie d'imaginer cette course folle d'Alexandre II, jouant aux quatre coins avec la mort. Une honte lui vient à l'idée que le tsar a détalé en zig zag, tel un lièvre, devant un terroriste. Les souverains étrangers doivent bien rire ! Pauvre Russie !

— Je salue le courage d'Alexandre Solovieff, dit le bartchouk gravement. Et je pense que vous serez tous d'accord pour que nous lui rendions hommage dans notre prochaine proclamation.

— Il ne s'agit pas de lui rendre hommage, s'écrie Max, mais de l'imiter ! Et, si possible, de le dépasser !

— Tu veux, toi aussi, t'attaquer au tsar ? demande Stiopa.

Le fin visage de Max rougit sous un afflux de sang.

— Parfaitement ! dit-il. Assez d'attentats secondaires ! Nous perdons notre temps à tuer des procureurs et des chefs de gendarmes ! La logique veut que nous remontions l'échelle des responsabilités jusqu'au faîte !

Il se tait et promène sur l'assistance un regard à l'éclat cruel et intransigeant. Une terreur sacrée pénètre Klim jusqu'aux os. Que ces messieurs tuent tous les généraux qu'ils veulent, c'est leur affaire, mais le tsar... Le tsar est plus qu'un homme. Il est le représentant de Dieu parmi les orthodoxes. Porter la main sur lui serait aussi grave que de tirer sur une icône. Pourvu que Vissarion Vassiliévitch et Stépan Alexandrovitch ne se laissent pas gagner par l'enthousiasme de ces jeunes qui ont une étoupe inflammable à la place du cerveau !

— Théoriquement, tu as raison, dit Stiopa. Pratiquement, j'hésite à te suivre. Tôt ou tard, il faudra viser à la tête. Mais cela ne suffira pas. Si tu supprimes un Alexandre II, il viendra un

Alexandre III, un Nicolas II, un Pierre IV, que sais-je ? Ce qu'il faut, c'est poursuivre concurremment le meurtre des souverains et celui de leurs proches serviteurs, tarir la race des monarques et celle des ministres, rendre la vie impossible pour ceux qui ordonnent comme pour ceux qui exécutent...

— D'accord ! dit Kolia. Mais, pour frapper l'opinion, il serait bon, d'abord, de tuer le tsar !

Il tire un bonbon de sa poche et le fourre en bouche.

— Nous aurions tout le peuple contre nous ! dit Vissarion. Ce peuple que nous voulons gagner à notre cause !

— Erreur ! s'écrie Max. Sur le moment, oui, la plupart des gens seraient horrifiés par notre crime. Puis, peu à peu, ils se rendraient compte que l'empereur n'est pas sacré, puisque nous avons pu l'abattre comme un simple mortel. Cette idée, une fois entrée dans leur tête, rongerait insensiblement l'ignoble mélange de traditions, de superstitions et de patriotisme qui forme les assises de la monarchie. Le dogme de l'invulnérabilité du tsar étant détruit, celui de l'infaillibilité suivrait, et celui de la nécessité, et celui de la légitimité...

— Parfaitement ! Parfaitement ! reprend Kolia en passant son bonbon d'une joue dans l'autre. Je vais même plus loin : que le tsar soit simplement blessé, qu'on voie couler son sang, qu'on reconnaisse que ce sang est rouge, comme celui de ses moujiks, et la vieille légende du droit monarchique divin sera déjà sérieusement ébranlée ! C'est quand un chien saigne que tous ceux qu'il dominait jusque-là lui sautent dessus et l'achève...

— Kolia a raison, dit Valia. Le premier sang, le premier sang déterminera tout. Tant que le peuple n'aura pas vu le sang du tsar, il ne croira pas la révolution possible. J'estime sincèrement que nous devrions étudier le meilleur moyen de le tuer...

Sa voix est douce. Elle parle en tournant, à pas lents, autour de la table. Au passage, elle essuie machinalement, avec un chiffon, le dossier d'un fauteuil, un guéridon, un bibelot. Jamais Klim ne l'a vue inactive. « Devrait-elle jeter une bombe qu'elle l'astiquerait d'abord pour la faire briller », pense-t-il.

— Tuer le tsar ? dit Stiopa. Vous avez l'air de considérer que rien n'est plus facile. Or, c'est le troisième attentat manqué contre lui. Et aucun de ces attentats n'a été préparé par des novices. Mon avis est que chaque groupe de combat doit choisir son gibier. Les uns se spécialiseront dans la destruction des mouchards. Les autres dans celle des personnages officiels d'envergure, comme nous tentons de le faire. D'autres encore, comme les gens de « Terre et Liberté », dans le régicide !

— Pourquoi les gens de « Terre et Liberté » auraient-ils le plus beau rôle ? proteste Max.

— Comment oses-tu parler de « beau rôle » ? s'exclame Stiopa. Nous ne sommes pas des acteurs jaloux de briller sur le devant de la scène ! La révolution est une œuvre commune et anonyme, à laquelle chacun participe selon ses capacités !

— Eh bien ! j'estime que nos capacités sont supérieures aux besognes que tu nous réserves !

— Tu te fais des illusions sur notre compte, dit Stiopa avec une grimace désenchantée. En toute objectivité, nous devons reconnaître que les gens de « Terre et Liberté » sont plus forts, plus nombreux, mieux organisés que nous. Laissons-leur donc l'initiative des attentats contre la personne du monarque. En tâchant de les concurrencer sur ce terrain, nous nous gênerions les uns les autres. J'en ai d'ailleurs discuté avec Jéliaboff (1). Il est tout à fait d'accord pour le partage des zones de chasse. A lui le palais impérial, à nous les ministères, les administrations pénitentiaires, les tribunaux d'exception !

— Je me demande ce qui te réjouit dans cette minable perspective ? grogne Max.

— Mais si ! Mais si ! Réfléchis un peu...

— Vous, les vieux, vous réfléchissez tellement que vous n'osez plus rien entreprendre ! lance Kolia.

Klim sursaute, indigné : c'est la première fois qu'il entend traiter ses maîtres de « vieux ». Pourtant, depuis que le bartchouk et Stépan Alexandrovitch ont de nouveau le menton lisse, ils paraissent dix ans de moins. La discussion continue, violente et décousue. En échange de la tête du tsar, Stépan Alexandrovitch offre des têtes de généraux, de gouverneurs... Les jeunes font la fine bouche. Ils veulent, comme ils disent, le gros morceau. Le souffle suspendu, Klim suit les phases de ce marchandage macabre. Soudain Stiopa éclate :

— Si vous n'êtes pas d'accord sur le choix des objectifs, nous n'avons qu'à nous séparer !

Un brouillard glacé tombe entre les têtes. Les regards se durcissent.

— Avoue donc plutôt que tu as peur de t'attaquer au tsar, siffle Max. Un reste d'éducation bourgeoise !

— Penses-tu vraiment ce que tu dis ? demande Stiopa d'un ton menaçant.

Kolia pouffe de rire et applique une tape sur l'épaule de Stiopa :

---

(1) Chef de l'organisation terroriste « Terre et Liberté ».

— Mais non ! Il exagère ! Tu sais bien que nous te faisons confiance, Stiopa ! Nous resterons avec toi, avec vous ! Nous mangerons ce que tu nous donneras ! S'il n'y a que des généraux et des gouverneurs au menu, eh bien ! nous nous serrerons la ceinture !

Klim respire. Le bartchouk ne sera pas mêlé au meurtre du tsar. Autour de la lampe, les visages s'apaisent, l'amitié revient.

— Bon, dit Vissarion, reste à savoir si nous devons faire une proclamation au sujet de l'attentat de Solovieff.

— Certainement ! dit Stiopa. Je propose que nous félicitions ouvertement le mouvement « Terre et Liberté » pour sa courageuse entreprise et que nous annoncions notre propre intention de procéder à l'exécution de quelques personnages haut placés.

— Lesquels ? demande Max.

— Eh bien ! mais, nous n'avons que l'embarras du choix... Le général Drenteln, le procureur Matrossoff, le gouverneur Miklachevsky...

— Et Ivanoff ?

— Et Sobesédnikoff...

Une émulation s'empare de l'assistance. Chacun cite des noms en parlant plus fort que le voisin. Certaines suggestions sont acceptées d'enthousiasme, d'autres refusées, d'autres encore mises en réserve. Vissarion dresse une première liste.

— Nous devrions la publier pour faire trembler toutes ces canailles médaillées ! dit Max.

— Oui ! mais, si nous donnons leurs noms, ça fera trop de monde ! remarque Vissarion. On ne nous prendra pas au sérieux ! Désignons-en quatre ou cinq, pas plus !

— Ceux que nous aurons désignés se mettront sur leurs gardes ! dit Kolia.

— La belle affaire ! dit Stiopa. Ce ne sera pas

ceux-là que nous attaquerons. Semer la peur chez les uns et frapper les autres, connaissez-vous une meilleure tactique ?

— Bravo, Stiopa ! rugit Max. Là, je te retrouve !

Tout le monde a l'air si heureux, que Klim lui-même se surprend à sourire. Valia apporte du papier et des plumes. Les maîtres commencent à penser, au coude à coude. En regardant leur front plissé, Klim prend une plus juste conscience de son ignorance et de sa petitesse. Finalement c'est le bartchouk qui trouve les phrases d'ouverture :

« Troisième avertissement au tsar de toutes les Russies. Tant que notre patrie sera dans l'impossibilité de faire entendre sa voix légalement, les groupes de combat continueront à user du revolver et de la bombe comme on use, dans les pays civilisés, du bulletin de vote... »

Sursauts, rires et acclamations. Valia débouche une bouteille de liqueur, ouvre une boîte de biscuits et pose un napperon brodé sous chaque verre. Kolia, toujours affamé, se jette sur la nourriture. Il met les biscuits en bouche, deux par deux.

— N'as-tu rien de plus consistant ? demande-t-il.

Valia lui propose du saucisson. Il accepte avec joie. Le reste de la proclamation est rédigé très vite. Après lecture à haute voix et ultimes rectifications, la séance est levée. Max et Kolia prennent congé du groupe. Ils habitent loin et préfèrent rentrer à une heure raisonnable, pour ne pas éveiller la méfiance de leur portier. Tout compte fait, ce sont de bons garçons, pense Klim. Dès qu'ils ne parlent plus de tuer, on a envie de leur serrer la main. Valia les reconduit dans le couloir, les embrasse maternellement, referme la porte et revient en traînant ses pantoufles de feutre sur le plancher miroitant. Klim l'aide à ramasser et à laver les verres. Tandis que Stépan Alexandrovitch recopie le texte, le bartchouk prend les épreuves de l'ancienne proclamation et les déchire.

— Que faites-vous là, Vissarion Vassiliévitch ? s'écrie Klim.

— Nous n'allons pas publier des considérations philosophico-politiques sur un attentat contre Drenteln au lendemain d'un attentat contre le tsar ! dit le bartchouk. Brûle-moi ça immédiatement !

Klim va jeter les épreuves déchirées dans le fourneau de la cuisine et pense, en les regardant flamber, aux deux typographes qui se sont donné tant de mal pour rien. Quel gaspillage ! Les maîtres ont trop d'idées. Quand il revient dans la grande pièce, Stépan Alexandrovitch a fini de recopier la nouvelle proclamation.

— Dois-je la porter ce soir, à l'imprimerie ? demande Klim.

— Je la porterai moi-même, dit Vissarion, et je corrigerai les épreuves sur place pour gagner du temps.

Cinq minutes plus tard, il est prêt à sortir, le corps engoncé dans une pelisse courte, une toque de fourrure galeuse sur la tête, des caoutchoucs aux pieds.

De nouveau, Valia se précipite dans le couloir pour accompagner le partant, et rebrousse chemin en glissant, avec lenteur, sur ses molles semelles. Puis elle s'enferme dans la cuisine. Des tintements de vaisselle traversent la cloison. Stiopa s'affale dans un fauteuil, ouvre un journal et le lit d'un air buté et réprobateur. Contre qui est-il si furieux ? Contre l'empereur qui a échappé aux balles de Solovieff, ou contre Solovieff qui n'a pas su tuer l'empereur ? Klim l'observe en silence, et, ne sachant que faire, va chercher les vieilles bottes du bartchouk. Elles sont ternes, avachies. S'il pouvait maquiller les craquelures et rendre un peu de lustre au cuir !... Il s'est assis par terre, dans un coin de la pièce. Sa brosse va et vient avec un bruit sec. Stiopa le regarde.

— Encore un peu et elles vont reluire comme neuves ! dit Klim gaiement.

— Oui, dit Stiopa.

— Les vôtres aussi auraient bien besoin d'être cirées !

— Je le ferai tout à l'heure, dit Stiopa.

— Voulez-vous me les donner pendant que j'y suis ?

Stiopa secoue la tête :

— Non.

— Je m'en tirerai mieux que vous, vous savez !

— Justement !

Klim ne comprend pas. On dirait que Stiopa lui en veut parce qu'il est en train de cirer les bottes du bartchouk. Pourtant c'est une chose qu'il faut faire, de temps en temps. Le secret, c'est de mettre peu de cirage et de frotter fort, en crachant sur le cuir. Mais, devant Stiopa, il n'ose pas cracher. Il repose les bottes resplendissantes, rénovées, sur un papier journal. Il les contemple en inclinant la tête. Il sourit. Stiopa sourit à son tour. Un air de bonté railleuse paraît sur son visage.

— Après tout, tu as raison, dit-il. Cire donc mes bottes aussi, puisque tu le fais tellement bien !

Et il se déchausse.

5

La maison est calme, la vaisselle rangée, il n'y a rien d'autre à faire qu'à attendre le retour des maîtres. Klim s'assied dans un fauteuil et ramasse les journaux que le bartchouk a jetés sur la table. Dans toutes les gazettes, l'attentat contre le tsar est commenté avec indignation. A longueur de colonnes, ce ne sont que fulminations contre les terroristes et protestations d'amour envers le souverain. Klim s'étonne que le bartchouk et ses amis puissent rester insensibles à la réprobation quasi unanime qui les entoure. On dirait qu'au rebours des gens normaux plus on les injurie, plus ils sont fiers. Il leur faut une grande force d'âme, sans doute, pour trouver du bonheur à mécontenter les neuf dixièmes du monde. En ville, depuis hier, les visages sont anxieux, comme si ceux-là mêmes qui n'occupent aucun poste dans l'administration impériale craignaient l'apparition d'un nihiliste, revolver au poing, à leur côté. Toute la presse reproduit la déclaration du tsar au conseil municipal de Saint-Pétersbourg : « Voyez ce qui se passe chez nous ! Bientôt il sera impossible à un honnête homme de se montrer dans la rue !... » Et, pour renforcer la sécurité des citoyens, quelle avalanche de décrets : nomination de gouverneurs généraux dans les grandes villes, obligation aux portiers de veiller nuit et jour, en se relayant, à l'entrée des maisons, accroissement des effectifs de la police, institution de tribunaux militaires jugeant selon une procédure accélérée, possibilité de prononcer l'internement ou l'exil administratif sans enquête préalable et sans pourvoi ! Le bartchouk a beau dire que le tsar affolé, débordé, agite « un sabre de carton » au-dessus de la foule, tout cela ne facilitera pas la vie du groupe ! Ah ! il en a fait du propre, ce Solovieff ! Si encore il était arrivé à se suicider pendant son transfert dans les locaux de la gendarmerie ! Mais le poison qu'il a avalé était, paraît-il, éventé. On l'a sauvé, on l'a interrogé, et, bien qu'il ait refusé de passer aux aveux, on a fini par établir son identité véritable, grâce à un lambeau de journal trouvé dans sa poche. Sur ce bout de papier — un nom, à peine lisible, tracé au crayon : « Hélène Constantinovna Solovieff ». Quelle négligence de la part d'un conspirateur professionnel ! C'est comme si lui, Klim, au lieu de détruire au fur et à mesure ce qu'il écrit, emportait des pages de son cahier dans la rue ! La police a eu tôt fait de découvrir cette Hélène Constantinovna : la propre sœur du meurtrier ! D'après les journaux, la famille Solovieff se compose du père, vieillard de quatre-vingts ans, de son épouse, de trois fils et d'une fille. L'un des fils est employé aux douanes, l'autre se trouve actuellement en traitement dans un hôpital, quant au troisième, Alexandre, âgé de trente-quatre ans, il était, jusqu'à ces derniers temps, instituteur à Toropetz... Tout cela, c'est le vieux Solovieff qui l'a révélé aux enquêteurs. Klim pense à ce père, si proche de la tombe, et que le déshonneur frappe soudain. Quel coup ce doit être, pour un Russe croyant et respectueux, d'apprendre un matin, de la bouche des policiers, que son fils a voulu assassiner le tsar ! L'horreur du forfait rejaillit sur toute la famille, les voisins se détournent, les amis s'en vont. C'est la solitude et la honte... Un frisson parcourt Klim, comme si ce vieillard, il le connaissait vraiment. Malgré lui, il l'imagine sous les traits de Vassili Pétrovitch Variaguine. Le père du bartchouk est parti à temps ! Pour lui, le royaume des cieux ; pour nous, le piétinement dans la poussière.

Il se lève, range les journaux, marche en rond afin de dissiper cette lourde amertume dans ses pensées. Il descendrait bien se promener en ville, mais il faut que quelqu'un garde le local : Valia a dû aller faire des courses pour le dîner. On raconte qu'autrefois elle louait des chambres aux étudiants. L'un d'eux, son préféré, ayant été arrêté et emprisonné pour distribution de tracts, elle s'est indignée et a résolu de participer activement à la lutte illégale. Les étudiants l'ont mise en rapport avec quelques membres des organisations de combat. Elle a commencé sa carrière révolutionnaire comme dépositaire de livres, puis elle a servi de « boîte à lettres », enfin elle est devenue « receleuse »... « L'une des meilleures », dit le bartchouk. En vérité, sous le rapport de la propreté et de l'ordre, Klim, qui s'y entend, reconnaît que son intérieur ne souffre aucune comparaison. Elle est même arrivée à rendre Stépan Alexandrovitch plus soigneux de sa personne ! Des pas se rapprochent dans le corridor. Ce doit être elle. Non. Six coups. Klim va ouvrir. La porte vole contre le mur. Kolia et Max entrent en coup de vent. Ils ont un air traqué. Ils halètent :

— Stiopa ? Vissarion ? Où sont-ils ?...

— Je ne sais pas, dit Klim.

Et, pressentant un malheur, il interroge Kolia du regard.

— La police a découvert l'imprimerie, dit Kolia.

Après un moment de stupeur, Klim balbutie :

— Et les imprimeurs ?

— Coffrés ! C'est miracle que nous n'ayons pas été pris nous-mêmes ! Nous avions rendez-vous là-bas, à 5 heures. En débouchant rue Povarskaïa, nous avons vu la maison cernée par des gendarmes. Peu après, du magasin sont sortis Anna, Basile et Ptitza...

— C'était affreux, dit Max. Ptitza titubait en clignant des yeux... On les a fourrés tous trois dans une voiture de police... Et voilà !... Fini !...

Klim joint les mains et appuie les lèvres sur ses phalanges serrées :

— Mon Dieu ! Mon Dieu ! Est-ce possible ?

Une clef tourne dans la serrure. C'est Valia. Derrière elle, le bartchouk et Stiopa.

— Vous connaissez la nouvelle ? demande Kolia.

— Oui, dit Stiopa.

Vissarion se laisse tomber dans un fauteuil. Les autres restent debout. Visages crispés. Comme dans la chambre d'un défunt.

— Je suis convaincu que ni Anna Karlovna, ni Ptitza, ni Basile ne parleront ! dit Vissarion.

— Tu sais, dit Stopia, souvent on trahit ses amis sans le vouloir... Un mot imprudent, une lettre oubliée dans un tiroir... Regarde Solovieff...

— Anna Karlovna savait-elle que vous logiez chez moi ? demande Valia.

— Non, répond Stiopa. Je ne lui ai jamais dit. Ni à Ptitza ni à Basile...

— Dans ce cas, vous n'avez aucune raison de déménager !

— Je n'en suis pas aussi sûr que toi ! Je crois même que nous devrions changer de ville !

— Où voudrais-tu aller ?

— Kiev... ou Saint-Pétersbourg...

— Etions-nous seuls à utiliser l'imprimerie d'Anna Karlovna ? demande Max.

— Tu penses bien que non ! dit Stopia. Les tracts de « Terre et Liberté » étaient imprimés là, entre autres... Tout ce matériel perdu !...

— Il y a tout de même une chose que j'aimerais savoir ! dit Kolia. Comment la police a-t-elle été renseignée ?

Pendant que les autres discutent, Klim repense aux deux imprimeurs dans leur souterrain. Soudain il se demande si Ptitza et Basile ne seront pas plus heureux au bagne. Du moins, là-bas, vivront-ils au grand air. Le ciel de la Sibérie vaut mieux que les murs d'une cave.

6

Kolia entre, portant une petite malle en cuir jaune. Max le suit, traînant un sac de voyage à soufflets. Ils posent leurs bagages dans un coin et reviennent au centre de la pièce, dans la lumière de la lampe. Klim, qui était en train de desservir la table, se colle contre le mur. Stiopa et Vissarion se lèvent.

— Nous sommes flambés ! murmure Kolia d'une voix entrecoupée. Il faut quitter la ville tout de suite !

— Allons ! Allons ! dit Stiopa. Pas d'affolement ! Explique-toi. Ce n'est peut-être pas si grave...

— Pas si grave ? dit Max. Ah ! bien, oui !... Maintenant nous savons qui a indiqué l'imprimerie. Ce matin, je suis sorti de chez nous plus tôt que d'habitude. En arrivant dans la cour, qu'est-ce que je vois ? Un cocher de fiacre qui parle à notre portier. Et ce cocher de fiacre — tenez-vous bien ! — c'est Boulyjnikoff. Immédiatement je me cache derrière un pilier. Ils ne m'ont pas vu. Je suis ressorti par la porte de derrière, je me suis glissé dans la rue, j'ai relevé le numéro du fiacre : 748 ! Et je suis allé m'installer dans un traktir. A mon retour, le fiacre n'était plus là. Alors j'ai abordé le portier et je lui ai demandé si personne n'était venu pour moi. Il m'a dit que non, avec un drôle d'air...

— Tu es sûr que c'était Boulyjnikoff ? dit Stiopa.

— Certain.

— Et pourquoi ne nous as-tu pas prévenus immédiatement ?

— Kolia et moi avons voulu d'abord savoir à quel dépôt appartenait le fiacre 748 et quel était le nom du cocher. Ça nous a pris du temps. Enfin voilà : le 748 remise au dépôt de la rue Nijnaïa Presnenskaïa. Et le cocher s'appelle Ivanoff.

— Ivanoff ? répète Valia en écho.

— Tu penses bien qu'il n'allait pas s'inscrire sous son vrai nom !

Il y a un silence. Puis Stiopa demande :

— Vous êtes-vous renseignés sur ses heures de travail ?

— Il passe la nuit dehors et rentre à la remise vers 4 heures du matin, dit Kolia.

— C'est donc à 4 heures du matin que nous le cueillerons, dit Stiopa.

— Attends ! Attends ! s'écrie Vissarion. Rien ne nous prouve que Boulyjnikoff soit vendu à la police ! Il est peut-être réellement devenu cocher de fiacre !

— Et, étant devenu cocher de fiacre, sa première idée aura été de rechercher notre adresse et d'aller questionner notre portier ? dit Kolia. Tu ne penses pas qu'il y a là une étrange coïncidence ?

— Soit, dit Vissarion. Mais pourquoi aller là-bas ? Formons-nous en tribunal, convoquons Boulyjnikoff et sommons-le de s'expliquer devant nous !

— Non, dit Stiopa. Si nous le questionnons, il n'avouera jamais. Alors que ferons-nous de lui ? hein ? Nous le laisserons repartir ! Et, le coup suivant, il ne nous ratera pas. Nous sommes en guerre contre le régime, n'est-ce pas ? Jugement sommaire et exécution immédiate. Je préfère prendre le risque d'exécuter Boulyjnikoff sans preuves suffisantes, plutôt que de courir le risque d'être arrêté, avec tous les camarades du groupe, sur une dénonciation de lui !

Vissarion courbe la tête. Alors seulement Klim comprend que Boulyjnikoff a été condamné à mort. Il murmure :

— Mais... mais Vissarion Vassiliévitch a raison... Avant de frapper, il faut être sûr... Autrement ce n'est pas chrétien...

— On ne te demande pas ton avis, imbécile ! grogne Vissarion. Tu interprètes tout de travers !

Klim se tasse dans un coin. Les messieurs pensent plus vite que lui, c'est un fait. Il faut qu'il les rattrape. Evidemment si on laisse agir un Boulyjnikoff, il est fort capable d'amener la police jusqu'au bartchouk ! De toute façon, un individu de son espèce ne mérite pas la pitié. Il a trop de meurtres sur la conscience. Y compris celui du général Vassiltchikoff !

— Qui se chargera de l'exécution ? dit Kolia.

— Moi, dit Stiopa. Et je te jure que ça ne traînera pas. Un loup doit avoir une mort de loup !

Le cercle se reforme autour de la table. On discute le plan de l'opération. Il est décidé que les deux « jeunes » accompagneront Stiopa et Vissarion au dépôt et feront le guet. Klim les attendra, avec les bagages, au traktir « Droujyna », ouvert toute la nuit. L'affaire terminée, ils prendront le train pour Saint-Pétersbourg. Quant à Valia, condamnée à rester sur place, elle rangera son appartement, brûlera les papiers et se préparera à cacher d'autres révolutionnaires en quête d'un refuge.

★

Quatre heures trente du matin. A force de regarder la porte du traktir, il semble à Klim que ses yeux grossissent et se pétrifient entre ses paupières brûlantes. Il n'y a plus que très peu de monde dans la salle : des cochers, des noctambules somnolents, des vagabonds hébétés, des ivrognes silencieux et graves... La fumée du tabac flotte, par nappes grises, entre le plancher et le plafond. Klim porte un verre de kwass tiède à ses lèvres et le repose. Le temps a ralenti son cours. Enfin la porte s'ouvre. Mais c'est pour livrer passage à un inconnu. Il est grand, lourd, avec une barbe grise en éventail et des bottes à hautes tiges. Un marchand sans doute. Ayant salué l'assistance, il se dirige vers une table libre, à côté de Klim et s'assied. L'attente recommence. Que font le bartchouk et Stépan Alexandrovitch en ce moment ? Ont-ils réussi à dénicher Boulyjnikoff et à le convaincre de les suivre ? Klim s'exaspère de ne pouvoir aider son maître à distance. Son seul recours, dans ce traktir, c'est la prière. Encore est-il peut-être sacrilège d'implorer Dieu pour la réussite d'un meurtre. Mais non, Dieu sait très bien que Boulyjnikoff est un pou malfaisant et qu'il faut l'écraser. Seulement il vaudrait mieux que Dieu se chargeât lui-même de la besogne. Depuis quelques minutes, Klim a l'impression que le nouveau venu l'observe avec insistance. Et si c'était un mouchard ? Machinalement Klim s'assure que les bagages sont tous là, rangés sous la banquette : la petite malle et le sac de voyage, la valise de

Vissarion Vassiliévitch, celle de Stépan Alexandrovitch, un balluchon...

— Tu pars en voyage ? demande l'inconnu en se penchant vers lui.

Klim ne répond pas.

— Eh ! reprend l'homme. T'es sourd ? Je te demande si tu pars en voyage !

— Oui, grogne Klim.

— T'en as des valises pour toi tout seul ! Où vas-tu ?

— Ça ne te regarde pas !

— Très juste, dit l'homme. Chacun de nous a le droit d'avoir des secrets. Mais attention : le premier secret appartient à Dieu, le second à l'homme, le troisième au diable ! Ton secret à toi, il porte quel numéro ?

— Je n'en sais rien, dit Klim. Laisse-moi tranquille.

— Ne te fâche pas, mon pigeonneau. Moi, vois-tu, je ne peux pas dormir. Alors je m'habille, je descends dans la rue, je vais d'un traktir dans un autre, je lie connaissance avec des gens, je tâche de savoir leur histoire et je leur raconte la mienne. On n'imagine pas ce qui grouille, en ce bas monde, comme vilenie et comme malheur. Les ennuis de nos semblables nous aident à supporter les nôtres. Tu n'as pas d'ennuis, toi ?

Klim secoue la tête négativement et pense qu'autrefois, du temps où il vivait au grand jour, il n'aurait pas refusé de bavarder avec son voisin. Il y aurait même trouvé du plaisir, sans doute. Maintenant il fuit les hommes comme s'il n'était pas de leur race.

— Eh bien ! moi, j'en ai, des ennuis ! dit l'inconnu. De gros ennuis ! Je suis marchand de la deuxième guilde. Mon magasin de mercerie marche bien. L'argent rentre... Alors ? me diras-tu... Alors, c'est tout simple : figure-toi que ma bru travaille avec moi ! Une beauté ! Rose et blanche ! Du sang avec du lait, comme on dit ! Mon fils — un imbécile ! — la délaisse. Et voilà que, lundi dernier... Tu permets que je m'asseye à ta table ?

— Non, dit Klim.

Et il reste bouche bée. Dans le cadre de la porte, la silhouette de Stiopa s'est dressée, brusquement. Seul. Une vague de terreur frappe Klim. Qu'est-il arrivé au bartchouk ? Stiopa s'avance vers la table, empoigne les deux valises, fait signe de la tête à Klim de le suivre, et repart sans un mot. Klim se charge de la mallette, du sac de voyage et du balluchon.

— Eh ! où vas-tu ? dit le marchand. Attends au moins la fin de mon histoire !...

Mais Klim est déjà loin. Il se faufile entre les tables et murmure : « Pardon ! Pardon ! » chaque fois qu'il dérange quelqu'un en passant. Enfin il rattrape Stiopa et demande :

— Où est Vissarion Vassiliévitch ?

— Dehors.

Le soulagement coupe les jambes de Klim. La nuit d'été est tiède, claire. Un fiacre se tient là, pareil sans doute au fiacre de Boulyjnikoff. A l'intérieur de la voiture, Vissarion. Immobile, pâle et muet. Siopa monte à côté de lui. Klim s'installe sur le siège d'en face.

— Kolia nous attend avec Max, près de la gare, dit Stiopa.

Et il donne une tape sur le dos du cocher. Le fiacre part au trot. Les sabots des chevaux claquent sur le pavé sec.

— Et... et Boulyjnikoff ? chuchote Klim.

— C'est fait, dit Stiopa.

★

Dans la foule qui grouille sur le quai de la

gare, Klim ne voit que les capotes grises des gendarmes. Leur nombre l'inquiète. Ne sont-ils pas venus spécialement pour le bartchouk et Stépan Alexandrovitch ? Le corps a dû être découvert ce matin même. Et l'enquête a commencé aussitôt. Vissarion tire Klim par la manche :

— Ne te montre pas à la portière, abruti !

Klim se rassied à côté du bartchouk, sur la banquette. En face d'eux, Stiopa. Le compartiment est bondé. Max et Kolia se sont installés dans le wagon de queue. Tant que le convoi ne se mettra pas en marche, Klim ne pourra dominer son appréhension. Ce matin, les heures jusqu'à l'embarquement lui ont paru interminables. Pour tuer le temps, on s'est traîné de rue en rue, de traktir en traktir. Impossible de penser à autre chose qu'au meurtre. Encore maintenant, Klim essaie d'imaginer les faits d'après le peu que le bartchouk et Stépan Alexandrovitch lui en ont dit. C'est Stépan Alexandrovitch qui a tiré. Deux balles dans la tête. Boulyjnikoff est tombé sans un cri. Cela se passait dans un terrain vague, derrière la remise... Un moujik, au bout de la banquette, sort de son sac un concombre, du pain noir, et se met à manger. Rien qu'à le voir, Klim sent l'éveil de la faim. Mais il n'ose encore ouvrir le balluchon où Valia a rangé les provisions de route. Ainsi Boulyjnikoff n'est plus. Il a suffi d'une seconde pour réduire à néant les méchants desseins de cet homme. Cette fin rapide et nécessaire devrait soulager Klim. Et cependant quelque chose de lourd et de sale pèse dans sa tête. Pourquoi ne part-on pas encore ? De nouveau, il tend le cou vers la fenêtre. Des retardataires courent le long des wagons. Le premier coup de cloche retentit. Un conducteur galonné claque les portières. Ce sera le quatrième voyage de Klim par chemin de fer. Vissarion respire profondément. Lui aussi doit compter les minutes. Deuxième coup de cloche. Des mouchoirs s'agitent. Troisième coup de cloche. Au sifflet strident du chef de gare répond le sifflet puissant, noir, lugubre, de la locomotive. Le train s'ébranle. Klim fait un signe de croix. Des visages moscovites défilent avec lenteur devant lui. Les gendarmes de service en gare ne se doutent pas du gibier révolutionnaire qui leur passe sous le nez. Le wagon tressaute aux jointures des rails. On croise une rangée de voitures jaunes à l'arrêt, on longe un mur de briques noircies, on dépasse un hangar d'où sortent des jets de vapeur, et c'est la campagne plate et verte, le battement monotone des roues, une sensation extraordinaire de vitesse, de force et de liberté. Est-il possible que demain matin — vingt heures à peine après être parti — lui, Klim, un ancien serf, se réveille à Saint-Pétersbourg ?

CINQUIÈME PARTIE

1

— Encore ! s'écrie Sophie Vladimirovna Kern, avec un regard de reproche à son mari. On dirait qu'il n'y a plus d'autre sujet de discussion à table !

— Le fait est, soupire Ivan Vassiliévitch Bélouguine en se penchant vers la maîtresse de maison, que, même aux dîners intimes de Sa Majesté, messieurs les nihilistes ont droit aux honneurs de la conversation !

— Le moyen de n'en point parler ! susurre Mme Bélouguine en piquant une rondelle de truffe avec sa fourchette. L'audace de leur dernier attentat dépasse tout ce que l'on peut concevoir ! Creuser une galerie sous la voie et y déposer une mine pour faire sauter le train impérial, c'est... c'est tout simplement de la démence (1) ! Je tremble à l'idée de ce qui serait arrivé si l'on n'avait pas, à l'ultime minute, interverti l'ordre des convois !

— En tout cas, il est prouvé maintenant que

(1) L'attentat eut lieu le 19 novembre 1879. Par suite d'une interversion dans l'ordre des convois, l'explosion de la mine endommagea non le train impérial mais celui qui transportait les bagages et le personnel de la Chancellerie.

Dieu protège réellement le tsar ! dit Mme Kern en levant au plafond ses gros yeux bleus tout humides de ferveur monarchique.

— Si les terroristes pouvaient s'en convaincre ! dit le conseiller privé Matvéïeff. Mais je crains qu'ils n'aient pas la même conception que nous de la Providence. N'allez-vous pas arrêter quelques-uns de ces assassins, Pavel Pavlovitch ?

— J'y compte bien ! répond le colonel Kern, d'un air vague et sentencieux. Les premiers coups de filet ont déjà donné des résultats...

— Savez-vous quelles ont été les paroles de l'empereur après l'attentat ? dit Mme Bélouguine. « Qu'ont-ils donc contre moi, ces misérables ? Pourquoi me traquent-ils comme une bête fauve ? » N'est-ce pas déchirant ?

— J'avoue qu'il est difficile de comprendre l'acharnement des terroristes et l'espèce de sympathie honteuse qu'une partie de notre élite manifeste à leur égard, déclare Kern en se tamponnant les lèvres avec sa serviette. Le peuple russe tout entier devrait non seulement révérer, mais adorer Alexandre II pour les réformes qu'il a accomplies. Comment, voilà un homme qui, en quelque vingt-cinq ans de règne, a affranchi les paysans, fondé les assemblées de province, réorganisé les universités, développé l'enseignement secondaire, adouci le régime de la presse, modernisé les tribunaux, aboli les châtiments corporels, terminé honorablement la guerre de Crimée, pacifié le Caucase — et une poignée d'énergumènes, sans expérience et sans responsabilité politiques, l'injurient dans leurs tracts et menacent de le tuer sous prétexte qu'il incarne la tyrannie ! Et il se trouve, dans les milieux intellectuels, des gens de cœur et de talent pour hocher gravement la tête et proclamer que tout n'est peut-être pas condamnable dans les opinions de ces fous. Des écrivains en renom, comme Tolstoï ou Tourguénieff, se demandent s'ils ne doivent pas prendre la direction du mouvement revendicatif. « Toute violence est répréhensible, mais... Nous sommes contre le régicide, et cependant... » Je ne vois qu'une explication à cet aveuglement de nos penseurs radicaux. Ils ont, en l'occurrence, une réaction de vieille coquette qui cherche à cacher son âge. Ils veulent flatter leurs cadets en feignant de les comprendre et de les défendre. Ils espèrent survivre dans l'estime de la génération montante en dénigrant un ordre social qui leur a cependant permis de devenir ce qu'ils sont ! Et cela, messieurs, c'est lâche, c'est vil, et — ce qui est plus grave — c'est ridicule !

Il se redresse, bombe le torse sous ses décorations et promène autour de lui un regard sévère. La flamme des bougies se reflète sur son crâne chauve, très bosselé. Sourcils noirs touffus et moustache de mousse grise barrent parallèlement sa face étroite, exsangue, d'une pâleur cadavérique. Dans le silence revenu, Klim et Prokhor changent rapidement les assiettes. Assis à la gauche de la maîtresse de maison, Victor Ignatiévitch Koukolnikoff, cousin de Mme Kern et professeur d'histoire à l'université de Saint-Pétersbourg, pianote nerveusement au bord de la table.

— Je crains, mon cher Pavel Pavlovitch, dit-il enfin, que votre analyse, pour brillante qu'elle soit, ne tienne pas compte de tous les éléments du problème. Vous avez parlé vous-même, tout à l'heure, de ces vingt-cinq années de règne. Vingt-cinq années, c'est long, très long, de nos jours, pour un gouvernement absolu, obligé de tenir la scène à lui seul, de créer, d'agir, de se renouveler, de se prodiguer sans cesse. Alexandre II a fait beaucoup au début de sa carrière, puis il s'est fatigué, il s'est usé, il s'est laissé circonvenir par son entourage. Maintenant il n'aspire qu'au repos, et, en face de lui, grouille une jeunesse nerveuse, toujours plus impatiente et plus exigeante, car les réformes mêmes qu'il a consenties autrefois rendent plus sensible le besoin de ce qui reste à faire, ce qu'il a changé fait paraître plus intolérable encore ce qui demeure de l'ordre ancien...

— Alors ? D'après vous, la solution ? s'écrie Kern avec une pointe d'irritation dans la voix. Accepter les leçons des nihilistes ? Conseiller au tsar de céder sur tous les points ? Lancer notre patrie dans l'aventure d'une monarchie constitutionnelle ? Non, Victor Ignatiévitch, tout le mal vient de la jeunesse, à qui nous avons laissé trop de liberté et donné trop d'importance. L'esprit de négation et de révolte dresse nos fils contre les traditions les plus sacrées. Ils ne vont plus à l'église, ils se complaisent dans l'irréligion et dans le désordre, ils ne voient de salut que dans le chaos ! Nos filles aussi ont voulu manger le fruit de l'arbre de connaissance, et ce fruit maudit les a empoisonnées ! C'est le malheur de la Russie que les femmes y ont des curiosités intellectuelles et le goût de l'émancipation ! Surtout qu'elles mêlent à leur fureur de liberté et de science une sorte de volupté qui entraîne leurs compagnons à l'abîme...

— Il est fâcheux d'avoir contre soi la jeunesse et les femmes, dit Koukolnikoff avec un sourire. Je connais bien nos étudiants. J'ai fait partie de la commission de professeurs réunie à Saint-Pétersbourg, sur l'ordre de Son Excellence le comte Tolstoï (1), afin d'étudier les causes des désordres dans les universités. Notre conclusion

(1) Ministre de l'Instruction publique. Ne pas confondre avec l'écrivain.

a été que, sans doute, on peut reprocher à nos étudiants leur vaine agitation, leurs violences verbales, leur prétention à vouloir régénérer la société au nom de principes fumeux, mais qu'on les accuse à tort de perversité, et qu'à quelques exceptions près ils sont étrangers aux tendances révolutionnaires sanglantes. On les considère comme un danger, comme une force sombre et cruelle, or, ce qu'ils réclament, dans leur immense majorité, c'est tout simplement une constitution libérale...

— Ce qu'ils « réclament » ! s'écrie en écho Mme Kern. N'est-ce pas admirable ? De mon temps, la jeunesse ne réclamait pas, elle demandait respectueusement, elle espérait ! La vie chrétienne est fondée sur l'espérance, non sur l'exigence !...

La plupart des dames, autour de la table, lui donnent raison. Klim apporte une énorme glace, hérissée de quartiers d'oranges, et nimbée d'un voile de sucre filé. Nul n'y fait attention. Le Pr Koukolnikoff avale une gorgée de champagne et revient à son propos :

— Une constitution libérale ne devrait pas inquiéter un pays en voie d'expansion économique comme le nôtre. D'ailleurs le tsar lui-même est, au fond, partisan d'une constitution. Il la considère, m'a-t-on dit, comme devant être le couronnement de l'œuvre entreprise par lui avec l'émancipation des serfs. Seriez-vous plus absolutiste que l'empereur de Russie ?

— L'empereur est trop bon, trop confiant, dit Kern. Nous devons le protéger contre ses élans de générosité. Si encore l'ensemble de ses sujets lui savaient gré de l'amour qu'il leur porte !... Mais plus il donne, plus on lui en veut. Tout se passe comme si les nihilistes étaient furieux de l'octroi des réformes qu'ils ont eux-mêmes réclamées. Il faut donc changer de tactique...

— Savez-vous à quoi j'ai pensé ? dit Bélouguine. Pourquoi le gouvernement ne créerait-il pas des compagnies secrètes dans les milieux universitaires. Il y aurait ainsi des terroristes monarchistes, en quelque sorte, qui s'opposeraient aux terroristes révolutionnaires. A chaque attentat contre un membre de l'administration impériale, répondrait un attentat contre un nihiliste important. Payés dans leur propre monnaie, ces messieurs finiraient par comprendre !

— L'ennui, dit Kern, c'est que les membres de l'administration impériale sont connus de tous et vivent au grand jour, alors que les chefs des mouvements insurrectionnels se cachent dans des repaires.

— Il ne doit pas être impossible à la police de découvrir quelques-uns de ces repaires...

— Non, bien sûr...

Klim repasse la glace. Tous les convives en reprennent, sauf le colonel Kern, qui n'a guère d'appétit. La vue des plats lui donne parfois la nausée. On dit qu'il souffre d'un ulcère de l'estomac. En cet instant même, il doit éprouver un malaise. Son visage se crispe. Il plaque la main droite à hauteur de son ventre. Puis un aimable sourire retrousse sa moustache. Il jouera jusqu'au bout son rôle de maître de maison. C'est un beau souper de quatorze couverts, servi par deux. La salle à manger ne serait pas assez vaste pour contenir plus de monde. Et, du reste, les Kern reçoivent peu et vivent sans éclat, ce qui, pense Klim, est étrange pour un personnage si important. Un homme de fer, paraît-il. Infatigable dans le travail et terrible dans la répression. A la maison, c'est sa femme, Sophie Vladimirovna qui domine. Le personnel la craint parce qu'elle a souvent des crises de nerfs, et qu'alors elle trépigne, se couvre de marbrures rouges et jette des objets à la tête des domestiques. A part cet inconvénient, la place est bonne. C'est le bartchouk qui, peu de temps après l'arrivée du groupe à Saint-Pétersbourg, a décidé que Klim devait reprendre son ancien métier. A l'idée de se séparer de son maître pour entrer au service d'étrangers, Klim a d'abord ressenti une profonde tristesse. Il s'est figuré que Vissarion Vassiliévitch, mécontent de lui, cherchait à l'éloigner. Mais Vissarion Vassiliévitch et Stépan Alexandrovitch lui ont expliqué qu'il se trompait et que, dans la situation précaire où se trouvaient les camarades, il allait les aider à survivre en rapportant à la maison l'argent qu'il gagnerait ailleurs. Cette dernière affirmation a fini de le convaincre. Pendant des semaines, le bartchouk lui a cherché un nouveau maître. Et tout à coup, Klim a appris que le colonel Kern, du Troisième Bureau, pourrait l'employer comme valet de chambre. Bien entendu, on a maquillé son passeport et on lui a donné de faux certificats, très élogieux. Il a été reçu d'abord par le secrétaire de Pavel Pavlovitch, puis par Pavel Pavlovitch lui-même. En une minute, tout a été réglé. Habitué à juger les hommes au premier coup d'œil, Pavel Pavlovitch a lu l'honnêteté et la solidité sur le visage du postulant. Engagé séance tenante, Klim a retrouvé, avec une sorte de gratitude, la routine de la condition domestique. Il y a longtemps qu'il ne s'était senti aussi à l'aise dans la succession des gestes quotidiens. Sa livrée marron à galons jaunes lui plaît ; officiant à table, avec célérité et discrétion, il goûte la même joie qu'un musicien exécutant un morceau difficile sans une fausse note. Il remplace, lui a-t-on dit, un vieux laquais, nommé Sidor, malade de la poitrine, et qui, un jour, ne pouvant se retenir, a toussé en passant le plat. Un crachat de sang est tombé sur la manche du colonel. Le lendemain, Sidor était renvoyé. Ce sont les risques du métier. Il faut être sain de corps et d'esprit pour servir un barine de ce grade. Prokhor n'est qu'un novice. Très vite, Klim a pris le pas sur lui. Le maître — il le sent — reconnaît déjà ses mérites. Pas un mot de compliment, certes, mais aussi pas un mot de reproche. Et pourtant Pavel Pavlovitch aurait toutes les raisons d'être irritable. Les terroristes lui compliquent la vie. La semaine précédente, au moment de l'affaire du train, il a eu un tel afflux de bile, que son visage est devenu jaune comme un coing. Klim aussi a eu très peur : il se demandait si ce n'étaient pas le bartchouk et ses amis qui avaient fait le coup. Mais le bartchouk, qu'il a vu depuis, l'a détrompé. L'attentat a été commis par les gens de « la Volonté du Peuple ». Cette nouvelle organisation se compose, paraît-il, des éléments extrémistes de « Terre et Liberté », alors que les éléments modérés, ayant fondé l'association du « Partage noir », continuent l'œuvre de propagande dans les campagnes. Klim aimerait bien que le bartchouk et ses amis reviennent, eux aussi, à la propagande. Mais Vissarion Vassiliévitch dit que ce serait de leur part « un aveu d'impuissance ».

Les convives se lèvent de table et passent au salon. Quelques dames se laissent descendre, avec des grâces de corolles, dans des fauteuils disposés en demi-cercle. Les messieurs se groupent sous un portrait de l'empereur en manteau de sacre. S'ils se doutaient que l'homme qui les sert est un ami des nihilistes... Une onde froide enveloppe les épaules de Klim. Liqueurs et cigares. On bavarde. L'impératrice Maria Alexandrovna est au plus mal. C'est d'ailleurs en revenant de lui rendre visite à Livadia, en Crimée, où elle se repose, que le tsar a failli périr dans l'attentat contre le train. La malheureuse, consumée de phtisie, n'en a certainement plus pour longtemps à vivre, et le tsar a installé au palais d'Hiver cette Catherine Dolgorouky, de trente ans plus jeune que lui, dont il est éperdument amoureux.

— Ce n'est plus une liaison discrète, clandestine, dit Mme Bélouguine, c'est — passez-moi le mot — un adultère affiché. Je ne comprends pas notre tsar bien-aimé de braver ainsi l'opinion publique !

— Les responsabilités du pouvoir autocratique sont trop lourdes pour que les sujets d'Alexandre II lui chicanent le droit de se distraire comme il l'entend, grogne Kern. A destin d'exception, morale d'exception. Juge-t-on un aigle selon les règles de bienséance en usage à la basse-cour ?

Klim tend l'oreille. Tout ce qui se dit chez les Kern l'intéresse. Il a l'impression de vivre sur une autre planète. Par moments, au milieu de ces meubles dorés et de ces personnages opulents, il se demande si le bartchouk et ses amis existent réellement dans leur trou noir de Galerny Ostrov (1).

Un regard de Pavel Pavlovitch intime aux deux serviteurs l'ordre de se retirer. La représentation est finie. A l'office, on déboutonne son âme en même temps que sa livrée. Du moins lorsqu'on est un domestique normal. Mais Klim doit continuer à jouer la comédie, puisque le bartchouk lui a inventé tout un passé de loyaux services dans la profession. Quand on l'interroge sur ses places précédentes, il évite de donner des pré-

(1) Quartier de Saint-Pétersbourg.

cisions qu'il pourrait oublier par la suite. Dieu merci, les gens de condition ne sont guère curieux des histoires de leurs semblables ! Seules les passionnent les histoires de maîtres. Chez les Kern, il y a de quoi se divertir à fouiller dans le linge sale : les humeurs de la barynia, les malaises du barine, son ulcère, ses manies... Klim n'a encore rien vu, depuis cinq semaines qu'il est dans la place ! Patience ! Ah ! là ! là !... Le cuisinier, les deux femmes de chambre, la lingère, le cocher, Prokhor, tous sont d'accord : une maison de fous ! Heureusement encore que les Kern n'ont pas d'enfants ! Leur fille unique, Polia, est morte en 1775 d'une méningite. Elle avait vingt ans. Ses parents ont été si frappés de sa disparition que, depuis, ils s'adonnent au spiritisme. Chaque troisième vendredi du mois, ils font tourner des tables. On chuchote que l'empereur, averti de ces pratiques, a demandé à Kern d'y renoncer. Kern a promis, mais n'a pas tenu parole. Les deux femmes de chambre baissent la voix pour évoquer ces séances de conversation avec les esprits. Klim se signe. Le cocher l'imite. Un silence de noire rêverie s'installe sous le plafond voûté. L'office est situé au sous-sol. Des croûtes de neige aveuglent la vitre du soupirail qui donne sur la rue. Une sonnette tinte. Klim bondit sur ses pieds et se précipite. C'est pour repasser les liqueurs. Bien que les poêles soient chauffés à bloc, le froid s'insinue dans les pièces. Klim incline avec respect une vieille bouteille de cognac français au-dessus du verre d'Ivan Vassiliévitch Bélouguine. Dans le cercle des dames, on parle maintenant d'une cantatrice française qui chante *Aïda* comme personne.

2

Klim bouillonne de fierté contenue : le bartchouk a pris l'argent de sa paye et l'a glissé dans une cassette.

— Ce seront des fonds bien employés, je te le promets ! dit Stépan Alexandrovitch. Tant de nos amis sont dans le besoin ! Merci, Klim !

Cette petite phrase, il semble à Klim qu'il ne l'oubliera jamais. A présent, le bartchouk et Stépan Alexandrovitch l'interrogent avec chaleur, comme s'il était leur égal. Ils veulent savoir si Pavel Pavlovitch Kern a des heures fixes pour se rendre au bureau, s'il utilise toujours la même calèche en semaine, s'il reçoit parfois des collaborateurs à domicile, ce qui se dit dans son entourage. Avec application, Klim rapporte les propos qu'il a entendus à table, la veille, au sujet de l'attentat du train, et les deux visages sourient étrangement, devant lui, dans la lumière de la lampe.

— Vraiment, conclut-il, le dîner a été parfait. Cuisine et service. Je crois que Pavel Pavlovitch a été content de moi.

— Et toi, es-tu content ? demande Vissarion.

— De quoi ?

— De ta nouvelle place.

— Oui, dit Klim. Mais cela me chagrine de travailler chez des étrangers, alors que, toi, tu n'as personne pour te servir.

— Je n'ai pas besoin qu'on me serve ! dit Vissarion. Tu nous es plus utile en gagnant de l'argent là-bas qu'en nous cirant nos bottes ou en nous réchauffant notre soupe, ici. D'ailleurs Timothée Fédorovitch veut être seul à s'occuper de son ménage. N'est-ce pas, Timothée ?

Timothée Fédorovitch Bronsky, le receleur, est un petit homme, maigre, voûté, blafard, dont un long nez osseux tire toute la peau du visage en avant. Il s'approche de la table et marmonne :

— Il n'y a pas assez de place, chez moi, pour vivre à quatre. Trois, oui, au maximum ! Et le ménage, qu'est-ce que c'est ? Je souffle en passant, et la poussière s'envole.

Klim ne proteste pas, bien qu'il soit d'un avis différent. Comme il est resté debout depuis le début de la conversation, Stiopa lui désigne un siège :

— Tu n'es pas pressé ?

— Non, non, dit Klim en s'asseyant au bord de la chaise. Le dimanche est mon jour de sortie. Je peux rentrer à minuit.

— Et par où rentres-tu ? demande le bartchouk.

— Par la porte de derrière, sur la petite rue.

— Tu as la clef ?

— Non, c'est le portier qui m'ouvre. Mais souvent il est saoul. Il dort à poings fermés, il n'entend pas...

— Tu devrais lui demander une clef pour ne pas le réveiller à chaque fois, suggère Stiopa.

— Il ne me la donnera jamais.

— Qui sait !...

Il semble à Klim que le bartchouk et Stépan Alexandrovitch le traitent avec plus de considération depuis qu'il les a quittés. On lui offre de la bière. Il n'aime pas beaucoup cette boisson, mais comment refuser ?

— Et vous, demande Klim, qu'est-ce que vous faites en ce moment ?

— Rien, dit Vissarion. La routine. Nous nous réorganisons, nous prenons contact avec d'autres groupes, nous étudions les possibilités...

Klim se rassure : il n'y a aucune grosse affaire en perspective.

— Kolia et Max vont bien ? dit-il encore.

— Très bien.

— Ça me ferait plaisir de les revoir.

— Ils ont quitté Saint-Pétersbourg la semaine dernière.

— Ah ?

— Oui, nous avions du travail pour eux, en province. Au fait, tu ne nous as pas dit qui assistait à ce dîner, chez les Kern.

— Il y avait le Pr Koukolnikoff, dit Klim, Ivan Vassiliévitch Bélouguine, un conseiller privé...

— Lequel ?

— Je ne me rappelle pas au juste...

— Il faudrait que tu notes les noms.

— Bien, Vissarion Vassiliévitch.

— T'a-t-on parlé d'un autre dîner ?

— Oui, mercredi prochain. Dix couverts.

— Sais-tu qui sera invité ?

— Pas exactement. Mais j'ai entendu dire à la barynia que ce seraient de proches collaborateurs du barine. Elle a même ajouté que ça ne lui plaisait pas du tout de les recevoir, que sa maison n'était pas une annexe du Troisième Bureau. Pavel Pavlovitch s'est fâché. Sophie Vladimirovna est devenue toute rouge et a déchiré son mouchoir entre ses dents. Voyant ça, j'ai quitté le salon où ils discutaient.

— Tu as bien fait, dit Vissarion. Et après ?

— Quoi, après ?

— As-tu écouté derrière la porte ?

— Non.

— Tu aurais dû. Vois-tu, Klim, le personnage chez qui nous t'avons placé est ignoré du public, qui ne connaît que le chef officiel du Troisième Bureau, le général Drenteln.

— Celui que les terroristes ont failli tuer au début de l'année ?

— Oui. Le général Drenteln est évidemment une figure de première importance. Mais tout le travail effectif de son administration est préparé par Kern, qui, lui, reste dans l'ombre...

Une inquiétude confuse pénètre Klim.

— Attends ! Attends ! balbutie-t-il. Je ne comprends pas... Si tu t'intéresses à Pavel Pavlovitch ce n'est pas que... enfin... Comment dire ?... Ce n'est pas que tu lui veux du mal ?...

L'indignation empourpre le visage du bartchouk. Il se gonfle, il grandit, ses yeux étincellent. Mais avant qu'il n'ait ouvert la bouche, Stépan Alexandrovitch prend la parole.

— Ecoute, Klim, dit-il doucement. Tu connais Kern et tu connais le but que nous visons. Avoue que nous serions bien bêtes de ne pas profiter de ta présence chez lui pour nous renseigner sur les méthodes de nos adversaires !

— C'est pour ça que vous m'avez fait engager ?...

— Non. Nous avons cherché une bonne place pour toi. Celle-ci s'est présentée. C'est une coïncidence. En tout cas, nous ne te demanderons rien qui aille contre ta conscience. Tu seras notre informateur, voilà tout !

Le mot d' « informateur » sonne agréablement aux oreilles de Klim. Il hoche la tête et dit :

— Oui, oui... Comme ça, je préfère... informateur... oui...

★

Timothée Fédorovitch referme la porte sur Klim, court à la fenêtre, scrute la rue par l'interstice des rideaux, se retourne et dit :

— Tout s'est bien passé ! Vous me pardonnerez d'avoir insisté pour qu'il parte avant 10 heures. Mais, à 10 heures, c'est le portier de nuit qui prend son service. Et celui-là, je n'en suis pas sûr...

Il se laisse tomber sur une chaise et s'éponge le front avec un mouchoir. La peau de son visage frissonne comme parcourue par des ondes électriques. Ses paupières papillotent.

— Justement, reprend-il, je voulais vous prier d'éviter, à l'avenir, ce genre de visites. Je me méfie des voisins. La locataire du dessous, qui se prétend modiste, me regarde toujours d'un drôle d'air. Vous pourriez aussi bien rencontrer Klim à l'extérieur... D'ailleurs... tout à fait entre nous... vous croyez tendre un piège à Kern en plaçant chez lui l'un de vos hommes, mais n'est-ce pas Kern qui vous tend un piège en se servant de cet homme pour remonter jusqu'à vous ?

Vissarion et Stiopa se regardent.

— Non, dit Stiopa. S'il en était ainsi, nous serions déjà coiffés.

— J'admire votre assurance, dit Timothée Fédorovitch, mais je ne la partage pas. Permettez-moi d'insister. Plus de visites chez moi...

— Mais oui, mais oui, dit Vissarion agacé.

Timothée Fédorovitch retourne dans sa cuisine. Stiopa et Vissarion restent encore un moment sous la lampe, à lire les journaux, puis ils font leur lit, comme d'habitude, sur les deux sofas de la salle à manger, disposés en équerre, et se couchent. La lumière éteinte, Vissarion éprouve un regain d'angoisse. Les paroles de Timothée Fédorovitch travaillent dans son cerveau comme des mille-pattes. Et si le receleur disait vrai ? Si Kern feignait de se laisser duper pour mieux les duper à son heure ? Si demain, après-demain, Klim reparaissait, innocent, radieux, avec des mouchards à ses trousses ?... Peut-être serait-il sage, dès maintenant, d'arrêter la machination. Mais ils ont eu tant de mal à la mettre sur pied ! Une chance pareille ne se retrouvera pas. Il faut jouer le tout pour le tout. Un rai de lumière encadre la porte de la cuisine. Vissarion se lève, en prenant garde de ne pas éveiller Stiopa, et pousse le battant. Assis, jambes croisées, sur sa paillasse, Timothée Fédorovitch se gratte la poitrine par l'échancrure de sa chemise.

— Excusez-moi ! murmure Vissarion. J'ai vu de la lumière et, comme je n'arrive pas à dormir moi-même... J'ai repensé à ce que vous m'avez dit, tout à l'heure, au sujet de Klim... Vous croyez vraiment que... ?

— Mais non, mais non, dit Timothée Fédorovitch. Ne faites pas attention... Je suis un inquiet... J'exagère toujours... Voulez-vous boire quelque chose ? Il y a de la bière dans le placard...

— Merci, fait Vissarion en se servant. Et vous ?

— Hélas ! non, je viens de prendre un médicament.

— Vous êtes souffrant ?

— Pas exactement. J'ai... j'ai des insomnies... Il est rare que je ferme l'œil avant 4 heures du matin. Surtout quand je cache des amis chez moi. C'est une telle responsabilité !

— Si notre présence vous gêne, il faut le dire, nous nous installerons ailleurs !

— Qu'allez-vous imaginer ? s'écrie Timothée Fédorovitch. Je suis heureux, très heureux que vous soyez là ! Je ne vous laisserais partir pour rien au monde ! Seulement — je vous le répète — je suis d'un tempérament pusillanime. J'ai peur... Et pas seulement des policiers... de tout !... Au moindre rhume, je me crois malade à mort ; je ne traverse jamais la Néva en bateau par crainte de me noyer ; je ne me suis pas marié pour n'être pas trahi ; chaque mois que le facteur m'apporte une lettre, je tremble que ce ne soit une mauvaise nouvelle.

— Pourquoi, dans ces conditions, avez-vous accepté d'être receleur ? dit Vissarion.

— Je ne sais pas... C'est ainsi... J'aime cacher les gens chez moi... Je m'ennuie lorsque je suis seul... Et, dès que je ne suis plus seul, je me dessèche d'inquiétude... Il y a des années que ça dure... Je m'y fais... Je ne désire pas une autre vie... D'ailleurs, si je ne dors guère la nuit, je me rattrape dans la journée... Et puis je prends des médicaments pour me calmer : le chloral me réussit très bien...

Une tendresse amusée rapproche Vissarion de cet homme qui manque si cruellement de courage et recherche si obstinément les occasions d'avoir peur. Sans doute la frayeur est-elle pour lui comme une drogue excitante dont il ne peut se passer.

— Vous devez me trouver ridicule, soupire Timothée Fédorovitch. Savez-vous comment mes camarades m'appelaient autrefois, au gymnase ? Bucéphale !

— Pourquoi Bucéphale ?

— Parce que c'est, d'après la mythologie, le

nom du cheval d'Alexandre, qui s'effarouchait de son ombre...

Vissarion sourit. Lui-même n'est-il pas un Bucéphale ? Il a pris goût à la peur pendant ces longues années de lutte clandestine. Derrière son désir de rester aux côtés de Stiopa, se cache sans doute la sombre envie de dépasser sa vraie nature, de contraindre son vrai caractère.

— N'avez-vous pas essayé d'aller plus loin que le recel ? demande-t-il.

— Vous voulez dire... jusqu'à... jusqu'à l'action ?...

— Précisément.

— Non, dit Timothée Fédorovitch d'un air fuyant. Ce serait trop pour moi. Mon cœur ne tiendrait pas. Je suis, en quelque sorte, cardiaque... Et vous ?... Vous avez participé à des attentats, n'est-ce pas ?

— Oui.

— Préparation seulement... ou exécution... ?

— Les deux, dit Vissarion.

— Très bien, très bien, murmure le receleur.

Vissarion se verse encore un demi-verre de bière et l'avale. Un agréable picotement descend dans sa gorge. Il souhaite une bonne nuit à Timothée Fédorovitch et retourne dans la salle à manger.

3

Klim et Prokhor, qui somnolaient, assis dans l'antichambre, se lèvent d'un bond et reboutonnent leur livrée. Le traîneau des maîtres vient d'entrer dans la cour. Pourquoi si tôt ? Le colonel Kern et sa femme comptaient rester jusqu'à 2 heures du matin au bal de l'ambassade de Suède ! Il neige sur le perron. Tandis que Prokhor brandit un chandelier allumé, dont les flammes se couchent dans le vent, Klim s'avance vers le traîneau et ouvre la portière.

— Le barine est souffrant, dit Sophie Vladimirovna en mettant pied à terre. Aidez-le ! Doucement...

Les flocons de neige constellent son manteau de zibeline. Un piquet de plumes tremble au sommet de sa tête. Prokhor pose son chandelier et se précipite pour seconder Klim. Ensemble ils tirent hors de la caisse, capitonnée de velours bleu, le colonel en grand uniforme. Il est livide, la joue creuse, l'œil vitreux, la mâchoire molle. On le soutient pour gravir l'escalier du perron, puis l'escalier intérieur. A chaque marche, il souffle et ses lèvres bourdonnent. Sa chambre est à côté de celle de sa femme. Un vestibule les sépare, où veille une grande icône au visage gris-vert. Avec précaution, Klim et Prokhor passent les portes, évitent les meubles et déposent le malade sur son lit. Il pousse un bêlement absurde et fixe un regard affolé sur sa femme. Elle lui essuie le front avec un mouchoir et murmure :

— Calme-toi. Je suis sûre que c'est encore ton ulcère. Je vais envoyer chercher Spengler, et tout ira bien. Il faut remercier Dieu que l'empereur ait quitté le bal avant ton malaise !

— Oui, oui, souffle Kern. Remercier Dieu... Drenteln a été avec moi si... si aimable... Jusqu'à la porte...

— Il t'a accompagné jusqu'à la porte, c'est vrai ! Et il a dit qu'il ferait prendre de tes nouvelles, demain matin. C'est une grande marque d'estime. D'ailleurs personne, à part lui et l'ambassadeur, n'a remarqué notre départ. Je t'assure que tout s'est passé le plus discrètement du monde...

Pendant qu'elle lui parle, avec un enjouement forcé, comme à un enfant, Klim et Prokhor le déshabillent. En lui retirant son uniforme, Klim a l'impression de décortiquer un crustacé. Tout à coup le colonel n'est plus qu'un bloc de chair blême, au thorax proéminent et au ventre effondré, plissé, misérable. Vite, Mme Kern rabat la couverture. Le malade gémit :

— Ça recommence !... Un peu au-dessus de l'aine... Comme un poinçon qui m'entre dans les chairs... Oh ! Oh !... Mon Dieu !...

Tournée vers les domestiques, Mme Kern chuchote :

— Klim, prends la voiture. Va trouver Spengler et ramène-le coûte que coûte. S'il n'est pas chez lui, cherche-le par toute la ville...

Galvanisé par l'importance de sa mission, Klim se rue dehors, jette une houppelande sur ses épaules, bondit sur le siège à côté du cocher, et s'aperçoit qu'il a oublié de demander l'adresse de Spengler. Mais le cocher la connaît. Ils partent si vite que la caisse, derrière leur dos, tangue et craque. La neige qui tombe mollement brouille la perspective rectiligne des rues. De loin en loin, de vagues lueurs dérivent : fenêtres, réverbères, lanternes de traîneaux. On tourne à droite, dans le Nevsky Prospect, puis à gauche, dans la Ligovskaïa. C'est là, une grande maison, tout près de l'église grecque Saint-Dimitri. Portes closes, croisées noires. Un portier grognon affirme : « Le professeur n'est pas encore rentré. Personne ne sait où le joindre. » Klim tempête : c'est la vie de son barine qui est en jeu ! Finalement le portier va chercher le secrétaire de Spengler, un étudiant en médecine, qui dort dans le cabinet de consultation. L'étudiant a un visage ahuri, des yeux rouges et un épi de cheveux sur le crâne. Il dit, en reboutonnant sa vareuse, que le professeur a été appelé d'urgence auprès de la comtesse Komaroff, dans le quartier de l'Amirauté. Klim remonte à côté du cocher, et le traîneau repart dans la nuit noire et blanche, où le tourbillonnement de la neige empêche les idées de se joindre et les chemins d'aboutir. Des colonnades fantômes défilent au bord d'un canal pris sous la glace. Les palais dorment, maîtres et domestiques confondus. Tout à coup, un porche grand ouvert. L'hôtel de la comtesse Komaroff. Mais un majordome s'interpose. Le professeur, dit-il, est reparti pour voir d'autres malades. A moins qu'il ne soit allé finir la soirée au Club Anglais, dont il est un habitué. Klim ne sait plus que faire. Continuer à chercher Spengler et laisser le barine sans soins pendant des heures peut-être, ou tâcher de trouver un autre docteur, qui accourrait immédiatement au chevet du malade ?

Mais quel autre docteur ? Il n'en connaît aucun. A tout hasard, il demande son avis au majordome, et celui-ci se rengorge :

— Les docteurs, ça ne manque pas !... Mais il y a des catégories. Et si tu mélanges les catégories, c'est aussi grave que de verser du bon vin dans une bouteille qui a contenu du vinaigre. Supposons que, chez nous, l'un des maîtres tombe malade — on appellera un professeur, comme Spengler, à vingt-cinq roubles la visite. Si c'est un parent éloigné ou, mettons, un secrétaire, un collaborateur du barine — on lui offrira un médecin entre deux âges, à dix roubles. Si c'est un domestique — un jeune docteur à trois roubles suffira.

— Et... et il y en a de bons parmi ceux à trois roubles ou à dix roubles ?...

— Très bons ! A côté de chez nous, le Dr Lavroff, un jeunet, fait des miracles. Il a sauvé notre lingère, qui se mourait d'un abcès dans la gorge.

— Si j'allais le chercher ?

— Pour ton barine ?

— Oui.

— Là, frérot, tu prendrais une initiative. Et les initiatives, pour nous autres, c'est toujours dangereux. Les messieurs n'aiment pas qu'on pense à leur place.

— Merci, dit Klim. Je crois que je vais tout de même prévenir ce jeune médecin, en attendant d'avoir retrouvé Spengler. Tant pis si on me lave la tête !

Le majordome plisse les lèvres dans un sourire sarcastique, raccompagne Klim jusqu'au porche et lui donne l'adresse du Dr Lavroff en précisant :

— Surtout dis-lui bien que tu viens de ma part.

Il me glisse toujours la pièce quand je lui envoie des clients.

En effet, le Dr Lavroff est jeune. Tellement jeune qu'en le voyant Klim s'inquiète : la science ne va pas avec des joues roses et une abondante chevelure.

— Le temps de m'habiller et nous partons ! dit le médecin en rentrant dans sa chambre.

Par la porte restée entrouverte, Klim aperçoit un lit défait, une bougie allumée et, sur le mur, l'ombre d'une femme qui s'étire. Il entend chuchoter. Des instruments tintent en tombant dans un sac. Evidemment, pour ce jeunet, c'est une aubaine d'être appelé à soigner le colonel Kern. Le majordome avait raison : un domestique ne devrait pas avoir de cervelle. On lui a commandé de ramener Spengler et personne d'autre. « Si je perds ma place, je ne l'aurai pas volé ! » pense Klim en précédant le médecin dans l'escalier tournant où leurs ombres conjuguées pivotent et s'allongent. De nouveau, la nuit, le traîneau, la neige et la ville aux rues droites.

Dans la maison des Kern, toutes les fenêtres du rez-de-chaussée sont maintenant éclairées. Il ne doit plus y avoir un seul domestique dans son lit. La barynia, en peignoir orange bordé de cygne, attend au pied de l'escalier. Klim, perclus d'inquiétude, explique pourquoi il a cru devoir... Sophie Vladimirovna ne l'écoute même pas.

— Vite, docteur ! chuchote-t-elle.

Klim leur emboîte le pas et s'arrête dans le vestibule, sous la grande icône. Bien que la porte reste ouverte, il n'ose franchir le seuil. Mais il regarde, le cou tendu, indiscrètement, de toute la force de ses yeux. Au milieu de la pénombre — un lit, et au milieu du lit — un vieil homme maigre, en chemise, dressé à demi sur ses coudes.

— Quoi ?... Qui... qui est-ce ? bredouille Pavel Pavlovitch. Je... ne vous connais pas...

Sophie Vladimirovna parle à l'oreille de son mari et il se recouche en murmurant :

— Ah, très bien !... Très bien !... Allez-y !... avec... avec l'aide de Dieu !

Klim respire.

Le jeune médecin prend le pouls du malade, l'ausculte, le palpe, l'interroge.

— Et là ? Et là ? dit-il. N'avez-vous pas un peu plus mal quand j'appuie à gauche ?... Oui ? C'est parfait !...

Il paraît ravi de tout ce qu'il découvre dans ce corps souffreteux. Pourtant, lorsque Pavel Pavlovitch demande, dans un souffle, s'il lui sera possible de retourner demain à son bureau, Lavroff secoue sa tête poupine et dit avec netteté :

— Non, pas de bureau pour l'instant. Ce serait imprudent au plus haut point. Votre ulcère mérite considération. Il faut être patient, suivre à la lettre le traitement que je vous prescrirai...

Il a une voix douce, persuasive : il insiste pour que le colonel consulte également le Pr Spengler, dont le diagnostic est tellement sûr ; puis il parle du mauvais temps qui sévit en Europe méridionale, de la saisie, à Odessa, d'un bateau espagnol transportant des marchandises de contrebande, et se retire en souhaitant une bonne nuit à son malade. Sophie Vladimirovna l'accompagne dans le petit salon et le regarde écrire son ordonnance. Quand il a fini, elle appelle Klim :

— Va à la pharmacie Mouravieff, carillonne jusqu'à ce qu'on t'ouvre et rapporte-moi tout ce qui est marqué là-dessus !

Puis, revenant à Lavroff, elle demande :

— Ce n'est pas trop grave, n'est-ce pas ?

Klim s'attarde derrière la porte pour entendre la réponse :

— Grave, non, mais préoccupant... Très préoccupant... Vous me dites que ses premières douleurs remontent à deux ans, qu'il n'a plus aucun appétit, qu'il a beaucoup maigri ces derniers temps...

— Oui. Le Pr Spengler parle d'un ulcère...

— Un ulcère en pleine évolution... je le crois en effet...

— Parfois, il lui suffit de manger un peu de sucre et ses douleurs se calment. Mais ce n'est pas une solution. Les crises sont de plus en plus rapprochées. Ces médicaments que vous lui prescrivez ?...

— Ils ne feront pas de miracle. Tout au plus pouvons-nous espérer le soulager momentanément...

Klim s'en va, à la fois désolé que la maladie de Pavel Pavlovitch se prolonge et fier d'avoir une deuxième course nocturne à accomplir pour lui. Par chance, le pharmacien n'a pas un sommeil profond et les remèdes prescrits sont faciles à préparer. Lorsque Klim revient à la maison, le médecin est parti. Sophie Vladimirovna, assise au chevet de son mari, lui tient la main et le regarde avec une colère tendre, comme si elle lui en voulait d'être malade.

— Tu as les médicaments, Klim ? demande-t-elle.

— Oui, barynia.

— Tous ?

— Oui.

— C'est bien ! dit-elle. Toi, au moins, tu sais faire les commissions, tu as une tête !

Klim s'épanouit. Elle ouvre le paquet, en retire des fioles, des boîtes, les examine, sourcils froncés, relit l'ordonnance et fait signe à Klim de l'aider à soulever le barine sur ses oreillers. Une cuillerée de sirop, des gouttes dans un peu d'eau, des pilules. Pavel Pavlovitch avale tout avec répugnance.

— Ça va mieux ? chuchote Sophie Vladimirovna.

— Oui... oui..., dit le malade en se recouchant sur le dos.

— Ce jeune docteur m'a paru très capable.

— Oui.

— Bien entendu, je vais tout de même convoquer Spengler, demain.

— Oui.

Klim veut se retirer, mais Pavel Pavlovitch lève une main de cire et marmonne :

— Ici... Je veux... ici !

— Mais bien sûr ! s'écrie Sophie Vladimirovna. Klim va rester ici. Il te veillera, la nuit.

Une telle marque de confiance bouleverse Klim. Sophie Vladimirovna baisse la mèche des lampes, allume une bougie sur la table de chevet et oriente un petit écran courbe pour masquer l'éclat de la flamme. Puis elle se penche sur son mari, le couvre d'un signe de croix et s'éloigne sur la pointe des pieds. Resté seul avec le malade, dans la pénombre, Klim s'assied sur une chaise et s'abandonne, immobile, les yeux grand ouverts, à l'hébétement silencieux des sentinelles.

4

— Ensuite les deux docteurs, le jeune et le vieux, sont allés dans le bureau de Pavel Pavlovitch, dit Klim. Je me suis glissé dans le salon, sans qu'ils me voient. La porte entre le salon et le bureau était ouverte. J'ai tout entendu, mais je n'ai pas tout compris. Ils ont dit que l'ulcère à l'estomac aurait dégénéré en quelque chose...

— En une tumeur ? demande Vissarion.

— C'est ça ! Et la tumeur, en grossissant, aurait gagné le foie. On la sentirait en palpant le barine. Et ce serait très très grave ! Puis ils ont discuté pour savoir s'il fallait ou non avertir Sophie Vladimirovna. Et ils ont décidé que non, que c'était trop tôt... Je crois que c'est tout...

Il se tait et pose sur Vissarion un regard d'interrogation inquiète.

— Très bien, dit Vissarion. Tu vois que tu sais te débrouiller quand tu t'en donnes la peine !

Il a sur le visage la même expression bienveillante que Sophie Vladimirovna lorsque Klim lui a rapporté les médicaments. Klim devrait en être heureux, et cependant il éprouve quelque gêne à contenter deux maîtres à la fois. Il pense à ce chien, Charik, qu'il a connu aux étuves et qui allait de porte en porte, en frétillant de la queue. Charik léchait toutes les mains et mangeait à toutes les écuelles.

— Maintenant écoute-moi bien, dit Vissarion. Un homme malade se laisse souvent aller à des confidences. Puisque tu as la chance d'être nuit et jour au chevet de Kern, ouvre tes oreilles et retiens tout ce qu'il dit. Même des propos qui te paraissent sans intérêt peuvent être, pour nous, d'une extrême importance. Dès qu'il y aura du nouveau, tu placeras une bougie allumée devant la fenêtre de ta chambre. Un ami, qui surveille le coin, m'avertira, et je me rendrai immédiatement dans ce traktir pour t'attendre. Sans signal de toi, je te retrouverai ici, dimanche prochain.

Klim acquiesce de la tête. L'intonation posée du bartchouk le rassure et le flatte. Que Vissarion Vassiliévitch soit venu seul au rendez-vous augmente l'agrément de leur rencontre. Ils sont attablés devant une bouteille de kwass, comme deux amis. D'ailleurs le traktir s'appelle : « Au rendez-vous des amis ». Mais ce sont surtout des cochers qui le fréquentent. Ils boivent du thé brûlant pour se réchauffer entre deux courses. La salle est bondée. On dirait une caverne, tant il y fait sombre. De place en place, une lampe à huile éclaire des masses de visages. Les fronts suent, les barbes soupirent. Deux ivrognes se disputent près du comptoir. Klim voudrait retenir le bartchouk, longtemps, longtemps, à sa table, échanger avec lui des souvenirs d'enfance, de jeunesse, rappeler la mémoire du pauvre Vassili Pétrovitch, parler d'autre chose enfin que de politique. Mais il hésite à se lancer. En vérité, il n'y a guère de sujets de conversation entre un maître et un serviteur. Ayant donné ses instructions, Vissarion Vassiliévitch a déjà l'air pressé de partir. Il vide son verre, il toussote.

— Comment se porte Stépan Alexandrovitch ? demande Klim pour gagner du temps.

Le bartchouk se lève et jette des pièces de monnaie sur la table :

— Ça va, ça va...

— Ah ! je suis bien content. Tu lui transmettras mes salutations...

L'instant d'après, Klim est seul devant deux verres vides. Selon les recommandations qu'il a reçues, il doit attendre au moins un quart d'heure avant de sortir lui-même. Ces quinze minutes lui pèsent. Qu'il pense au colonel Kern ou au bartchouk, il est également inquiet. L'un et l'autre sont malades : le premier, de corps ; le second, d'esprit. Et lui, entre eux, que va-t-il devenir ? Les quinze minutes sont passées. Il se lève, pousse la porte, et une bourrasque le surprend. Subitement, il souhaite qu'un policier lui mette la main au collet. Mais la rue est déserte. Et, dans la nuit, il n'y a d'autre violence que celle du vent qui hurle et de la neige qui cingle.

A la maison, Klim relaye Prokhor, qui somnolait, écroulé sur une chaise, dans le vestibule séparant la chambre du barine de celle de la barynia. A peine s'est-il installé à son tour, que le colonel Kern l'appelle par la porte entrebâillée. Assis dans son lit, le malade a un visage énergique et douloureux.

— Tu rentres bien tard, il me semble ! dit-il d'une voix cassée.

— Comme d'habitude, le dimanche, Votre haute Noblesse.

— Où as-tu été ?

— Bavarder avec des amis, dit Klim.

Et le mensonge passe si facilement ses lèvres qu'il s'en étonne.

— Fais attention à la vodka ! dit le colonel.
— Je n'en bois jamais.
— C'est bien... C'est bien... Donne-moi mes gouttes.
— Quand en avez-vous pris la dernière fois ?
— Il y a deux heures.
— Alors il faut attendre une heure encore, Votre haute Noblesse. Le médecin l'a dit.
Kern émet un petit rire souffreteux et grogne :
— Ma parole, tu me commandes ! C'est le monde renversé !...
Et il retombe sur ses oreillers.
— Vous avez meilleure mine, ce soir, dit Klim.
— Oui, j'ai moins mal. La carcasse est encore bonne. Peut-être, si j'arrêtais de prendre leurs sales médicaments, guérirais-je plus vite...
Klim croit que le barine va se rendormir, mais non, le voilà qui se redresse sur ses coudes :
— La couverture fait des plis... Tire-la un peu, Klim... Là, c'est mieux. Va-t'en... Non, reste... Ah ! que c'est pénible ! Que c'est pénible !...
— Vous n'êtes pas bien ? Vous voulez que je vous tourne sur le côté ?
— Ce n'est pas ça qui est pénible !... C'est... c'est d'être là... cloué sur un lit... Quand on a, comme moi, l'habitude de... de...
Il ne trouve plus ses mots et halète, les joues affaissées, le menton tremblant. Ses deux mains décharnées se plaquent sur son ventre.
— Je vais vous donner vos gouttes, dit Klim.

★

Tête renversée et paupières closes, le colonel Kern offre ses joues au glissement régulier du rasoir. Penché sur lui, Klim officie avec précaution. De temps à autre, il essuie sa lame au rebord d'un bol. Et, de nouveau, il savonne le menton du barine. C'est miracle que celui-ci ait retrouvé assez de force pour s'asseoir dans son lit et se laisser faire la barbe. Depuis hier, il se croit sur le chemin de la guérison. Il envisage même de reprendre son travail au bureau, le mois suivant. Mais les médecins, dont Klim a surpris les conciliabules, sont d'un avis contraire. Ils parlent d'une « rémission », tout au plus. De tels « arrêts » sont, paraît-il, fréquents dans la maladie du barine. La barynia, elle non plus, n'ose se réjouir. Devant le colonel, tout le monde feint l'optimisme, mais, hors de sa vue, les visages s'attristent. Encore une comédie à jouer ! Jamais Klim n'a été pris dans un tel réseau de mensonges. A croire qu'on change de vérité en passant d'une chambre à l'autre. Quelques coups de ciseaux pour égaliser la moustache et rogner les poils des narines et des oreilles. La toilette est terminée. Le colonel se regarde dans le miroir à main que lui présente Klim, fronce les sourcils, tend le cou et décide :

— C'est bien !

Mais quand Klim l'invite à se recoucher, il refuse. Qu'on lui passe son veston d'intérieur, qu'on l'aide à s'asseoir confortablement dans son lit, qu'on lui apporte le courrier, les journaux... Le Dr Lavroff arrive pendant que son malade fulmine au milieu des gazettes froissées :

— Encore des tracts révolutionnaires saisis sur des étudiants, aux abords de l'Université ! Que fait le Troisième Bureau ? On arrête les comparses et on laisse courir les vrais responsables ! Il serait pourtant facile de remonter à la source ! Ecoutez, docteur, ça ne peut plus durer ! Il faut que je retourne à mon travail !

— Impossible !

— Permettez-moi, au moins, de réunir mes collaborateurs ici, en attendant que je puisse sortir.

— Vous vous fatiguerez trop.

— Allons donc ! Regardez-moi ! Je m'use les nerfs à pester contre mon impuissance, mon inutilité, dans des heures aussi graves ! En reprenant progressivement mes activités professionnelles, je me calmerai, je hâterai ma convalescence...

— Seul le Pr Spengler pourrait lever la consigne.

— Alors, appelez-le vite !

Le soir même, Spengler débarque à la maison et s'enferme avec Lavroff dans le bureau du colonel. Klim a beau passer et repasser devant la porte, il ne peut rien entendre. Les deux médecins ressortent, graves et souriants, pour se rendre au chevet de Kern. Aussitôt, la nouvelle se répand à l'office : le barine est autorisé à recevoir ses collaborateurs trois fois par semaine. Les domestiques vont répétant : « C'est bon signe ! Il remonte la pente ! » Pour remercier Dieu, le colonel Kern ordonne qu'un service d'action de grâces soit célébré, le lendemain matin, à son domicile. Cette décision émeut Klim, parce qu'elle lui rappelle les pieuses traditions de Vassili Pétrovitch.

C'est le prêtre de l'église voisine, le père Kondrati, qui se présente, portant une icône miraculeuse, copie fidèle, paraît-il, de la Vierge du Don, chère aux Moscovites. Il est très petit et très vieux. Le diacre l'aide à revêtir sa chasuble, tandis que le sacristain allume l'encensoir. Le colonel Kern a voulu se mettre en tenue d'apparat, pour la circonstance. Mais le moindre effort l'épuise. Il a dû s'allonger à trois reprises pour recouvrer son souffle, pendant que Klim l'habillait. Son uniforme lui est devenu trop grand. Les lourdes épaulettes dorées écrasent ses épaules maigres. Hors de son col large et rond, émerge un cou de dindon décharné. Les aiguillettes d'argent pendent sur sa poitrine creuse. Il avance par saccades, le regard dur, la nuque raide, soutenu par Klim et par Prokhor. Sophie Vladimirovna, émue aux larmes, se tamponne le nez avec un mouchoir. L'autel a été dressé sur une table, près de la fenêtre. Des amis, des voisins se sont dérangés. Les domestiques s'alignent contre le mur du fond, femmes d'un côté, hommes de l'autre. Le service commence. L'encens s'élève par bouffées. Massés dans un coin, entre une commode de laque rouge et une plante verte en pot, les choristes donnent de la voix. Si fort que le colonel, assourdi, fait la grimace. Aussitôt le chœur se met à chanter plus doucement. Klim ne quitte pas le malade des yeux. Comment Pavel Pavlovitch fait-il pour rester debout si longtemps ? Le voici même qui s'agenouille, qui se relève. Pas de doute : il est soutenu par Dieu. Jusqu'à la fin, il accomplit scrupuleusement tous les gestes du chrétien en prière. Mais son visage, que Klim aperçoit de biais, dans une glace, est livide. Sa mâchoire vibre à petits coups. Après le Te Deum, sur l'invitation de Sophie Vladimirovna, le père Kondrati parcourt toutes les pièces de la maison et les asperge d'eau bénite. Le sacristain brandit l'icône de la Vierge du Don. Prokhor, qui est particulièrement pieux, s'arrange pour passer à quatre pattes sous l'image sainte. Cela, dit-il, porte bonheur pour la vie. On termine par la salle à manger, où sont servis les hors-d'œuvre. Pavel Pavlovitch s'est laissé tomber dans un fauteuil, à côté de la table. Sa tête est au niveau d'un énorme plat de croquettes. Les amis, puis les domestiques, le félicitent et forment des vœux pour que sa guérison s'accélère.

— Et maintenant, je vous en prie, servez-vous ! dit Sophie Vladimirovna.

Les domestiques se retirent, à l'exception de Klim et de Prokhor, tandis que les invités s'avancent vers le buffet. Le père Kondrati lève le premier son verre à la santé de l'hôte. Des mains se tendent vers les pâtés, les salaisons, les viandes fumées. Très vite, la vue et l'odeur de la nourriture incommodent le colonel. Ayant avalé un peu de lait caillé, il annonce qu'il va se reposer. Klim le ramène dans sa chambre, le déshabille et le couche. Pavel Pavlovitch reste un long moment les yeux fermés, les lèvres soudées, puis il murmure :

— Ces prières m'ont fait du bien. L'air me semble plus léger...

Klim ressent exactement la même chose. Il y a longtemps qu'il n'avait connu l'espèce de tranquillité souriante, de plénitude surnaturelle, que procure la visite d'un prêtre dans une maison. Pavel Pavlovitch ne peut être un mauvais homme, puisqu'il croit en Dieu et révère l'Eglise. Est-ce sa faute si le tsar l'a chargé de poursuivre et d'arrêter les révolutionnaires ? Chacun est sur terre pour accomplir un travail, les nihilistes pour conspirer, les policiers pour déjouer leurs complots.

— Demain, reprend Pavel Pavlovitch, il faut que j'aie la tête bien claire ! Quand je pense à toutes les affaires en retard ! Voyons... tu prépareras huit sièges dans mon bureau, autour de la grande table. Devant chaque siège, du papier blanc, un encrier, une plume. Pour moi, un fauteuil. Je présiderai. Ah ! à ma gauche, une autre table, celle en acajou, pour les dossiers. Et la sonnette... Si tout marche comme je le veux, je... je suis sûr que le tsar...

Il n'achève pas sa phrase et lance à Klim un

regard irrité, comme s'il regrettait d'avoir tant parlé devant lui. Puis sa figure se radoucit. Il balbutie :

— Tu t'occupes bien de moi, Klim... Lorsque je serai rétabli, je ne t'oublierai pas... A Pâques... à Pâques tu seras récompensé... As-tu compris, pour demain ?

— Comptez sur moi, Votre haute Noblesse, dit Klim la gorge serrée. Tout sera fait selon vos instructions.

Du rez-de-chaussée montent des éclats de voix, des tintements de vaisselle.

— Ils n'ont pas encore fini de manger ! soupire Pavel Pavlovitch. C'est incroyable !

— Voulez-vous que je descende pour aider au service ?

— Non, reste. Je vais m'assoupir un peu. Quand je dors, j'aime bien te sentir près de moi. Tu me réveilleras à 5 heures.

Klim tire les rideaux et se rassied au chevet du colonel.

5

Du haut de l'escalier, Klim plonge ses regards dans la foule. La salle du « Rendez-vous des amis » est pleine de fumée et de bruit. Mais le bartchouk n'est pas là. Une table se libère, près d'un pilier. Klim se fraye un chemin jusqu'à elle, s'assied, commande du thé et fixe les yeux sur la porte. Il n'a pas longtemps à attendre. Vissarion Vassiliévitch apparaît au sommet des marches. Il porte une toque de mauvais astrakan gris et un manteau bleu ouatiné, à boutons de bois.

— Eh bien ! murmure-t-il en s'installant devant Klim, la semaine a dû être calme !

— Pourquoi dis-tu ça ? demande Klim.

— Parce que tu n'as pas placé une seule fois la bougie allumée à la fenêtre.

— C'est vrai, dit Klim.

Et il se sent tout à coup oppressé et faible. Il boit une gorgée de thé brûlant.

— Comment va Kern ? reprend le bartchouk.

— Un peu mieux. Mais les médecins disent que c'est une amélioration passagère.

— N'a-t-on pas célébré un service religieux, chez lui ?

— Si... si...

— Et après ?

— Après, rien...
— Personne n'est venu ?
— Des voisins, des amis... comme d'habitude...
— Tu es sûr ?
Klim hésite et bredouille :
— Il a aussi reçu quelques collaborateurs...
— Je croyais t'avoir chargé de me renseigner avec précision sur toutes les personnes qui passeraient le seuil de sa porte ! dit Vissarion d'un ton glacé.
— Je ne pensais pas que c'était tellement important pour toi de savoir que des gens de son bureau étaient venus le voir !
— Ah ! non ? Tu ne pensais pas ?... Serais-tu devenu complètement idiot, par hasard ? Comment, lorsque Kern offre un dîner, tu me fournis la liste des invités et même le menu, et, lorsqu'il réunit son état-major pour étudier de nouvelles méthodes d'espionnage et de répression, tu passes l'événement sous silence ? Ne sais-tu pas que la liberté, la vie de nos camarades dépendent des décisions que prendront ces messieurs ? As-tu oublié que tu étais notre seul allié dans la place, que toute la réussite de l'opération reposait sur toi ?
— De quelle opération parles-tu ? demande Klim avec angoisse.
Au lieu de répondre, Vissarion enchaîne d'une voix pressée :
— Heureusement que nous avons fait surveiller les abords de la maison ! S'il n'avait fallu compter que sur toi, sans doute n'aurions-nous jamais su ce qui se tramait chez les Kern ! Je ne vois qu'une explication à la surprenante discrétion dont tu fais preuve depuis quelques jours : tu es en train de nous trahir, Klim.
Klim a un haut-le-corps :

— Comment peux-tu penser ça, Vissarion Vassiliévitch ? Je te suis dévoué corps et âme !

— Pas au point de m'aider à supprimer cet homme, qui est une bête malfaisante, la plus ignoble incarnation de la police tsariste...

— Tu veux vraiment le supprimer ?

— Tu ne t'en doutais pas ?

— Si, dit Klim en courbant le dos.

— Et c'est pour ça que tu t'es mis à me mentir ?...

Klim hoche la tête.

— Je ne sais plus, dit-il doucement. Je ne sais plus, Vissarion Vassiliévitch. Tue-moi si tu veux, mais je ne sais plus...

— Évidemment ! dit Vissarion. J'ai eu tort de te charger d'une mission aussi importante ! J'ai présumé de tes forces !

Chaque mot prononcé par Vissarion déchire Klim. Il préférerait être battu en public. Avec un grand effort sur lui-même, il essaie de comprendre pourquoi et comment il en est arrivé à désobéir au bartchouk. Enfin il dit :

— N'as-tu pas assez de sang sur les mains, Vissarion Vassiliévitch ? Quand t'arrêteras-tu ?

— Quand le régime sera à terre !

— Et si le régime résiste des années, des années ?...

— Eh bien ! je lutterai des années, des années... toute ma vie, s'il le faut !

— Toute ta vie ! soupire Klim. Qu'en as-tu fait, de ta vie, cher Vissarion Vassiliévitch ? Les autres se marient, ont des enfants, un métier, une maison... Toi, tu n'as rien... Je te regarde et mon cœur se serre... Si encore je voyais un résultat !... Mais tes amis et toi vous frappez, vous jetez des bombes, vous publiez des tracts, et rien ne change... Le peuple n'est pas plus heureux, et vous, vous êtes de plus en plus malheureux !

Malheureux dans votre âme et dans votre corps ! Du temps d'Ida Alexandrovna, c'était moins grave... Elle vous raisonnait... Elle vous aurait empêchés de verser le sang... Mais, elle partie, la folie vous a pris, son frère et toi... Surtout son frère. Il ne te vaut rien, celui-là !... Ah ! Vissarion Vassiliévitch, tu t'es laissé entraîner par lui ! Et tu ne sais plus comment t'en sortir ! Et moi, pauvre imbécile, je ne te suis d'aucun secours ! Sais-tu ce que nous devrions faire ?... Partir tous les deux. Moi, je quitte le colonel, et toi, tu quittes Stépan Alexandrovitch. Il est encore temps... Pas un mot à personne... Nous filons... Loin, loin... Et nous commençons une autre vie... Honnête, simple... Tu redeviens un barine, je redeviens un domestique... Nous ne lisons plus les journaux...

Klim parle d'une voix étouffée. Ses lèvres remuent vite. Un espoir humble se lève dans ses yeux. Vissarion voudrait se fâcher contre lui et ne le peut pas. Combien de fois s'est-il dit lui-même ce que son serviteur est en train de lui dire ? Ce moujik bavard serait-il ce qu'il a de plus cher au monde ? Sa seule famille, sa conscience, son miroir ! Il se raidit :

— Cesse de geindre, Klim ! Tu ne comprends rien à notre combat. Je ne peux plus reculer. Même si tu as raison en apparence, tu as tort en réalité. Cela dit, je ne veux pas te retenir. Puisque tu as des doutes, il faut nous séparer.

— Nous séparer ? s'écrie Klim. Mais... c'est impossible !

— Pourquoi ? Tu demandes ton congé au colonel, tu changes de ville, tu essaies de nous oublier...

— Non, Vissarion Vassiliévitch. Il y a des liens que même une hache ne saurait trancher. Ton père m'a placé auprès de toi. Il faut donc que j'y reste. Jusqu'à mon dernier souffle. Laisse-moi retourner chez le colonel. Je ne te mentirai plus. Je te rapporterai tout ce qui se fait là-bas.

Il y a un silence. Vissarion scrute le visage de Klim et dit brièvement :

— Quand aura lieu la prochaine réunion chez Kern ?

— Vendredi, à 3 heures de l'après-midi.

— Tous ses collaborateurs s'y trouveront ?

— Je ne sais pas... je pense...

— Lorsqu'ils seront en séance, tu préviendras le portier qu'un policier habillé en civil est attendu vers 3 heures et demie, porteur de papiers importants, et qu'il faudra le laisser passer. Ce policier, ce sera moi.

— Toi ? dit Klim, et son cœur se dérobe.

— Oui, dit Vissarion. Une seule bombe pour toute la clique ! Nous n'aurions jamais rêvé un pareil feu d'artifice, en temps normal ! Cette maladie de Kern est une aubaine !

— Attends ! Attends ! dit Klim. Pourquoi veux-tu le tuer, alors qu'il est malade et qu'il mourra bientôt de lui-même ?... Les docteurs disent...

— Je sais ce que disent les docteurs, et c'est précisément pourquoi je veux me dépêcher. Il ne faut pas que cette canaille rende le dernier soupir dans son lit. Condamné par notre organisation, il doit subir son châtiment à la face du monde.

— Mais le résultat serait le même si...

— Absolument pas ! Tu n'as pas encore compris que nos exécutions ont un double but : exterminer tel ou tel serviteur important du régime certes, mais surtout donner à réfléchir aux autres ? Nettoyage de salubrité et avertissement solennel...

— Oui, balbutie Klim.

— Puis-je compter sur toi ?

— Oui.
— Vendredi prochain, à 3 heures et demie !
— Oui.
— Tu préviendras le portier, tu m'accueilleras dans l'antichambre, tu me conduiras à la salle de réunion...
— Et cette bombe..., si... si elle te blessait en éclatant ? dit Klim.
— Ne t'occcupe pas de ça. Je la lancerai de loin, du seuil de la porte. Et nous nous enfuirons. Stiopa nous attendra au coin de la rue, avec un traîneau.
Il chuchote, penché sur Klim. Leurs visages se touchent presque. Klim est si heureux d'avoir retrouvé la confiance du bartchouk qu'il en oublie, un instant, à quoi elle l'engage. Puis un reflux amer lui soulève le cœur. Il revoit Pavel Pavlovitch Kern en prière, au milieu d'un nuage d'encens. Vissarion a, lui aussi, commandé du thé. Ils boivent, les yeux dans les yeux. Des minutes passent. N'ont-ils plus rien d'important à se dire ? Un poids écrase la poitrine de Klim. Il respire et le poids bouge à peine.
Soudain Vissarion demande :
— As-tu vu des départs de forçats pour la Sibérie ?
— Non.
— Dommage ! Tu aurais moins de tendresse pour Kern !
— Sans doute... sans doute... Et après Kern, nous en tuerons d'autres ?
— Oui.
Klim vide le fond de sa tasse. Le liquide passe à travers le morceau de sucre qu'il maintient avec sa langue contre son palais.
— Il en sera fait comme tu voudras, Vissarion Vassiliévitch, dit-il encore. L'or s'éprouve par le feu, l'homme par le malheur.

6

Lentement, le colonel Kern secoue la tête de gauche à droite : il n'assistera pas au dîner, ce soir, il est trop las, il a trop mal. Sa femme n'aurait pas dû inviter les Bélouguine. N'est-ce pas lui qui l'a poussée à le faire ? Oui, mais cela se passait la semaine précédente, alors qu'il se croyait sur le point de guérir. Sa convalescence traîne en longueur inexplicablement.

— Tout compte fait, tu as raison, dit Sophie Vladimirovna. Tu te fatiguerais à table. Je vais te faire monter du bouillon et des croquettes de volaille.

— Non, dit-il. Rien...

— Comme tu voudras.

Elle est toute parée. Le satin mordoré de sa robe luit sur ses hanches et sur sa poitrine saine, rebondie. Ses cheveux sont comme une coulée de miel enroulée par une torsion de cuiller. Un parfum d'héliotrope l'entoure. Il le respire avec écœurement et chuchote :

— Tu es belle !

Elle lui sourit, le baise sur le front et le quitte pour s'occuper de ses invités. Sur le seuil de la porte, elle dit encore :

— Je t'enverrai Klim dès qu'il aura fini son service.

Kern reste seul, assis dans son fauteuil, avec, à portée de la main, un crachoir, des journaux, une serviette propre. Immobilité fascinante de la chambre. Même la flamme, dans le manchon en verre de la lampe, ne tremble pas. La seule chose qui bouge, c'est la douleur en lui, sourde, noire, ramifiée. Il gémit faiblement. Un rat lui ronge les entrailles. Quelle saloperie, cet ulcère ! Mais il en viendra à bout. Les médecins ne sont pas tous ignares. Ce professeur allemand dont Drenteln lui a parlé... Le faire venir de Munich... Ça coûtera ce que ça coûtera... Il ne va pas moisir dans sa chambre pendant des semaines, alors que l'Etat a besoin de lui ! Encore heureux que les docteurs l'aient autorisé à reprendre une partie de son activité, à la maison ! La séance de demain sera décisive. Ses collaborateurs ont beau se montrer sceptiques, il est sûr que le plan réussira. Les agents provocateurs sont en place ; les faux journaux clandestins ressemblent à s'y méprendre aux vrais ; les étudiants tomberont dans le panneau ; et, une fois pincés, ils donneront leurs camarades pour se sauver eux-mêmes de la prison. Il ne restera plus qu'à remonter des comparses aux premiers rôles. Kern se dit qu'il n'a rien contre la jeunesse. Souvent même il évoque avec attendrissement ses propres années d'Université. Mais les étudiants de l'époque actuelle passent la mesure. Ce qui, de son temps, n'était qu'un aimable remue-ménage intellectuel est devenu une insurrection permanente. Il suffit d'avoir vingt ans et d'ouvrir, à ses moments perdus, un livre de philosophie allemande pour se croire habilité à reconstruire le monde. Empoisonnés par les journaux étrangers, les tracts, les brochures subversives, ces malheureux se font, à leur insu, les complices des assassins. Pas de pitié pour les fauteurs de troubles. Les médiocres en prison, les meneurs à la potence. Si Kern réussit son grand coup de filet, il aura bien mérité de la Russie. D'après ce que lui a dit Sémenoff, à la séance de travail de mardi dernier, on chuchote qu'il pourrait succéder au général Drenteln à la tête du Troisième Bureau. Il ne veut pas y croire. Ce serait trop d'honneur. D'ailleurs il n'est que colonel. Et puis il est mal vu dans l'entourage du tsar. A cause de cette malencontreuse histoire de spiritisme ! Pourtant le tsar ne dédaigne pas de consulter des voyantes. Il devrait donc se montrer compréhensif envers ceux qui, d'une manière ou d'une autre, croient aux influences surnaturelles. Non, il y a sûrement un autre motif à la froideur de Sa Majesté. Rien de rédhibitoire, en tout cas ! Si Kern est nommé à la tête du Troisième Bureau, ce sera une telle revanche pour sa femme qui n'est pas encore admise dans certains salons de la capitale ! Il ne lui a pas rapporté les propos de Sémenoff, par crainte de lui donner une fausse joie. Peut-être devrait-il... ? « Le couronnement de ma carrière. »

Il se répète la formule avec satisfaction et regrette davantage encore que sa fille ne soit plus de ce monde. Elevé à un tel rang, il l'aurait mariée sans peine à quelque brillant personnage de l'Empire. Toute son ambition, il l'avait placée sur elle. Il serre les poings, les desserre, promène sa main en rond sur son ventre douloureux. Des larmes lui voilent les yeux. Il les renifle en renversant la tête. Que Dieu lui donne la force de gravir les derniers échelons de la hiérarchie ! Ce serait trop bête si, à cause d'un ulcère à l'estomac, il devait renoncer à la glorieuse tâche qu'il s'est fixée. Il suffirait que le tsar le nomme général, remercie Drenteln, accepte la réforme des services policiers... Mais vite ! vite ! S'il tarde trop... Cette brûlure, cette pesanteur... Il saisit la sonnette en argent et l'agite à trois reprises. Un long temps. Puis la porte s'ouvre.

— Mes gouttes, Klim ! dit-il.

Klim se précipite dans le cabinet de toilette et revient, portant un verre. Kern hume le médicament, l'avale d'un trait et fait la grimace.

— Pouah ! grogne-t-il. C'est encore plus mauvais que d'habitude ! Où en sont-ils, là-bas ?

— Au dessert, dit Klim.

— Retourne à ton travail.

Klim s'en va. Kern se renverse dans son fauteuil. Peu à peu, ses douleurs s'endorment.

★

Vissarion ferme la sacoche de cuir, la soupèse et la repose sur la table. Timothée Fédorovitch suit ses moindres mouvements en se mordillant le gras du pouce.

— Ne vous inquiétez pas ! lui dit Vissarion avec un sourire. Tout marchera bien. Et, dans quelques heures, vous serez débarrassé de notre présence.

— Ce n'est pas ça... ! bredouille Timothée Fédorovitch. Comment pouvez-vous dire ?... Au contraire, je suis ravi de vous avoir ici et de... de participer dans la modeste mesure de mes moyens à une œuvre aussi importante...

Il est verdâtre, son menton s'allonge.

— Vous m'étiez très sympathiques, dit-il encore.

— Pourquoi parlez-vous de nous au passé ? demande Stiopa d'un ton narquois.

— Pour rien, pour rien...

De nouveau, Vissarion regarde la sacoche. Banale, jaune, craquelée, inoffensive. La bombe est enfermée dedans. On fixera le détonateur demain, juste avant de partir pour rencontrer Kern. Le plan, élaboré avec soin, doit réussir. Un risque : disparaître en même temps que le colonel. A cette idée, le sang se fige dans les veines de Vissarion. Il connaît bien cette sensation de froid soudain, de paralysie, de chute. Seul remède contre la lâcheté : les folles exaltations de l'orgueil. Il doit se répéter cent fois que sa mission est sublime, fascinante, surhumaine, que, tel qu'il est, obscur et pauvre, il se présente comme le défenseur du peuple humilié, du droit méconnu, qu'il se dresse au milieu d'une nation d'esclaves pour dire non à la face du plus puissant monarque du monde, qu'il provoque en un duel à mort Alexandre II, et tous ses ministres, et toute son armée. Sa force est de n'avoir rien à perdre ni rien à gagner pour lui-même dans cette lutte inégale. Depuis longtemps il a fait don de sa vie à la cause socialiste. Héros et martyr tout ensemble, il va goûter enfin l'ivresse de l'immolation volontaire. « Mais non, ce n'est pas vrai, mon Dieu ! J'ai peur, j'ai affreusement peur, tu le sais ! Donne-moi le courage, demain, de tuer cet homme comme il le mérite, comme je le mérite !... » Un frisson le parcourt. Ses dents s'entrechoquent. Aurait-il la fièvre ? Que les heures seront longues jusqu'à l'ultime confrontation ! Tout à coup, il constate qu'il a faim.

— Je mangerais bien quelque chose, dit-il.

— A cette heure-ci ? s'exclame Stiopa. En voilà une idée !

— Je vais voir ce que j'ai dans le garde-manger, dit Timothée Fédorovitch.

Il se lève et s'immobilise, pétrifié, les yeux saillants. Un pas se rapproche. Trois coups forts retentissent à la porte d'entrée. Puis trois faibles.

Le signal convenu. Vissarion pousse un soupir de soulagement : sans doute est-ce le camarade chargé du guet, dans la rue, qui vient aux nouvelles. Timothée ouvre la porte. Et Klim apparaît sur le seuil. Il est pâle, décomposé, une touloupe de mouton ouverte sur sa livrée marron à galons jaunes.

— Qu'est-ce que tu viens faire ici ? crie Stiopa en se dressant d'un bond.

— Le colonel est mort, dit Klim d'une voix éteinte.

— Comment ça ?... Comment ça... il est mort ? balbutie Vissarion.

— Il y a deux heures à peine... Dans son lit... Il souffrait tellement !... Alors je lui ai donné un peu plus de gouttes que d'habitude...

Le regard de Vissarion frappe Klim et le transperce.

— Un peu plus de gouttes que d'habitude ? murmure Stiopa. Que veux-tu dire ?...

— Je lui en ai donné trente... quarante peut-être...

— Au lieu de... ?

— Au lieu de cinq.

— Tu as fait ça ? hurle Vissarion. Mais tu l'as tué, espèce d'imbécile !...

— Tu crois, Vissarion Vassiliévitch ?... Oh ! non... Je ne pense pas... Je n'ai pas voulu...

— Si, tu l'as voulu ! Tu l'as voulu pour m'éviter de le faire moi-même !

Klim se trouble et bredouille :

— On a appelé les docteurs... Ils sont venus tous les deux... Ils ont constaté le décès... Ils disent que c'est la maladie...

— Evidemment ! gronde Vissarion. Même s'ils sont convaincus du contraire, ils diront que c'est la maladie ! Et les journaux l'imprimeront ! Et toute la Russie le croira ! Et ainsi nous serons privés d'une grande victoire devant l'opinion publique ! Te rends-tu compte, abruti, qu'en empoisonnant le colonel tu as desservi notre cause ?

Il a saisi Klim par les épaules et le secoue de toutes ses forces, dans un accès de rage, en répétant :

— Sale moujik ! Sale moujik à cervelle de plomb !

La voix irritée éclate au visage de Klim. Des postillons lui mouillent les joues. Tête ballante, il marmonne :

— Je... je ne l'ai pas empoisonné, Vissarion Vassiliévitch !... Je te le jure... Les gouttes ne sont pas si fortes que ça... Cinq, dix ou trente, c'est pareil...

— Tu mens ! Tu savais très bien ce que tu faisais ! Par ta faute, notre plan est fichu ! Tout ce travail pour rien !...

La phrase s'achève par une gifle. Sous la violence du choc, Klim ouvre la bouche. Sa joue gauche flambe. Encore un coup, et c'est sa joue droite. Il y avait longtemps que le bartchouk n'avait porté la main sur lui. Tout leur passé lui revient.

— Assez, Vissarion ! dit Stiopa d'une voix altérée.

Vissarion soufflette Klim une troisième fois, mais moins fort, et le repousse contre le mur. Il y a un long silence. Sans relever la tête, Klim murmure :

— Tu voulais qu'il meure et il est mort. Que te faut-il de plus ?

— Il devait mourir de ma main, en punition de ses crimes ! dit Vissarion. Je te l'avais pourtant expliqué, l'autre soir ! Tu m'avais promis...

— C'est vrai, dit Klim. Je t'avais promis... et je n'ai pas pu...

— Tu as eu pitié de cette ordure !...

— J'ai eu pitié de toi, Vissarion Vassiliévitch. De toi et de lui. Parce que celui qui tue son prochain se tue lui-même. Parce que le plus mort des deux n'est pas celui qu'on croit. Parce que le Christ a dit...

— Laisse le Christ dans son coin ! grogne Stiopa. Ce qui est fait est fait. Maintenant il faut limiter les dégâts. A-t-on remarqué ton départ, chez les Kern ?

— Je ne sais pas...

— Il ne sait rien ! s'exclame Vissarion en ouvrant les bras. Il est inconscient ! Autant discuter avec une bûche ! En tout cas, il ne faut pas qu'il retourne là-bas !

— Je dois y retourner, Vissarion Vassiliévitch, dit Klim. Si je n'y retourne pas, ils me soupçonneront...

— Et si tu y retournes, tu crois qu'ils ne te soupçonneront pas, imbécile ? Réfléchis un peu : les médecins, dis-tu, ont conclu à une mort naturelle. C'est la version officielle, évidemment ! Mais en fait, la police est peut-être déjà avertie ! Ils t'interrogeront, ils te coinceront, tu finiras par te couper ! Et ils remonteront de toi jusqu'à nous !

— Mais mon passeport, Vissarion Vassiliévitch ? Le barine a gardé mon passeport !

— La belle affaire ! Il est faux, ton passeport ! On t'en donnera un autre !

— Bien, Vissarion Vassiliévitch. Alors maintenant, qu'est-ce que je fais ?

— Va à la cuisine et attends nos décisions.

Klim se retire, les épaules basses, et s'assied sur une chaise, entre le fourneau et la caisse à bois. La colère du bartchouk lui ôte le goût de vivre. Il se sent coupable mais ne parvient pas à savoir ce qui s'est passé au juste dans sa tête, lorsqu'il a incliné la fiole de médicament au-dessus du verre. Espérait-il qu'une quarantaine de gouttes calmeraient mieux les douleurs du malade que les cinq gouttes prescrites ? Se disait-il, au contraire, qu'une forte dose de médicament, en affaiblissant le colonel, l'obligerait à décommander la séance de travail du lendemain et qu'ainsi le bartchouk n'aurait pas l'occasion de jeter sa bombe ? Voulait-il tuer lui-même pour éviter que son maître n'assumât le poids d'un si grand péché ? Rien de tout cela précisément et tout cela ensemble, peut-être... Le colonel a passé doucement. Une respiration saccadée. Quelques molles crispations de la main sur le drap. La bouche qui s'ouvre, le regard qui s'étonne, et, soudain, l'immobilité, la sérénité, l'absence. « Il serait mort, même si je ne lui avais donné que cinq gouttes », décide Klim, et il se signe. Mais cette affirmation a un goût de mensonge trop prononcé. Il voudrait s'en contenter et ne le peut pas. Est-il plus grave d'avoir offensé Dieu en tuant un homme ou d'avoir irrité le bartchouk en lui désobéissant ? Il faut que le bartchouk lui pardonne. Alors seulement il retrouvera la paix de sa conscience. A l'appel de Klim, la maison s'est éveillée. On court, on se récrie, on pleure, on attelle un traîneau pour aller chercher le docteur... Et au milieu de cette agitation, un cadavre satisfait, les dix doigts croisés sur le ventre. « Que le royaume du ciel lui soit accordé ! » murmure Klim. La porte s'ouvre. C'est Stépan Alexandrovitch. Les maîtres ont fini de discuter.

— Nous partons immédiatement, dit Stiopa. Vissarion est allé chercher une voiture. Tu vas nous aider pour les bagages. Eh bien ! Remue-toi ! Qu'est-ce que tu attends ?

Pris dans un cyclone, Klim s'efforce de bien

obéir, c'est-à-dire de ne plus penser. Ses mains vont toutes seules, ouvrant des tiroirs, empilant du linge, rangeant des papiers. Timothée Fédorovitch ne quitte plus son poste, près de la fenêtre, tant il redoute une brusque arrivée de la police. Tous pris au gîte. D'un seul coup. Par la faute de Klim. Et le bartchouk qui n'est pas encore de retour ! Pourquoi tarde-t-il, alors qu'il est simplement allé chercher un fiacre ? On en trouve toujours au coin de la rue. Protège-le, Reine du ciel ! Enfin Timothée Fédorovitch se détache de la fenêtre et dit :

— Le voilà !

Un pas se rapproche dans le couloir. Klim le reconnaîtrait entre mille.

— J'ai trouvé un voiturier qui accepte de nous conduire jusqu'à Pavlovsk, dit le bartchouk en poussant la porte. Après, on verra. Dépêchez-vous ! Le moins de bagages possible !

Il va et vient à travers la pièce dans un grand mouvement nerveux. Klim le suit humblement des yeux et cherche à capter son regard. Mais le bartchouk n'a même pas l'air de remarquer sa présence. L'angoisse de Klim se précise. « Va-t-on m'emmener, se demande-t-il soudain, ou me laissera-t-on ici ? »

7

Le sommeil de Klim devient heureux, léger, enfantin. Des sons de cloches tombent de haut dans son rêve. Il sourit et ouvre les paupières. La nuit l'environne, mais déjà, en face de lui, les contours d'une fenêtre se précisent, un mur pâlit, deux formes noires se détachent de l'ombre : le bartchouk et Stiopa dorment, recroquevillés sur des lits de planches. Il fait très froid. On ne chauffera pas les poêles avant une heure ou deux. Le carillon tinte toujours selon le même rythme entraînant. Des pas glissent dans le couloir : les moines se rendent à matines. Peu après, les cloches se taisent et quelque part, très loin, un chant grave, viril et lent monte et s'étale. Klim referme les paupières et fredonne pour lui-même les paroles sacrées :

« Voici l'Epoux qui sort de la nuit...

« ... Entends ma voix matinale... »

Quelle bonne idée d'être descendus à l'auberge du couvent ! Quiconque prend pension chez Dieu peut être sûr qu'un quart de ses péchés au moins lui sera remis. Du reste, ce n'est pas un hasard si le traîneau a culbuté à deux verstes de là. Le vent soufflait en chasse-neige. Plus de poteaux, plus de route. Une embardée du cheval. Et les voici tous, cul par-dessus tête, dans un fossé. Personne de blessé, heureusement. Mais l'un des patins du traîneau a été rompu et la caisse fendue sur toute sa largeur. Un traîneau presque neuf, acheté à Tchoudovo, la semaine précédente. C'était Klim qui conduisait. Du moins en apparence. Car Dieu était derrière son dos. Sans doute est-ce pour cela que le bartchouk ne lui a même pas reproché sa maladresse. Maintenant un moine charron répare le traîneau, le cheval se repose et les voyageurs profitent, l'âme ouverte, de la sainteté du lieu. On est arrivé avant-hier, on repartira demain. A moins que les maîtres ne décident de prolonger leur séjour. Stépan Alexandrovitch a dit, la veille encore, qu'il n'y avait pas de meilleur asile pour eux que les auberges de couvent. Le père hôtelier ne leur a même pas demandé leurs passeports. Simplement il a porté dans un registre les noms qu'ils lui ont donnés. Jamais un policier n'oserait fourrer son museau dans les affaires des moines. Klim songe qu'il serait agréable de traverser toute la Russie en allant ainsi, par étapes, de monastère en monastère... Celui-ci, au nord de Staraïa Roussa, est tout petit, tout vieillot, mais il en existe, dit-on, de magnifiques, avec des sources d'eau bénite, des reliques de la vraie croix, des staretz (1) dont la seule approche vous éclaire. Si le bartchouk rencontrait un de ces staretz, peut-être changerait-il de vie ? Sur ce fallacieux espoir, Klim se rendort. De nouveau, un bruit de pas dans le couloir. Quelqu'un frappe à la porte. Une voix enrouée murmure derrière le battant :

(1) Le *staretz* est un moine de haute vertu, généralement âgé, ayant acquis par la méditation et la prière le pouvoir de comprendre et de diriger ceux qui viennent à lui dans le malheur.

— Notre Père, par les prières de tous les saints, Seigneur Jésus-Christ, Notre Dieu à tous...

— Amen, répond Klim en se dressant sur son séant.

La porte s'ouvre. Un frère convers apporte un petit samovar de cuivre rouge et des tasses.

— Avez-vous bien dormi ? demande-t-il.

— Très bien, très bien, répond Stiopa en s'étirant.

Et il va pour allumer sa pipe. Mais le frère convers l'arrête du geste :

— Non... Excusez-moi... C'est interdit par notre règle...

— C'est vrai, j'oubliais ! dit Stiopa avec un sourire. Vous êtes contre le tabac !

— Pas contre le tabac, contre la faiblesse de l'homme devant le tabac ! Croyez-vous que nous aurons du tabac, là-haut ? Qui flatte son corps, oublie son âme. Bonne journée, bonne pensée, en Notre Seigneur Jésus-Christ !

Le frère convers se retire. Klim sert le thé à la ronde. Le bartchouk en boit deux grandes tasses et mange un quignon de pain noir. Le reste de l'eau chaude servira au rasage.

— Va voir si le traîneau est réparé, dit Vissarion en se savonnant les joues.

Klim sort dans le couloir. Les cellules des moines se trouvent dans l'aile droite de la bâtisse ; celles réservées aux hôtes payants, dans l'aile gauche ; il y a aussi un dortoir gratuit pour les pèlerins sans ressources. L'été, le couvent doit regorger de visiteurs. Mais l'hiver, rares sont les chrétiens qui osent s'aventurer sur les routes. Hier, au réfectoire, Klim n'en a compté qu'une dizaine. Tous de pauvres hères, le nez gelé et les mains bleues. Au débouché du couloir, la neige, le froid, la brume du matin. Klim relève le col de sa touloupe, court en boitillant jusqu'à l'atelier de réparations, se heurte à une porte fermée, revient sur ses pas, hésite et finit par se rendre à l'église, dans l'espoir d'y découvrir le frère charron. Le seuil franchi, il s'immobilise, saisi d'une pieuse allégresse.

L'église paraît vide, des veilleuses multicolores brûlent devant les images sacrées. Au bout d'un moment, Klim discerne, près d'un pilier, un moine couché, en prière, la face contre le sol. Un autre, très vieux, très maigre, se tient, bouche ouverte, barbe pendante, devant une grande icône de saint Vladimir, et tâche de piquer un cierge sur la herse. Mais ses mains tremblent si fort qu'il passe chaque fois à côté de la pointe du chandelier. Emu, Klim se rapproche de lui et guide son geste. Il sent entre ses doigts un poignet léger et sec, et un os enveloppé dans de la soie usée. Le tremblement du grand âge pénètre sa propre chair. Une fois le cierge placé, il lâche le poignet du moine et se signe. Le vieillard est si courbé, si cassé par les ans qu'il ne peut relever la tête pour voir qui lui a rendu service. Ils restent côte à côte et prient. Klim se demande s'il ne devrait pas se confesser à cet homme de Dieu. Mais pourrait-il lui dire qu'il a aidé le colonel Kern à mourir ? Personne, hors du groupe, ne doit le savoir. C'est un ordre du bartchouk. Deux semaines déjà qu'ils ont quitté Saint-Pétersbourg, et la faute devient, de jour en jour, plus difficile à porter. Ah ! qu'il serait doux, songe Klim, de finir sa vie parmi ces moines silencieux et barbus, aux amples robes noires. Les chants d'église, le calme des cellules, les plafonds bas, l'odeur de l'encens et du bois de cyprès, la nourriture frugale, la présence évidente, permanente de Dieu, tout cela le touche, l'attendrit, et le dispose aux bonnes pensées. Mais voici que le vieillard se signe par trois fois, se courbe davantage encore et se dirige vers la porte. Klim se rappelle qu'il est venu à l'église chercher le charron, et sort à son tour. Le vieillard se retourne et dit d'une voix fluette :

— Merci, mon garçon. Sans toi, je n'aurais pas pu placer mon cierge.

Il parle donc !

— Bénissez-moi, mon père, balbutie Klim.

— Je ne suis pas prêtre-moine, dit le vieillard. Je ne puis te bénir. Mais je puis prier Dieu pour toi !

Klim saisit la main qui pend dans les plis de la robe et l'applique contre ses lèvres. Même en se baissant, il ne peut voir les yeux du moine qui tient toujours la tête fortement inclinée. Mais il sent sur lui un regard de sagesse et de bonté, vieux comme les pierres. Et il a envie de pleurer de joie. Une cloche tinte. Pas du côté de l'église. A l'opposé. Derrière un petit bois de bouleaux.

— Tiens, dit le moine, on nous convoque à la Chancellerie pour une communication du père prieur. Aide-moi, mon fils, mes jambes sont lourdes...

Klim le soutient. Ils cheminent ensemble, à petits pas, dans le sentier de neige crissante. De tous côtés, des robes noires convergent vers le même point. La maisonnette du père prieur est blanche, avec une terrasse vitrée. Le vieillard souffle, geint et boitille au bras de Klim, qui répète :

— Ne vous pressez pas... Nous y sommes presque...

Quand ils arrivent, tout est fini, les religieux se dispersent.

— Pourquoi nous a-t-on appelés, frère Gabriel ? demande le vieillard.

Un moine solide, basané, aux yeux d'acier et à la barbe noire, s'incline, mains dans les manches, devant son aîné, et dit d'une voix caverneuse :

— Une nouvelle qui vous épouvantera et vous réjouira tout ensemble, frère Ambroise. Le tsar vient encore d'échapper à un attentat !

Instinctivement, Klim lâche le bras du vieillard et s'écarte.

— Est-ce possible ? chuchote le frère Ambroise.

— Oui, un gendarme est venu de la ville spécialement pour informer le père prieur. Nous vivons les temps de flamme et de sang prévus par l'Apocalypse !

— Mais quand est-ce arrivé ?

— Hier soir. Les misérables ont, paraît-il, fait éclater une mine dans le palais même de Sa Majesté, sous la salle à manger où il s'apprêtait à prendre place avec sa famille. Quelques minutes plus tôt, et c'en était fini de notre souverain (1) !

— Etes-vous sûr au moins que... ?

— Oui, frère Ambroise. Le tsar est indemne. Mais il y a des dizaines de morts et de blessés parmi les soldats du régiment de la garde en service. C'est horrible ! Le père prieur fera célébrer un Te Deum à 5 heures. Comme l'autre fois...

Le frère Gabriel part à grandes enjambées dans la neige. Le vide s'élargit autour du vieillard foudroyé, qui hoche la tête sous son haut chapeau cylindrique et remue les manches en répétant :

— Dieu, Dieu, Dieu !... Pourquoi te détournes-tu de tes serviteurs ?... Pourquoi n'arrêtes-tu pas d'un mot le flot de la violence ?...

---

(1) Attentat du 5 février 1880, commis par Khaltourine, qui s'était fait engager comme menuisier au palais d'Hiver et avait réussi à entasser cinquante kilos de dynamite dans une excavation, sous la salle à manger impériale.

Tandis qu'il parle, Klim s'éloigne à son tour, prend du champ : ainsi fuit-on un aveugle après l'avoir aidé à traverser la rue. Il se sent libre et calme. Pardonné. Ou du moins oublié. Comme si l'attentat contre l'empereur l'innocentait, inexplicablement, du crime contre Kern. Comme s'il allait se dissimuler aux regards de Dieu derrière un coupable d'une plus haute stature. Comme si le diable disposait d'une seule ardoise et ne pouvait y inscrire un méfait qu'après avoir effacé le méfait précédent. Il va, dans le blanc de la neige et le vif du vent, fouetté, assourdi, heureux. L'auberge du couvent fume sous le ciel gris. Le frère chauffeur a dû allumer les poêles. Il fera bon dans la cellule aux murs nus. Soudain le bartchouk et Stiopa se dressent devant Klim. Il s'écrie :

— Vous ne savez pas ?... Le tsar... Il y a eu un attentat contre lui...

— Oui, dit Vissarion froidement. Le frère convers nous a prévenus à l'instant. Manqué, une fois de plus ! Espérons que la prochaine sera la bonne !

Klim baisse la tête, la relève et dit encore :

— Il y aura un Te Deum à 5 heures... Tu permets que j'y aille, Vissarion Vassiliévitch ?

— Bien sûr ! Tu iras ! Et nous irons ! Tous !

— Vrai ? s'écrie Klim radieux.

— C'est la moindre des choses, dit Stiopa en souriant de coin. Nous n'avons pas le droit, dans notre position, de nous faire mal voir des autorités ecclésiastiques. Mais, une fois dans l'église, chacun priera pour ce qui lui tient à cœur ; qui pour la vie du tsar et qui pour sa mort, tu comprends, Klim ?

— Je comprends, je comprends, Stépan Alexandrovitch, dit Klim.

8

Huit heures du matin, et le barbier a déjà un client : un gros homme ivre, affalé dans l'unique fauteuil de la boutique. Il a dû boire toute la nuit et décider, au petit jour, de se faire tailler les cheveux pour s'éclaircir les idées. Entre deux coups de ciseaux, il éructe gravement. Le barbier, contrefait et malingre, agite la main devant son visage pour chasser le mauvais air, soupire, et reprend son travail en disant :

— Ce n'est rien... Je vous en prie...

Klim calcule qu'il en a bien pour vingt minutes encore à attendre son tour. Au vrai, il n'est pas pressé. Le bartchouk lui a laissé sa matinée. Ils ont, en ce moment, une réunion secrète au local. Un nouveau tract à rédiger pour protester contre quelque chose. C'est un grand bonheur que les maîtres aient renoncé aux attentats. Provisoirement, disent-ils. Mais, avec l'aide de Dieu, le provisoire peut durer des années : depuis qu'ils se trouvent à Staraïa Roussa, ils ne se sont occupés que de propagande. La Russie entière, du reste, est revenue au calme après la panique soulevée par le dernier attentat contre le tsar. Devant la montée des périls, Alexandre II a donné les pleins pouvoirs à un général arménien, un certain Loris-Mélikoff, et celui-ci a si habilement mené son affaire, promettant des réformes d'un côté, serrant la vis de l'autre, que les terroristes n'osent plus sortir de leurs cachettes. Les journaux impriment que c'est « la dictature du cœur ». Il paraît qu'une ère de liberté et de bienveillance va commencer pour le pays. On parle de nouveau d'une constitution. Mais le bartchouk et Stépan Alexandrovitch n'y croient pas. Ils ne croient en rien. Sauf en ce qu'ils écrivent eux-mêmes. Et ils écrivent beaucoup en ce moment. Des proclamations comme d'habitude. Et aussi des adresses, sur des enveloppes, à tant le cent. Klim les aide dans les travaux de copie. Cela leur rapporte suffisamment pour vivre. La nourriture n'est pas chère, à Staraïa Roussa. Quant au logement, c'est un ami politique qui le leur a prêté. Deux chambres, au-dessus de l'épicerie Zvézdoff. La ville est belle. Calme, pieuse, industrieuse. Et comme les gens sont gentils ! Tout le monde connaît Klim dans le quartier. Sous un autre nom, bien sûr. Mais ce n'est pas le nom qui compte, c'est l'âme. Le barbier, Tikhone Arkadiévitch, lui cligne de l'œil en continuant à tondre son client. Et Klim répond de même, en plissant les paupières. Tikhone Arkadiévitch est malade de la poitrine. C'est pourquoi il n'a pas la force de nettoyer sa boutique. Un papier mauve à fleurs, collé sur les murs de rondins, se gondole en suivant la forme des poutres. La glace est piquée de chiures d'insectes ; la cuvette est ébréchée, les ciseaux, le rasoir, les peignes, les brosses, tout a l'air sale. Et cependant Klim aime bien cet endroit. Il y resterait des heures à rêvasser, dans l'odeur suave de l'eau de Cologne. Un autre client entre et s'assied à côté de lui. Des mouches bourdonnent autour d'un pot de pommade. Le soleil brille derrière la vitre. Les ciseaux cliquettent.

— Et voilà ! dit Tikhone Arkadiévitch en reculant d'un pas pour juger de son œuvre.

L'ivrogne, qui s'est endormi dans l'intervalle, s'éveille, regarde et dit :

— Ça ne va pas. Tu m'as encore laissé trop de poil sur la tête. Rase-moi le crâne.

— Complètement ?

— Complètement.

Tikhone Arkadiévitch fait un sourire d'excuse à Klim et s'exécute. Quand il a fini, le crâne de son client luit comme une bille de bois poli, avec des reflets bleuâtres sur les tempes.

— Coiffure d'été ! dit Tikhone Arkadiévitch gaiement.

Soudain dégrisé, le gros homme fronce les sourcils et marmonne :

— Qu'est-ce que c'est que ça ?

— Vous m'avez dit : complètement !

— Est-ce que tu te moques de moi ?

— Je vous jure... Demandez à ces messieurs...

— Je n'ai rien à demander à personne ! vocifère l'autre.

Il se dresse hors de son fauteuil, et sa face rougit et se gonfle entre ses deux grandes oreilles charnues. Une serviette blanche, tachée, pend sur ses épaules. Des mèches de cheveux coupés glissent dans les plis du linge et tombent à ses pieds. Déplumé et massif, il balance les poings le long de ses cuisses. Il grogne :

— Tu mériterais...

— Permettez, dit Klim. Je peux certifier... Vous avez réellement dit...

— Toi, le moujik, ta gueule ! dit l'ivrogne sans le regarder. Et toi, le barbier, sois content que je ne t'écrase pas la face dans ta cuvette !

— Je suis désolé, balbutie Tikhone Arkadiévitch. C'est un malentendu. Aussi... aussi ne vous compterai-je que la coupe...

— Tu ne me compteras rien du tout !

— Mais mon travail... Tout travail mérite rétribution...

— La voilà, ta rétribution ! dit l'ivrogne en levant le bras.

Son poing frappe le barbier en pleine figure. Tikhone Arkadiévitch vacille sur ses jambes, s'effondre dans le fauteuil et porte la main à son nez. Un filet de sang passe entre ses doigts.

— Vermine ! gronde l'homme en arrachant la serviette de son cou et la jetant, froissée, par terre.

Il sort et claque la porte, si fort que la petite clochette se détache et tombe. Un instant abasourdi, Klim saute sur ses pieds et se précipite dehors. Tikhone Arkadiévitch et l'autre client le suivent en criant :

— Arrêtez-le !... Au voleur !... Au voleur !...

C'est jour de « petit marché ». Beaucoup de monde dans la rue. L'homme, qui se sent poursuivi, accélère le pas et se faufile entre les groupes. Mais Klim le rattrape et le ceinture violemment.

— Qu'est-ce que tu me veux ? dit l'homme en se débattant. Je ne te connais pas !

— Moi, je te connais ! dit Klim. Et je ne te laisserai pas décamper comme ça ! Attends un peu !...

Là-dessus arrive Tikhone Arkadiévitch, larmoyant, reniflant, essoufflé. Des badauds forment un cercle. On se bouscule, on s'invective, tout le monde parle à la fois. Un policier surgit, boutonné jusqu'au cou, l'œil terrible. Le barbier lui explique les faits, l'ivrogne nie effrontément, Klim essaie de se défiler, mais Tikhone Arkadiévitch s'écrie :

— Reste, reste, mon pigeon... J'ai besoin de ton témoignage...

Et les voici tous trois en marche vers le commissariat. La foule les suit dans un murmure. Des chiens leur aboient dessus. Il y a beaucoup de poussière soulevée par le vent. Une calèche passe avec des gamins accrochés aux ressorts arrière. L'air sent la brique pilée et l'huile de tournesol. Klim, le cœur serré, se répète les recommandations du bartchouk, « en cas d'incident ». Mais au commissariat, tout s'arrange. La déposition du barbier — artisan honorablement connu — fait la meilleure impression sur l'adjoint du commissaire. Il ordonne à l'ivrogne de payer sa dette, l'envoie cuver son vin au cachot et félicite Klim pour la rapidité de son intervention.

— C'est vrai, Votre Noblesse, dit Tikhone Arkadiévitch, sans lui, le misérable courrait encore !

— Comment t'appelles-tu ? demande l'adjoint d'un ton aimable en se tournant vers Klim.

Klim a si souvent changé de nom sur ses papiers qu'il doit faire un effort de mémoire avant de répondre :

— Kliment Priklonsky.

Un greffier somnolent inscrit ses déclarations dans un registre. Il fait très chaud. Derrière la cloison, l'ivrogne hurle des injures. Un choc sourd retentit. L'ivrogne se tait. Un agent de police rentre, d'un pas lourd, et va se laver les mains dans une cuvette.

— Et où habites-tu ? reprend l'adjoint.

— Où j'habite ? répète Klim d'une voix blanche.

Il se trouble. Le bartchouk lui a fait jurer de ne jamais révéler leur adresse. A tout hasard, il murmure :

— De l'autre côté de la rivière, là-bas...

— Comment, de l'autre côté de la rivière ? dit

Tikhone Arkadiévitch. Je pensais que tu habitais en face de chez moi, avec tes amis. Au-dessus de l'épicerie Zvézdoff...

— J'ai... j'ai déménagé, dit Klim. Enfin, je vais, je viens... Je n'ai pas de domicile fixe...

— Tu t'es bien fait enregistrer quelque part ! dit l'adjoint dont le regard se durcit brusquement.

— N... non..., Votre Noblesse.

— Tu ne sais pas que c'est obligatoire ?...

— Si... si... Mais je n'y ai plus pensé...

L'adjoint a un visage blond et soufflé comme un pain mollet, avec une verrue sur la joue. Sa casquette est posée à côté de lui, sur le bureau. Il porte une bague en fer torsadée à son petit doigt. Derrière sa tête sont placardés toutes sortes de règlements jaunis, surmontés de l'aigle bicéphale.

— Montre-moi ton passeport, dit-il.

Klim tire le passeport de sa poche et le tend par-dessus la table. En même temps, il se met à prier.

— Tu dis : au-dessus de l'épicerie Zvézdoff, marmonne l'adjoint en feuilletant le passeport du bout des doigts, avec un air de répulsion distinguée.

— Oui, Votre Noblesse, répond le barbier, et il décoche un regard interrogatif à Klim. Enfin je crois... Je peux me tromper...

L'adjoint esquisse un sourire et donne une pichenette à la manche de son uniforme, pour en chasser un brin de tabac :

— Chacun peut se tromper. Mais il est facile de vérifier sur place...

Tout en parlant, il incline le passeport vers la fenêtre et fait jouer la lumière sur la première page.

— Eh ! Eh ! dit-il encore. On a gratté quelque chose, là-dessus...

Klim regarde du côté de la porte. Deux agents se tiennent adossés au chambranle, les pouces passés dans leur ceinturon.

9

Mille inscriptions se chevauchent sur les murs : des noms, des initiales, des dates, gravés avec la pointe d'un clou. Klim les connaît par cœur, depuis trois mois qu'il les lit et les relit en tournant dans sa cage. Quand il cligne des paupières, tout se confond, les graffiti s'effacent, une immense page vierge s'étale devant lui. Une page de pierre. L'envie d'écrire le reprend. Quel soulagement, s'il pouvait raconter son malheur ! Au fait est-il réellement malheureux ? S'il avait été arrêté seul, il ne songerait peut-être pas à se plaindre. Mais le bartchouk !... par sa faute, le bartchouk et Stépan Alexandrovitch ont été jetés en prison ! Cela, il ne se le pardonnera jamais ! Pourtant il ne pouvait laisser frapper ce barbier sans intervenir. Assis sur son lit de planches, entre le baquet de nécessité et le tabouret, il revit en pensée, pour la centième fois, le moment où il a tendu son passeport par-dessus la table. Tout s'est passé si vite, qu'on aurait dit le dévidage d'une bobine ensorcelée. Lorsque les policiers sont entrés dans la chambre, il y avait des piles de tracts sur le lit, sur la table, sur les chaises. Impossible de nier. Le regard du bartchouk est tombé sur lui. Dur comme un éclat de silex. De quoi tuer un homme à distance. Stépan Alexandrovitch a voulu sauter par la fenêtre. Les agents l'en ont empêché. Vissarion Vassiliévitch n'a pas décoléré pendant qu'on les emmenait au commissariat. Il disait entre ses dents : « J'aurais dû m'en douter ! Tu ne nous a jamais attiré que des ennuis ! Tâche au moins, maintenant, de tenir ta langue ! » Klim a tenu sa langue. Les policiers n'en ont pas moins découvert assez vite l'identité véritable de leurs prisonniers. Mais cette circonstance n'a pu que servir la cause du bartchouk. Quand on a la chance d'être issu d'une famille honorable, il faut savoir user de son nom à la première difficulté. Si le pauvre Vassili Pétrovitch avait été de ce monde, il aurait mis en branle tous les généraux de sa connaissance pour tirer son fils du pétrin. Peut-être, du reste, est-ce par égard pour le passé des Variaguine que l'administration a transféré les trois inculpés de la petite prison de Staraïa Roussa dans la forteresse Pierre et Paul, à Saint-Pétersbourg. Ici, chacun d'eux a sa cellule. On les interroge séparément. Comme il n'existe aucune preuve de leur participation à des attentats, ils ne sont accusés que de propagande révolutionnaire. Vivre sous un faux nom, imprimer des tracts, médire du gouvernement, ce sont là des péchés véniels. Selon les estimations d'Anastase, le gardien, Klim et ses « amis » seront condamnés à deux ou trois ans ! A moins que le président du tribunal ne soit mal luné le jour de l'audience. Dans ce cas, ils pourraient récolter « sept ans de bagne comme rien ». Sept ans de bagne ! Un gouffre ! Klim se signe très vite, à sept reprises, pour écarter le mauvais sort. Chaque fois qu'il a été convoqué devant le juge d'instruction, il a juré qu'il n'était au courant de rien, qu'il n'avait jamais entendu ces messieurs parler de politique... Faire la bête, c'est le suprême recours du moujik. Depuis quinze jours, on le laisse en paix, dans son coin. Rien à en tirer, doit penser le juge. Mais, d'après Anastase, l'instruction n'est pas close, on attend d'autres arrestations pour réunir beaucoup de monde en un vaste procès politique. Comme ce fameux procès des « cent quatre-vingt-treize », dont le bartchouk parlait souvent avec Stépan Alexandrovitch. Tout se fera « selon les règles ». Les inculpés seront assistés par des avocats. Aucun avocat ne s'est encore présenté devant Klim. Sans doute est-ce trop tôt ! Doit-on dire « toute la vérité » à un avocat ? Comme à un prêtre ? Klim se pose la question avec angoisse. Il pourrait en parler à Anastase, mais il se méfie. Pourtant Anastase, avec son œil borgne et sa jambe raide, est un brave homme. Il porte une médaille sur la poitrine. Et il a de l'amitié pour Klim, car ils sont tous deux d'anciens serfs. C'est par Anastase que Klim a des nouvelles du bartchouk, dont la cellule se trouve à l'autre extrémité du couloir. Il paraît que Vissarion Vassiliévitch se porte bien mais s'ennuie. C'est drôle, lui, Klim, ne s'ennuie pas. Il dort, il mange, il écrase quelques cafards pour se distraire, et, le reste du temps, il demeure immobile, l'œil vague, se laissant traverser par le temps qui coule et la lumière qui change. Il faut savoir aimer sa prison. Bien sûr, celle-ci n'est pas des plus confortables : cinq pas sur quatre, une fenêtre grillagée et vitrée sur la cour, un lit de fer garni d'une paillasse et d'une mince couverture de coton, une planchette scellée au mur, un baquet d'où se répand une rude puanteur ; comme nourriture, du pain de munition et de la soupe toujours froide, parce qu'il faut l'apporter de très loin ; il fait sombre ; les murs suintent d'humidité ; un silence de cercueil pèse sur les épaules. Cependant — comment ne pas en convenir ? — il y a longtemps que Klim n'a connu un tel repos de l'esprit. Avant son arrestation, il avait constamment peur de se tromper, de démériter, de déplaire. A force d'imaginer pour chaque geste, pour chaque mot, le reproche qu'il pourrait encourir de la part du bartchouk, il en arrivait à ne plus oser se mouvoir ni parler. Et puis ce continuel défi aux autorités, ces déménagements imprévus, ces dangers toujours renaissants, ce désordre... Il lui faut une règle pour être heureux. Comme aux moines. Délivré de la liberté. Soulagé du souci de choisir. Réduit à n'être qu'un objet entre des mains étrangères. Il grimpe sur son tabouret et empoigne les barreaux de la petite fenêtre. En face, s'élève un mur de brique, dont le crépi est tombé par endroits. De la mousse verdit dans les interstices. On ne voit pas le ciel. Klim secoue les barreaux. Inébranlables. Qu'aurait-il fait si, tout à coup, l'un d'eux avait cédé ? Profiter de l'occasion pour fuir, ou rester sur place ? Les barreaux sont durs et froids entre ses doigts qui les palpent et les caressent. Nul ne s'est jamais évadé de la forteresse Pierre et Paul. C'est bien. Le tabouret bancal vacille sous le poids de Klim. Il saute à terre et ses chaussons à semelles de bois claquent sur le sol. L'horloge de la cathédrale Pierre et Paul sonne 11 heures du matin. Après le dernier coup, le carillon égrène les notes de : « Combien glorieux est notre Seigneur dans Sion... » Klim fredonne ce chant sacré avec une agréable ferveur. Bientôt on lui apportera le déjeuner. Après avoir mangé, il dormira un peu. Puis il sortira se promener dans la petite cour intérieure de la redoute, avec l'un de ses gardiens (Anastase, Filka ou Evdokim). Interdiction de parler. Mais marche tant que tu voudras. Pendant quinze minutes. On regarde le ciel, l'herbe entre les pavés, on écoute pépier les oiseaux. Et déjà il est l'heure de regagner la cellule. Evidemment, si Klim avait la permission d'écrire, sa vie serait transformée. Anastase a promis d'en parler au gardien-chef. Mais sans grand espoir : seuls les personnages importants ont, paraît-il, le droit d'avoir du papier et de l'encre dans leur cellule. Un rat montre son museau hors d'un trou dans le mur et disparaît. Sera-ce une soupe aux choux, aux raves ou aux pommes de terre ? Des pas ; des tintements de gamelles ; un œil collé au judas ; la lourde porte s'ouvre en grinçant.

— Une bonne nouvelle pour toi, dit Anastase en entrant. J'ai parlé au gardien-chef. Il est allé voir le directeur. Pour le papier et l'encre, c'est d'accord !... Tu en auras !...

L'allégresse de Klim est si forte, qu'il ne sait que répondre et se contente de sourire en branlant la tête. Anastase lui tend une gamelle pleine de bouillie de sarrasin et une tranche de pain noir.

— Quand m'apporteras-tu de quoi écrire ? demande Klim.

— Je ne peux pas savoir. Quand on me le dira...

Brusquement Klim se rappelle les recommandations du bartchouk : ne jamais laisser traîner un papier, par crainte que la police ne le trouve et n'en tire des renseignements. Alors quoi ? Renoncer définitivement à écrire ? Il suffirait peut-être de faire très attention. Eviter toute allusion au passé. Peser chaque mot. Oui, oui... Cette résolution, à peine prise, le rassure. Il remercie Anastase et pose la gamelle sur ses genoux. La porte retombe, les verrous claquent, le pas boiteux s'éloigne. Silence. Cuillerée par cuillerée, Klim mange la bouillie. Elle est épaisse et fade. Mais, si on la mâche longtemps, elle finit par laisser dans la bouche une certaine saveur.

10

« Et voilà, on m'a enfin apporté du papier, de l'encre et une plume. Mais j'ai perdu l'habitude d'écrire, je forme mal mes lettres et les idées ne viennent pas. Peut-être est-ce parce qu'il fait très froid dans ma cellule. L'hiver a enveloppé la ville. Hier, la vitre était toute givrée et, derrière les barreaux, la neige tombait. Anastase dit que, demain, on commencera à chauffer les poêles. Il dit aussi que, d'après les bruits qui courent, le procès n'aura pas lieu avant le printemps prochain. Il a connu des gens qui sont restés trois ans à la forteresse Pierre et Paul avant de passer devant les juges. Ce serait terrible pour le bartchouk !... A force de s'ennuyer, il deviendrait fou. Un domestique devrait pouvoir faire de la prison à la place de son barine. Pour un domestique, perdre la liberté, ce n'est rien, alors que, pour un barine, c'est la fin du monde. Justement cette prison a vu, dit-on, défiler beaucoup de barines. Des princes, des comtes, ces messieurs les décembristes... Et tout à coup moi, Klim, un ancien serf !... Aujourd'hui, dimanche, nous avons eu une purée de pommes de terre et d'oignons. »

★

« On chauffe les poêles dans le couloir. Le tuyau de fonte qui traverse ma cellule est rouge par endroits. Il fait bon. En ville, les gens doivent se préparer pour les fêtes. Anastase dit que le bartchouk lui a demandé de mes nouvelles. Je n'ose y croire. C'est donc qu'il pense à moi ! Merci, mon Dieu ! »

★

« Toujours rien de nouveau pour notre procès. Je me demande pourquoi j'ai tellement souhaité avoir du papier, de l'encre et une plume. Je regarde la page blanche. Elle me regarde. Et c'est tout. »

★

« Les fêtes sont passées. Le ciel est gris. J'entre dans l'année 1881 avec un grand espoir pour le bartchouk, pour Stépan Alexandrovitch et pour moi-même. »

★

« La police a encore arrêté beaucoup de monde. J'ai entendu passer des « nouveaux » dans le couloir. Sûrement des politiques. D'après Anastase, le bartchouk a pris froid et ça le rend grognon. »

★

« Hier, Anastase a emporté mes papiers pour les montrer au président de la commission d'enquête. Il paraît que c'est la règle. On m'a rapporté les papiers, ce matin. »

★

« Maintenant ça y est, c'est sûr, ce n'est plus qu'une question de jours, Anastase l'a lu dans les gazettes et l'a entendu dire au corps de garde par des officiers : le tsar va publier un nouveau manifeste, donnant une constitution à la Russie. Il n'y aura donc plus aucune raison de se battre contre lui. Tout le monde sera obligé de l'aimer et de le respecter. Même les terroristes. »

★

« Toujours pas de procès et pas de constitution. C'est drôle, j'ai l'impression de retourner loin en arrière. Quand le peuple attendait le premier manifeste du tsar. Tout recommence, l'espoir et l'inquiétude. Est-ce que le bonheur peut venir d'une loi ? »

★

A chaque détonation, Klim tressaille et bat des paupières. C'est juste au-dessus de sa tête qu'on tire le canon. La forteresse Pierre et Paul tremble sur ses bases. Il compte :

— Quatre-vingt-sept, quatre-vingt-huit, quatre-vingt-neuf...

Selon Anastase, il y aura exactement cent un coups : chiffre réglementaire pour annoncer la mort du tsar. Une bombe, en pleine rue. Déchiqueté, sanglant, méconnaissable... Mon Dieu, pourquoi ? Pourquoi ?...

— Quatre-vingt-douze, quatre-vingt-treize...

La résonance des chocs, dans la cellule au plafond bas, devient de plus en plus forte. Encore un peu et les tympans de Klim vont éclater. Assis sur sa paillasse, il serre les mâchoires et se bouche les oreilles. La fin de la Russie, la fin du monde... Ses yeux s'emplissent de larmes. Il s'essuie le visage avec le plat de la main. Mais les larmes continuent à couler.

— Quatre-vingt-dix-neuf, cent, cent un.

Tout à coup, le silence. Un trou énorme, où Klim, en perte d'équilibre, flotte confusément. Plus âme qui vive dans la cité. Longtemps il demeure immobile, anéanti. Puis il relève le front : très loin, des cloches sonnent, irréelles. Le glas, le glas impérial ! Il se signe, renifle, soupire et regarde la planchette qui lui sert de table. Les papiers sont là, l'encrier, la plume. Mais cette canonnade a tout écrasé dans sa tête, les idées et les mots.

★

« Dimanche, 1er mars 1881. — L'empereur Alexandre II vient d'être assassiné, alors qu'il s'en retournait au palais d'Hiver après une revue au Manège. Un tsar si généreux, si courageux, qui avait libéré les serfs ! Dieu ait son âme ! Est-ce que ça ne va pas rendre nos juges plus méchants ? »

DU MÊME AUTEUR

Romans isolés

FAUX JOUR (Plon).
LE VIVIER (Plon).
GRANDEUR NATURE (Plon).
L'ARAIGNE (Plon) *Prix Goncourt 1938.*
LA MORT SAISIT LE VIF (Plon).
LE SIGNE DU TAUREAU (Plon).
LA TÊTE SUR LES ÉPAULES (Plon).
UNE EXTRÊME AMITIÉ (La Table Ronde).
LA NEIGE EN DEUIL (Flammarion).
LA PIERRE, LA FEUILLE ET LES CISEAUX (Flammarion).
ANNE PRÉDAILLE (Flammarion).
GRIMBOSQ (Flammarion).
LE FRONT DANS LES NUAGES (Flammarion).
LE PRISONNIER N° 1 (Flammarion).
LE PAIN DE L'ÉTRANGER (Flammarion).
LA DÉRISION (Flammarion).
MARIE KARPOVNA (Flammarion).
LE BRUIT SOLITAIRE DU CŒUR (Flammarion).
TOUTE MA VIE SERA MENSONGE (Flammarion).

Cycles romanesques

LES SEMAILLES ET LES MOISSONS (Plon).
I — Les Semailles et les Moissons.
II — Amélie.
III — La Grive.
IV — Tendre et Violente Élisabeth.
V — La Rencontre.

LES EYGLETIÈRE (Flammarion).
I — Les Eygletière.
II — La Faim des lionceaux.
III — La Malandre.

LA LUMIÈRE DES JUSTES (Flammarion).
I — Les Compagnons du Coquelicot.
II — La Barynia.
III — La Gloire des vaincus.
IV — Les Dames de Sibérie.
V — Sophie ou la Fin des combats.

TANT QUE LA TERRE DURERA... (La Table Ronde).
I — Tant que la terre durera...
II — Le Sac et la Cendre.
III — Etrangers sur la terre.

LE MOSCOVITE (Flammarion).
I — Le Moscovite.
II — Les Désordres secrets.
III — Les Feux du matin.

VIOU (Flammarion).
I — Viou.
II — A demain, Sylvie.
III — Le Troisième Bonheur.

Nouvelles

LA CLEF DE VOÛTE (Plon).
LA FOSSE COMMUNE (Plon).
LE JUGEMENT DE DIEU (Plon).
DU PHILANTHROPE À LA ROUQUINE (Flammarion).
LE GESTE D'ÈVE (Flammarion).
LES AILES DU DIABLE (Flammarion).

Biographies

DOSTOÏEVSKI (Fayard).
POUCHKINE (Perrin).
L'ÉTRANGE DESTIN DE LERMONTOV (Perrin).
TOLSTOÏ (Fayard).
GOGOL (Flammarion).
CATHERINE LA GRANDE (Flammarion).
PIERRE LE GRAND (Flammarion).
ALEXANDRE Ier (Flammarion).
IVAN LE TERRIBLE (Flammarion).
TCHEKHOV (Flammarion).
TOURGUENIEV (Flammarion).
GORKI (Flammarion).
FLAUBERT (Flammarion).

Essais, voyages, divers

LA CASE DE L'ONCLE SAM (La Table Ronde).
DE GRATTE-CIEL EN COCOTIER (Plon).
SAINTE-RUSSIE, *réflexions et souvenirs* (Grasset).
LES PONTS DE PARIS, *illustré d'aquarelles* (Flammarion).
NAISSANCE D'UNE DAUPHINE (Gallimard).
LA VIE QUOTIDIENNE EN RUSSIE AU TEMPS DU DERNIER TSAR (Hachette).
LES VIVANTS, *théâtre* (André Bonne).
UN SI LONG CHEMIN (Stock).

IMPRIMÉ EN FRANCE PAR BRODARD ET TAUPIN
Usine de La Flèche (Sarthe).
LIBRAIRIE GÉNÉRALE FRANÇAISE - 6, rue Pierre-Sarrazin - 75006 Paris.
ISBN : 2 - 253 - 02064 - 8

Biblio

Sherwood ANDERSON
Pauvre Blanc
« Je m'en vais, je m'en vais pour être un homme parmi les hommes. »

Miguel Angel ASTURIAS
Le Pape vert
« Le costume des hommes libres, voilà le seul que je puisse porter. »

Adolfo BIOY CASARES
Journal de la guerre au cochon
« "Ce n'est pas pour rien que les Esquimaux ou les Lapons emmènent leurs vieux en pleine neige pour qu'ils y meurent de froid", dit Arévalo. »

Karen BLIXEN
Sept contes gothiques *(nouvelles)*
« Car en vérité, rêver c'est le suicide que se permettent les gens bien élevés. »

Mikhaïl BOULGAKOV
La Garde Blanche
« Oh ! Seul celui qui a déjà été vaincu sait ce que signifie ce mot. »

Le Maître et Marguerite
« Et quelle est votre spécialité ? s'enquit Berlioz.
— La magie noire. »

André BRETON

Anthologie de l'humour noir

Allais, Crevel, Dali, Jarry, Kafka, Poe, Sade, Swift et beaucoup d'autres.

Erskine CALDWELL

Les Braves Gens du Tennessee

« Espèce de trousseur de négresses ! Espèce d'obsédé imbécile !... Un baiseur de négresses ! C'est répugnant, c'est... »

Italo CALVINO

Le Vicomte pourfendu

« ... mon oncle ouvrait son unique œil, sa demi-bouche, dilatait sa narine... Il était vivant et pourfendu. »

Elias CANETTI

Histoire d'une jeunesse - *La langue sauvée*

« Il est vrai qu'à l'instar du premier homme, je ne naquis qu'après avoir été chassé du paradis. »

Histoire d'une vie - *Le flambeau dans l'oreille*

« Je m'incline devant le souvenir... et je ne cache pas les craintes que m'inspirent ceux qui osent le soumettre à des opérations chirurgicales.. »

Les Voix de Marrakech

« Trois fois je me suis trouvé en contact avec des chameaux et, chaque fois, cela s'est terminé de façon tragique. »

Blaise CENDRARS
Rhum
« Je dédie cette vie aventureuse de Jean Galmot aux jeunes gens d'aujourd'hui fatigués de la littérature. »

Jacques CHARDONNE
Les Destinées sentimentales
« Il y a en France une grande variété de bourgeois ; j'ai choisi les meilleurs ; justement je suis né chez eux. »

L'Amour c'est beaucoup plus que l'amour
« J'ai choisi, dans mes livres, des phrases qui ont l'air d'une pensée... »

Joseph CONRAD et Ford MADOX FORD
L'Aventure
« Partir à la recherche du Roman... c'est un peu comme essayer d'attraper l'horizon. »

René CREVEL
La Mort difficile
« Pierre s'en fout. Pierre est libre. Sa liberté, à lui, sa liberté s'appelle la mort. »

Iouri DOMBROVSKI
La Faculté de l'inutile
« Que savez-vous de notre vérité ? »

Lawrence DURRELL
Cefalù
« ... la signification profonde de toute sa vie allait peut-être se dégager de cette épouvantable aventure. Mais laquelle ? »

Friedrich DÜRRENMATT

La Panne

« Curieux et intrigué, Traps s'enquit du crime dont il aurait à répondre. "Aucune importance!... Un crime on en a toujours un!" »

Jean GIONO

Mort d'un personnage

« Elle est si près de la mort maintenant qu'elle doit déjà entendre les bruits de l'autre côté. »

Le Serpent d'étoiles

« On aura trouvé, dans les pages précédentes, l'obsession de l'eau et de la mer : cela vient de ce qu'un troupeau est une chose liquide et marine. »

Henry JAMES

Roderick Hudson

« On nous dit que le vrai bonheur consiste à sortir de soi-même ; mais il ne suffit pas d'en sortir ; il faut rester dehors. »

La Coupe d'Or

« "Ma Coupe d'Or", prononça-t-il... Il laissa cette pièce remarquable, car certainement elle était remarquable, *produire son sûr effet. »*

Le Tour d'écrou

« ... et puis ce fut sa face pâle de damné qui s'offrit à ma vue, collée à la vitre et dardant sur l'intérieur de la chambre ses prunelles hagardes. »

Ernst JÜNGER

Jardins et routes

« ... dans la littérature, le journal est le meilleur médium. Dans l'état totalitaire, il reste le seul mode de discussion possible. »

Premier journal parisien

« Tandis que le crime se répandait sur la terre comme une peste, je ne cessais de m'abîmer dans le mystère des fleurs ! Ah ! plus que jamais, gloire à leurs corolles... »

Second journal parisien

« 1944 — Pendant la nuit, raids aériens et violentes canonnades... Terminé Passe-temps *de Léautaud. »*

Ismaïl KADARÉ

Avril brisé

« "Oui, maintenant... nous sommes bien entrés dans le royaume de la mort", dit Bessian. »

Franz KAFKA

Journal

« Il faut qu'une ligne au moins soit braquée chaque jour sur moi comme on braque aujourd'hui un télescope sur les comètes. »

Yasunari KAWABATA

Les Belles Endormies

« Sans doute pouvait-on appeler cela un club secret... »

Pays de neige

« ... ce blanc qui habitait les profondeurs du miroir, c'était la neige, au cœur de laquelle se piquait le carmin brillant des joues de la jeune femme. »

La Danseuse d'Izu *(nouvelles)*

« Peut-être un jour l'homme fera-t-il marche arrière sur le chemin qu'il a parcouru. »

Le Lac

« Plus repoussante était la femme et mieux elle lui permettait d'évoquer le doux visage de Machié. »

Kyoto

« Et puis, cette jeune montagnarde disait qu'elles étaient jumelles... Sur son front, perla une sueur froide. »

Le Grondement de la montagne

« J'ai des ennuis avec mes oreilles ces temps-ci. Voici peu, j'étais allé prendre le frais la nuit sur le seuil de la porte, et j'ai entendu un bruit, comme si la montagne grondait. »

Andrzej KUSNIEWICZ

L'État d'apesanteur

« Cela commença le 31 janvier vers six heures et demie du matin... par une brusque explosion... Je restais en suspens... dans une sorte d'apesanteur psychique, proche par moments de l'euphorie. »

Pär LAGERKVIST

Barabbas

« Que faisait-il sur le Golgotha, lui qui avait été libéré ? »

D.H. LAWRENCE

L'Amazone fugitive *(nouvelles)*

« La vie n'est supportable que si l'esprit et le corps sont en harmonie... et que chacun des deux a pour l'autre un respect naturel. »

Le Serpent à plumes

« Les dieux meurent en même temps que les hommes qui les ont créés, mais la divinité gronde toujours, ainsi que la mer... »

Sinclair LEWIS

Babbitt

« ... il avait, en ce mois d'avril 1920, quarante-six ans et ne faisait rien de spécial, ni du beurre, ni des chaussures, ni des vers... »

Carson McCULLERS

Le Cœur est un chasseur solitaire

« Il se sentait le cœur malade d'un amour irrité, inquiet. »

Reflets dans un œil d'or

« Il y a un fort, dans le Sud, où il y a quelques années un meurtre fut commis. »

La Ballade du café triste *(nouvelles)*

« La ville même est désolée... C'est ici pourtant, dans cette ville, qu'on trouvait autrefois un café. »

L'Horloge sans aiguilles

« Lui, qui n'avait jamais fait un mauvais placement, avait investi dans l'éternité. »

Thomas MANN

Le Docteur Faustus

« Je n'ai aimé aucun de mes personnages autant que celui-ci. »

Henry MILLER

Un Diable au paradis

« ... un incurable dandy menant la vie d'un clochard. »

Le Colosse de Maroussi

« Debout dans le tombeau d'Agamemnon, j'ai vraiment passé par une seconde naissance. »

Max et les phagocytes
« Il y a des gens qu'on appelle tout de suite par leur petit nom. Max est de cette espèce. »

Vladimir NABOKOV
Ada ou l'ardeur
« ... chronique familiale, quatre-vingt-dix-sept pour cent de vérité, trois pour cent de vraisemblance. »

Anaïs NIN
Journal 1 - *1931-1934*
« Le journal est mon kif, mon haschich, ma pipe d'opium, ma drogue et mon vice. »

Joyce Carol OATES
Le Pays des merveilles
« ... et il reprenait une vie normale. Il reprenait son déguisement de jeune homme normal. »

Liam O'FLAHERTY
Famine
« "... Je ne suis pas encore affamée au point d'aller mendier de la soupe aux protestants !" s'exclama Sally. »

Luigi PIRANDELLO
Feu Mathias Pascal
« Car pour le moment... je suis mort, oui, déjà deux fois, mais la première par erreur, et la seconde... vous allez voir. »

Augusto ROA BASTOS
Moi, le Suprême
« Moi, Dictateur Suprême de la République, j'ordonne... »

Joseph ROTH
Le Poids de la grâce
« Le cœur de l'homme est insatiable... A peine un miracle vient-il de s'accomplir qu'il lui en faudrait déjà un nouveau. »

Raymond ROUSSEL
Impressions d'Afrique
« Vers quatre heures, ce 25 juin, tout semblait prêt pour le sacre de Talou VII, empereur du Ponukélé, roi du Drelchkaff. »

Arthur SCHNITZLER
Vienne au crépuscule
« J'admire en général tous les gens qui sont capables de risquer autant pour une cause qui, au fond, ne les concerne pas. »

Isaac Bashevis SINGER
Shosha
« Je ne crois pas en Dieu. Mais je reconnais qu'il existe là-haut une main qui guide notre monde... une main vicieuse, une main sanglante... »

Le Blasphémateur
« "Et qui a créé le monde ? demandai-je.
— Et qui a créé Dieu ?" répliqua Chakele. »

Le Manoir
« Oui ce monde du dehors était vaste, libre et moderne, tandis que lui-même restait enterré en Pologne. "Je dois sortir d'ici avant qu'il ne soit trop tard", pensa Zipkin. »

Le Domaine
« L'homme a-t-il réellement un devoir à remplir ? N'est-il pas simplement une vache qui a besoin de paître jusqu'à ce qu'elle meure ou qu'elle soit tuée ? »

Robert Penn WARREN

Les Fous du roi

« ... Je l'écraserai. Des tibias jusqu'aux clavicules, coups aux reins et sur la nuque et au plexus solaire, et uppercuts. Et peu importe avec quoi je frappe. Ou comment ! »

Virginia WOOLF

Orlando

« Hier matin j'étais au désespoir... Finalement, j'ai trempé ma plume dans l'encre et écrit presque machinalement : "Orlando, une biographie". »

Les Vagues

« J'espère avoir retenu ainsi le chant de la mer et des oiseaux... la vie elle-même qui s'écoule. »

Mrs. Dalloway

« Alors vint le moment le plus délicieux de sa vie : Sally s'arrêta, cueillit une fleur et l'embrassa sur les lèvres. »

La Promenade au phare

« ... la grande assiettée d'eau bleue était posée devant elle ; le Phare austère et blanc de vieillesse se dressait au milieu, très loin... »

La Chambre de Jacob

« Je progresse dans Jacob *— le roman le plus amusant que j'aie jamais fait, je crois — amusant à écrire s'entend. »*

Années

« "C'est inutile, coupa-t-elle... Il faut que l'instant présent s'écoule. Il faut qu'il passe. Et après ?" »

Entre les actes

« "Cette année... l'année dernière... l'année prochaine... jamais", murmura Isa. »

Flush

« Voici l'histoire du bichon de Mrs. Browning. Mais attention !... Prenez garde que sous le poil de cette bestiole pourrait se loger quelque secret. » Louis Gillet.

30/5189/3